눈뜨면 없어라

김한길

눈뜨면 없어라

| 작가의 말 |

얼보이는 거울 앞에서

―살아 있으면서 무감각한 것처럼 가여운 것이 또 있을까.

스물 몇 살 적 노트에 남아 있는 빛바랜 낙서를 본다.

통곡할 줄 모르고 열광할 줄 모르던 우리들, 마음 놓고 웃고 울기조차 어쩐지 조심스러웠던 우리의 젊은 날……. 환하게 웃지는 못하고 낄낄거리기만 하다가, 때로 느닷없이 눈이 젖어오면 팽 하고 코를 풀어서 눈물을 지워버렸다.

그런 애매한 표정을 하고, 우리는 순진하게 진지하게 고민하였다. 벌거벗은 나 자신에 대해서, 가족과 내 여자에 대해서, 친구들과 이웃과 사회와 조국이라는 것, 그리고 가끔은 타인인 동시대인들에 대해서까지.

그러다가 우리는 대개, 작고 사소한 의문들 때문에 멍청한 표정을 짓고는 하였다.

 깨진 거울 조각들을 주워 맞추다 보니…… 거기에 그런 얼굴들이 어른거린다.

 이 글들은 아마도 내 젊은 날 가장 힘들고 막막했던 시절의 기록이다. 하기야 더 어려웠던 고비들이 있기도 했지만, 그때마다 그 역경을 견딜 만한 의미와 의지가 있었다. 그런 시간들은 고달프면서도 불행하지 않았다.

 그런데 이 일기를 쓰던 동안에는, 내가 선택한 삶에 내가 자신이 없었다. 쓸데없는 세월을 보내며 망가져가고 있는 것은 아닐까 괴롭고 불안하였다. 그랬기에 오히려, 돌이켜보니, 다른 어떤 시간들보다 더 소중한 날들이었는지도 모른다.

 동시에 이 글들은, 한편으로는 내 젊은 날 가장 화려하고 행복했던 시절의 기록이다. 나와 가장 가까이에 있었던 한 여자와의 기억들이 여기 곳곳에 살아 있기 때문이다. 이 글은 그녀와 나의 신혼일기이기도 한 것이다.

 참고로 미리 밝혀두자면, 그녀는 이제 아주 멀리에 있다. 나에게서 사라진 뒤, 나는 그녀가 사회적으로 또 사생활에서도 모두 성공했다는 걸 전해 듣고 다행으로 여겼는데, 지난여름엔가부터 그녀의 건강이 만족스럽지 못하다는 소식이 들려와서 지금도 문득문득 마음이 아프다.

 이 글들은 '미국일기'라는 제목으로, 《문학사상》에 두 해에 걸쳐서 연재된 것이다.

  새로 책으로 묶기 위해 다시 읽다가, 나는 여러 군데를 다시 쓰고 싶었지만 그러지 않았다. 지난날을 고칠 수는 없으니까. 과거란 그런 거니까.

  안타깝고 아리고, 그러면서도 지독하게 그리운…….

  추억이란 다 그런 거니까.

1992년 12월
아주 추운 날, 김한길

| 차례 |

| 작가의 말 | 얼보이는 거울 앞에서 · 5

하늘에서 엿본 당신들의 꿈 · 13

쌍무지개가 뜨는 활화산 · 35

불자동차가 질주하는 천사들의 도시 · 59

세 마리의 개가 필요한 사람들의 축제 · 81

어스름의 바이올린 소리 · 105

멀고 먼 환상의 나라 · 123

구월의 독백 · 141

밤기차 속의 사람들 · 161

사과를 생각하며 · 177

겨울이 오면 · 195

보이지 않는 이자벨라 호수 · 215

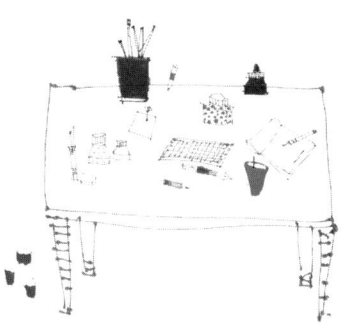

새야 어디로 가니 · 235

굴뚝 청소부의 꿈 · 261

잃어버린 사람들 · 285

샌프란시스코에선 머리에 꽃을 · 311

홀로 시작하는 새벽 · 331

예수께서 가라사대 · 351

따뜻한 비 · 381

|작가 후기| 눈뜨면 없어라 · 395

|부록| 병정일기 · 401

　　　대학일기 · 425

※ 일러두기

이 글은 작가가 1982~1983년에 문예지 《문학사상》에 2년여 간 연재한 원고를 『미국일기』로 출간한 것을 1993년에 『눈뜨면 없어라』로 제목을 바꿔 출간한 후, 2011년 장정과 디자인을 새로이 하여 펴내는 것으로, 글 중에 언급된 내용들은 가필하지 않고 집필 당시의 표기 그대로 두었음을 알립니다.

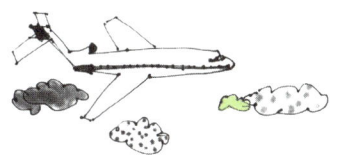

하늘에서 엿본 당신들의 꿈

하많은 망설임과 주저를 훌훌 떨쳐버리고, 그래 나는 떠나기로 작정하였다. 하염없이 내뱉은 내 말소리와 한숨과 욕화로 탁해진 서울의 공기, 술에 못 이겨 토해놓은 내 오물과 아무 데나 내갈긴 오줌으로 찌들어버린 서울의 골목 골목길, 거기에 내 숱한 실수와 허물들을 몽땅 남겨두고 나는 그만 훌쩍 가버리면 그만인 사람이었다.

1981년 서울

　애국심이라는 단어를 모든 사람들의 마음에서 깨끗이 제거해 버릴 수만 있다면 세계 평화가 당장에 이루어질 거라고 빈정댄 것은 버나드 쇼였던가. 지구란 타원형으로 생긴 커다란 정신병원에 지나지 않는다고 한탄한 것도 아마 그 사람이었다.
　그렇다면 국경이라는 게 무언가. 정신병원 병동마다의 경계선 같은 것일까. 비행기 타고 떠난다는 건 또 무언가. 그건 정신병원의 이 병동에서 저 병동으로 자리를 옮기는 것만큼이나 무의미한 짓이 아닐까. 그렇다면 희망은, 우주선을 타고 지구를 떠나는 우주인들에게만 가능한 것일까. 그들만이 진짜로 다시 한 번 시작해 볼 수 있다는 말인가.

하늘이 푸르다는 것을 확인하기 위하여 세계 일주를 할 필요는 없다고, 비관적으로 대답한 사람은 괴테였다.

2

남는 사람

떠나는 사람보다 남는 사람이 몇 배나 더 외로워진다는 말, 그러기에 남는 자를 위하여 이별은 무조건 간단할수록 좋다는 말, 그런 말들이 떠나는 나를 슬프게 한다.

남는다는 것은 어떤 행위가 아니다. 그냥 그대로 있을 뿐인데, 떠나는 사람 곁에 있었기에 죄도 없이 남는 사람이 되는 것인데, 그런데 남는 쪽이 더 외로워지는 거라면 그건 아무래도 불공평하다. 남는 사람은 억울하다.

떠나는 사람은 억울하지 않다. 이제까지의 후회스러운 삶을 취소하고 새로운 가면을 꺼내 쓰고 싶은 이들에게라면 떠날 수 있다는 것이 얼마나 신나는 일일까. 저기 새로운 만남과 가능성이 '지금·여기'에서는 어쩔 수 없는 그들을 맞을 것이다.

하지만 남는 사람들에게 있어서의 이별이란 단순히 하나의 상실에 지나지 않는다. 그건 거리의 인파 속에서 식별해 낼 수 있는 한 얼굴과 온 세상에 딱 하나밖에 없는 표정이 가까이에서 사라진다는 걸 뜻할 뿐이니까.

3

떠나는 사람

 나는 속 편한, 떠나는 사람이었다. '여러분은 선택받은 사람'이라고, 출국자 교육 시간의 선생님께서도 그러셨다. 더군다나 나는 젖과 꿀이 흐른다는 땅 '미국'으로 떠나는 축복받은 사람이었다.

 하많은 망설임과 주저를 훌훌 떨쳐버리고, 그래 나는 떠나기로 작정하였다. 하염없이 내뱉은 내 쌍소리와 한숨과 울화로 탁해진 서울의 공기, 술에 못 이겨 토해놓은 내 오물과 아무 데나 내갈긴 오줌으로 찌들어버린 서울의 골목 골목길, 거기에 내 숱한 실수와 허물들을 몽땅 남겨두고 나는 그만 훌쩍 가버리면 그만인 사람이었다. 처녀를 빼앗기고 고향을 등지는 계집아이의 심사로, 잊고 싶지 않은 몇 개의 이름과 주소를 재산처럼 지갑 속에 구겨 넣고…….

4

이별

비행기가 솟아올랐다.
 창 아래로 서울의 지붕들이 조그맣게 더 조그맣게 보였다.

그 속에서도 그렇게도 못 견뎌하고 울분하고 체념하면서 빙빙 맴돌았던 내 나라의 좁은 땅, 내 젊은 날의 우울한 기억들이 여기저기 꿈틀대는 도시, 나를 화나게 했던 착한 사람들의 바보 같은 표정, 사랑하고 싶었으나 그러지 못한 줄로만 알았던 그것들이 갑자기 나를 안타깝게 하였다. 나는 늘 불만으로 가득 차서 담배만 잔뜩 피워대며 살았는데 그 내내 밉기만 하던 내 나라의 온갖 것들이 떠나는 그제서야 약 돋우듯 나를 울게 하였다.

나는 알지 못했었다. 이별이 때로 값진 것은 새것들과의 만남이 기다리고 있기 때문이 아니라 헤어지는 헌것들과의 새로운 만남이 시작되기 때문이라는 것. 그래서 이별은 또다른 재회이며, 그래서 이별은 그리움을 키우는 높은 이자의 빚이라는 것.

코끝이 빨개진 미나가 아무 말 없이 내 손을 꼬옥 쥐어주었다.

5

길

하늘에서 내려다보니 사람은 아예 보이지도 않았다. 사무실도 백화점도 술집도 보이지 않았고 너무나 흔해서 귀찮던

육교와 지하도 역시 보이지 않았다. 광장의 구호나 애써 가꾼 정원의 꽃 따위는 물론 보이지 않았다. 내가 세상이라고 부르며 부지런히도 싸다니던 도시가 겨우 국민학교 운동장만 하게 보였다.

바다는 정말 넓었고, '저항하니까 위대하다'는 대지가 보였다. 산과 평야가 있었고 굽어져 돌아가는 길과 강은 무척이나 닮아 보였다. 갈 곳이 바로 저긴데 사람들은 얼마나 많은 헛된 걸음을 걷고 있는 것일까.

길이라는 것이 여러 세기 동안 우리를 속여왔다. 길은 불모의 땅이나 바위나 사막을 피해 인간의 욕망을 따라 샘에서 샘으로 이어지는 법이다. 설령 길들 중의 하나가 사막을 가로지르는 모험을 한다고 해도 오아시스를 즐기기 위해서는 수십 번을 돌아가야 하는 것이다. 그리하여 달콤한 거짓말과도 같은 길의 숱한 구부러짐에 속아, 우리는 오랫동안 지구를 기름지고 부드러운 곳으로 미화해 왔던 것이다.

그러나 이제 우리는 잔혹할 정도의 진보를 이룩했다. 비행기로써 직선을 배운 것이다. 길로만 따라가는 정든 굴종에서 벗어나, 샘에 대한 욕망에서 해방되어, 우리는 머나먼 목표를 향해서 기수를 돌린다. 우리는 직선 궤도의 높이로부터 비로소 본래의 바탕을 발견하게 된다.

―생텍쥐페리, 『인간의 대지』에서

어머니는 아들들에게 거듭 말씀하셨다. 어떤 때의 시련은 큰 그릇을 만들어내기도 하지만, 대개의 경우 시련이란 보통의 그릇을 찌그러뜨려 놓기가 일쑤인 거라고.

당신께서는 아들들에게, 산을 피해 강이 흐르듯 무리없이 살아가는 지혜를 가르치고자 하셨다.

염려 말아요, 어머니.

하기야 우리에게도 순진했던 시절이 있었죠. 그 시절엔 어머니가 얼마나 답답해 보였는지 몰라요. 어른들의 충고는 우리를 화나게 했었구요.

우리는 돌아가는 길을 비겁하다고 생각했어요. 직선을 따라가 보려구 했었죠. 그러기 위해선 튼튼한 발바닥이 필요했어요. 가시를 겁내지 말아야 했구요. 아픔이란 미루고 잊고 돌아간다고 없어지는 것이 아니라 식은땀을 흘리며 소비해 버려야 없어지는 거라고 생각했어요. 아픔을 받아들이고 아픈 만큼 아파하는 사람만이 진짜로 건강해질 수 있다고 우리는 정말 그렇게 믿었죠.

갈증을 이해하기 위해서는 오히려 샘을 외면해야 한다고, 우리는 그때 얼굴이 벌겋게 상기된 것도 모르고 소리쳤지요.

하지만 어머니. 이제는 염려 말아요.

제 나이도 어느새 서른인걸요. 철없고 꿈만 있던 시절은 벌써 다 지나버렸다구요.

우리는 진보라는 낱말의 뜻도 살짝 바꾸어서 이해하게 됐어요. 그것은 다만 세상을 보다 쉽고 편하게 사는 재주를 알아내는 것으로 가능하다고 여겨졌어요. 천 냥 빚을 대신하는 간사한 웃음은 그대로 천 냥어치만큼의 값어치가 있다는 걸 터득하게 됐어요.

그러니 어머니, 제발 염려일랑 말아요. 이제는 분명히 알고 있으니까요. 우리는 영웅이 아니라는 것, 고집 부리는 것이 어디까지 가능한지, 얼마나 희망하고 얼마나 절망하는 것이 가장 적당한지를……

비행기 안에선 말처럼 크고 건강한 금발의 스튜어디스가 구명대의 사용법을 시범해 보이고 있었다. 자기네들의 언어로, 그녀는 열심히도 '살아남는 법'을 설명해 주고 있었다.

염려 말아요, 아가씨.

나는 그렇게 쉽게 죽지는 않을 테니까. 끈질기게 살아남고야 말 테니까.

독백

'조카에게.

안녕!

구름 위에서 이 엽서를 쓰고 있어. 늘 올려다보기만 하던 구름을 내려다보니까 기분이 좋구나. 이제는 구름과도 조금은 친해질 수 있을 것 같다. 그런데 흡연석이라는 자리가 좋지 않았어. 창의 반을 비행기 날개가 가리고 있어서 하늘이 반쪽밖에 보이지 않는 거야. 하늘이 하늘 같지 못해서 감질이 나는 거야.

갑자기 이런 느낌이 드는구나. 이제까지 내가 보고 겪어온 세상 역시 어쩌면 반쪽에 지나지 않았다는. 그래서 나는 지금 나머지 반쪽 세상을 알기 위해서 날아가고 있는 거라는.

기다리거라. 네게 새로운 이야기를 들려줄 테니……'

엽서는 여기서 여백이 끝났는데 나는 확 뒤집어서 뒷면의 그림 위에다 몇 자를 더 적었다.

'앞에 쓴 건 다 말짱 거짓말. 내 변명에 속지 말아라.'

하기야 이제 겨우 네 살 먹은 녀석이 무얼 알아들을까.

7

에트랑제

비행기를 갈아타기 위해 도쿄의 하네다 공항에서 네 시간을 머물렀다. 아내와 나는 맞잡은 손에 한껏 힘을 주고 공항의 여기저기를 기웃거렸다. 서울 구경 온 낙도 어린이들처럼.

"감회가 어때요?"

미나가 물었다.

나는 도쿄에서 태어나 유년 시절을 여기서 보냈다. 그래서 어떤 감회이건 네 시간쯤은 나를 자극시켜 줄 것으로 기대했다. 그런데 그렇지가 않았다. 지루했다.

"어렸을 적 생각이 하나도 나지 않는단 말이에요?"

꼬마 적의 일본 친구들과도 예쁜 기억이 전혀 없는 것은 아니었다. 비 오는 날 껍데기만 남은 폐차 속에 둘러앉아 각자의 비밀을 하나씩 토해놓던 일, 우리끼리만 알고 있던 다리 밑의 컴컴한 소굴, 우리는 거기 숨어서 병원놀이를 했다. 두근거리는 가슴을 하고 옷을 벗고는 했다.

그러나 우리는 물론 간혹 다투기도 하였다. 그럴 때면 아이들은 어김없이 나를 '조센징'이라고 불렀다.

일본 사람들의 어느 명절날, 때때옷을 입은 아이들이 나를 끈으로 묶어 앉혀놓고 자기들이 지어낸 노래를 불렀다.

조센징…….

조센징…….

아이들은 빙글빙글 내 주위를 돌면서 낭랑한 목소리로 노래를 불렀다. 그러면서 차례로 한 명씩 다가와서 나를 쥐어박았다. 조센징에게는 그러는 것이 너무나 당연하다는 듯이. 있는 힘을 다해 끈을 풀고 일어선 내가 나무칼로 한 녀석의 눈을 찔렀을 때 그놈의 눈에선 고름처럼 누런 액체가 질질 흘러내렸었다.

그 얼마 후부터 나는 서울에서 살게 되었다. 조센징들의 나라에서 살게 된 나는 그야말로 신이 났었다. 나는 다시 시작해 보려고 하였다. 아무도 나를 모르고 있었으므로 그것이 내게 용기를 주었다. 나는 아주 착하고 마음씨 고운 아이인 척하였다. 새로 사귄 친구들이 나를 '쪽발이'라고 부르기 전까지는.

이제는 양쪽 눈을 다 찔러버려도 더 이사 갈 곳이 없었다.

한때 나를 '쪽발이'라고 부르던 내 나라에서 떠나온 나는, 나를 '조센징'이라고 부르던 일본의 공항 대합실에 앉아, 미국 가는 비행기를 기다리고 있는 중이다. 미국에서는 내가 무어라고 불릴지 어떤 모양으로 변신해 몇 년을 보낼 것인지— 나는 불안하다.

8

꿈

밤이면, 어둠 속이면, 사람들은 잠을 잔다. 밤 비행기 안의 정경을 한마디로 요약하라면 이렇게 말해야지.

미나 역시 내 한쪽 어깨를 베고 골골 잠이 들었다. 창밖의 하늘 풍경이라야 온통 까만 밤, 까만 보통 밤. 나는 몇 년 전에 받은 친구의 편지 한 구절을 떠올렸다. 고교 동창생인 인애는 이민 가기 전날까지 시치미를 떼고 있다가 나 몰래 느닷

꿈들은 보이지 않았다. 창유리에 비친 내 휑 뚫린 두 눈만이 어둠 속에 둥둥 떠 있었다. 꿈들은 보이지 않았고, 절절히 가늘게 떨고 있는 별빛들만이 한가득 밤하늘을 채우고 있었다.

없이 떠나버렸다.

'한길아, 나는 지금 잠든 네 머리 위의 밤하늘을 날면서 네가 꾸는 꿈을 훔쳐보고 있는 중이야.'

나는 그때 괜스레 부끄러워져서 며칠 전에 꾼 꿈들을 되새겨보기까지 했었다. 마치 탄로 나서는 안 되는 꿈을 꾸며 살아오기나 한 듯이.

행여나 하고 나도 창밖의 어둠 속을 가만히 들여다보았다. 할 수만 있다면 나도 사람들의 꿈을 엿보고 싶었다. '좋은 아침'이라고 하지 않고 '안녕히 주무셨어요' 하고 아침 인사를 나누는 사람들의 꿈, 아침을 반기기보다는 간밤의 기억을 더 소중히 여기는 내 나라 사람들의 꿈을 훔쳐보고 싶었다.

꿈들은 보이지 않았다. 창유리에 비친 내 퀭 뚫린 두 눈만이 어둠 속에 둥둥 떠 있었다. 꿈들은 보이지 않았고, 절절히 가늘게 떨고 있는 별빛들만이 한가득 밤하늘을 채우고 있었다.

나는 별들을 응시하였다. 한낮의 분주함 속에서는 표시도 나지 않다가 다만 밤의 평온 속에서나 가까스로 그 존재가 확인되는 별들, 그 빛은 짙은 어둠에 의해 가려지고 흡수되고 삭제되고 변경되고 축소된, 그래서 겨우 바늘끝만큼씩밖에 남지 않은 저 흔해빠지고 비슷비슷한 모양의 별들……. 그런데 어쩌면 저 별들이야말로 바로 우리의 꿈 같은 것인지도 모를 일이었다. 나는 슬퍼서 울고 싶을 지경이었다. 그나마 많은 별들이 사실은 허상에 지나지 않는 것이다.

나는 자연시간에 배워서 알고 있다. 별이란 아주 멀리멀리에 있는 것이다. 별의 반짝임이 우리 눈까지 이르는 데 걸리는 햇수로 그 거리를 가늠한다고 했다. 그러니 십만 광년 저편에 있는 별을 우리가 처음으로 발견하게 되는 것은 그 별이 생기고 나서 이미 십만 년이나 지난 후의 일인 셈이다. 별빛이 우리를 향해서 십만 년 동안이나 쉬지 않고 날아온 다음에야 비로소 그 별은 우리에게 별이라고 불리는 것이다. 그제서야 조난자들의 길잡이 노릇을 해주는 별이 되는 것이다. 우리가 자유롭게 생각하고 말하고 원했던 것들이, 현실이라는 거리를 거치고 나면 꿈이라는 이름으로 불리듯이. 그리고 그 꿈이 한동안은 우리의 인생길에서 길잡이 노릇을 해주듯이.

그 별은 사라지고 나서도 오랫동안 우리를 속인다. 우리는 십만 년 동안이나 그 별의 잔상을 별이라고 부르며 바라본다. 그 잔상조차 사라지고 나서야 우리는 비로소 별의 실종을 깨닫는 것이다. 마치 아직까지도 우리에게 남아 있다고 믿는 우리의 코딱지만한 꿈이 사실은 이미 오래전에 포기해 버린 우리의 꿈의 잔상에 지나지 않는 것처럼. 그리고 우리의 꿈이 가리키는 방향에서 이미 너무나 멀리 벗어나 있는 곳에 이르러서야 우리가 비로소 꿈의 실종을 깨닫게 되는 것처럼.

우리가 밤하늘의 별을 세는 것은 우리의 꿈을 세는 것이 아니다. 그것은 꿈을 분실한 우리들 자신의 어리석음을 헤아리는 짓이며, 꿈에 대한 향수를 측량하는 어설픈 셈질이다.

요즘엔 아무도 별을 세지조차 않는다. 잠이 잘 오는 것이다. 피곤하니까.

9
담배

도쿄에서 갈아탄 비행기에서는 금연석을 택했다. 나는 그 대신 몇 번인가 흡연석의 빈자리에 가서 담배를 피우고 돌아왔다. 대부분의 승객들은 잠들어 있었다.

어떤 스튜어디스 하나와 나는 두 번이나 흡연석의 빈자리에 나란히 앉아 연기를 내뿜고 헤어졌다. 스튜어디스들 역시 자기 자리에서는 흡연이 금지되어 있는 모양이었다. 물론 그녀와 나는 아무 말 없이 각자의 담배를 부지런히 빨아댔을 뿐이다. 그런데 나는 창피했다. 막 영화가 끝난 극장의 변소에서 그녀와 내가 나란히 서서 차례를 기다리고 있는 듯한 착각 때문에 창피했다. 동동동 발을 구르며 안달 떠는 꼬라지가 보이는 듯해서 쑥스러웠다.

무엇 때문에 자리를 옮겨 다니면서까지 담배를 피워야 하느냐고 나는 그녀에게 물어보고 싶었다. 정말이지 담배 연기는 쓰기만 하니까. 왜 사느냐고, 그녀가 되물을까 봐 묻지는 못했지만.

시간

새벽은 아주 잠깐뿐이었고 갑자기 아침이었다. 아침이 다가온 것이 아니라 비행기가 아침을 향해서 날아왔기 때문이다. 날짜변경선을 지나왔으니 시계의 날짜를 거꾸로 되돌려놓아야 한다는 안내방송이 있었다. 나는 도저히 반항하거나 빠져나올 수 없는 거대한 국제사기조직의 손아귀에서 놀아나고 있는 거라고 생각했다.

그런데 잘 따져보니 나 역시 그 사기조직의 일원이었고 충실한 행동대원이었다. 그토록 우리를 못 살게 굴고 뛰어다니게 만드는 시간이라는 괴물의 정체야 정작 우리들 스스로가 택한 편리한 덫에 지나지 않았다.

스튜어디스들이 승객들에게 샴페인을 한 잔씩 따라주었다. 미나와 나는 쨍 하고 술잔을 맞대고 나서 홀짝 축배를 들었다. 순전히 공짜로 하루를 더 살게 된 데 대한 축배—그건 가면무도회에서의 축배 같은 것이었다. 서로가 속고 있음을 알고 있다는 똑똑함에 대한 바보스러운 축배.

변명

"근데 참 미나야, 지구본의 축이 왜 비스듬히 기울어져 있는지 알아?"

"……지구가 태양을 중심으로 공전하는 궤도를 기준으로 해서 보면요, 지구의 자전축이 23.5도 기울어져 있거든요. 정말 몰라서 묻는 건 아니죠?"

교과서에 나오는 문제에 관한 한 미나는 막히는 것이 없다. TV의 무슨 고교생 퀴즈대회 연말결선에서도 우승을 차지했다는 미나니까.

"하여간 내 이야길 들어봐. 아주아주 깡촌의 작은 국민학교에 어느 날 서울에서 장학관이 행차하시게 된 거야. 연구학습을 맡은 반의 선생님은 아이들에게 며칠 전부터 철저하게 사전교육을 시켰을 것 아니겠니. 대청소는 물론이고, 창고에 처박아두었던 몇 개 안 되는 교육보조재도 꺼내오고 하면서 법석을 떨었겠지. 하기야 교보재라고 해봐야 기껏 지구본 따위가 고작이었지만 말이야.

드디어 장학관이 오신 거야. 근엄한 표정을 한 장학관이 교장 선생님을 꽁무니에 달고 교실에 들어와서 수업 광경을 둘러보시는 거야. 담임 선생님의 목소리가 조금씩 떨렸고, 눈을 크게 뜬 아이들은 너무나 초조해서 숨도 제대로 못 쉴 지경이었어. 알지? 그런 숨 막히는 분위기를 상상할 수 있잖니. 그런데 장학관이 지구본을 향해 뚜벅뚜벅 걸어가서 그 옆에 앉은 아이에게 불쑥 말을 걸었어.

'지구가 왜 이렇게 기울어져 있는 거지?'

하얗게 질린 아이가 장학관의 시선을 피하다 말고 천천히 다시 고개를 쳐들고 억지로 장학관을 올려다보았어. 장학관님이 무엇인가를 물으시면 반드시 그분의 얼굴을 똑바로 바라보면서 대답해야 한다던 담임선생님의 당부가 떠올랐기 때문이야. 장학관의 시선을 맞받으며 얼마쯤을 견디던 아이가 갑자기 으앙 하고 울음을 터뜨리면서 소리쳤어.

'제가 안 그랬어요. 정말 제가 안 그랬어요.'

당황한 담임 선생님이 황급히 다가가서 아이를 구하기 위해 변명했어.

'지구가 이렇게 기울어져 있는 건…… 사실은 제 책임입니다. 지구본을 살 때 제가 잘 골랐어야 하는 건데 그만……'

그랬으니 그 장학관 표정이 어땠겠어."

미나가 쿡쿡 웃었고 나도 낄낄거렸다. 비행기를 타고 오는 동안, 이별하며 찔끔 흘린 눈물 때문에 울적하던 것이 겨우 가시는 듯했다. 미나는 어쩌면 다만, 내가 자기를 웃기려고 시도한 것만으로 좋아서 웃어준 것인지도 모른다.

나는 얼마 동안 망설이다가 또 말했다.

"나는 그런 생각이 들어. 그 아이가 으앙 하고 울음을 터뜨린 순간의 심정이 어땠을까 하는 생각 말이야. 퀴리 부인이 꼬마였을 적에, 러시아에 지배당하던 폴란드의 국민학생이었을 적에, 러시아 장학관의 질문에 대답하고 나서 울어버렸던 이야기 있잖아. 아마 그때도 비슷한 심정이었을 거야. 어린 퀴리가 나라를 빼앗긴 슬픔 때문에 울었다는 식의 해석은 억지 같아."

폴란드를 침략해서 지배하던 러시아가 폴란드의 모든 학교에서 모국어의 사용을 금지시키고 러시아어 교육에 주력하도록 엄명이 내려진 상황이었다. 수예시간에 몰래 모국어를 공부하고 있던 학급에 갑자기 러시아 장학관이 들이닥친 거였다. 책상 위에는 수예 교재가 놓여 있기는 했지만, 선생님도 아이들도 어쩔 줄 모르고 잔뜩 굳어버렸다. 러시아 장학관이 교실의 아이들을 향해서 러시아어로 몇 가지를 물었다. 러시아어 교육의 성과를 측정하는 의도의 질문이었다. 마리가 일어나 대표로 대답했다. 이런 경우에는 학급에서 공부를 제일 잘하는 마리가 대답하도록 미리 약속을 해둔 거였다.

러시아 장학관이 마지막으로 물었다.

'우리를 다스리시는 분은 누구신가?'

'우리를 다스리시는 분은 러시아의 황제, 위대하신 알렉산드르 11세이십니다.'

마리의 유창한 러시아어 답변에 만족한 장학관이 교실을 나가고 나서, 나중에 퀴리 부인으로 유명해진 마리와 담임선생님이 서로 부둥켜안고 흐느껴 울었다는 이야기다.

"울음을 터뜨린 아이의 그때 심정을 헤아려보라구. 얼마나 불안하고 초조하고 막막했겠느냐구. 장학관이 다가와서 무언가 말을 시키기 시작했을 때, 그 아이는 사실 벌써 반쯤은 숨이 막혔을 거란 말이야. 그런 순간은 어른들에게도 참으로 견디기가 어려운 거잖아. 잘 알잖아……."

내가 미국행을 탐탁지 않게 여기며 고집을 부리고 있었을 때, 주위 사람들이 작은 목소리로 말했다. 세월이 하수상하다고.

내가 쓴 어떤 글이 마음에 들지 않는다는 이유로 내가 모 기관의 지하실에 끌려가서 야단을 맞고 나온 뒤로는, 주위 사람들이 더욱 적극적으로 내게 권했다. 일단은 해외에 나가서 관망해 보는 게 좋을 거라고.

광주사태는 어설프게 정리돼서 결코 전모 같지 않은 전모가 발표되었고, 그런 와중에서 제5공화국이 막무가내로 출범한 즈음이었다. 무서운 장학관이 버티고 선 시골 국민학교 교실 같은 분위기가 거리를 온통 압도하고 있는 지경이었다. 언제 누군가가 느닷없이 나를 지적해서 무엇을 물어올지 모를 겁나는 판국이었다.

사람들은 내게, 떠날 수 있으면 떠나는 게 좋겠다고 충고해 주었다.

그래서 나는 떠나고 있는 거였다. 비겁하게도.

12
희망

귀가 아팠다.

비행기가 하강하기 시작한 것이다. 나는 양쪽 귓구멍을 손가락으로 틀어막고 있었지만 소용없는 짓이었다.

비행기가 구름을 뚫고 내려서자, 바다로 둘러싸인 하와이가 보였다. 비행기에서 내려다본 그 바다는, 내가 늘 땅에서 올려다보던 하늘과 너무나 흡사하였다. 하늘의 여기저기에 떠다니는 구름 조각처럼, 그 바다의 군데군데에 하얀 파도가 일고 있었다.

미나도 귀가 아픈지 잔뜩 표정을 찡그리고 있다. 미나가 내게 무어라고 말하는데 알아들을 수가 없다. 나는 귀가 먹었다.

조금만 참아. 이제 이 통증이 가시면 우리는 낙원을 닮았다는 새로운 땅을 밟게 될 거야. 땀 흘리지 않아도 일용할 양식이 널려 있다는 남국의 섬, 아담과 이브 시대의 옷이 아직까지도 유행한다는 곳⋯⋯.

우리는 그곳에서 다시 귀가 열릴 거야.

6. 5. 金

 ## 쌍무지개가 뜨는 활화산

가두어 가지 않은 오물로 가득 찬 쓰레기통, 비격이게 생긴 나무 계단의 색 바랜 페인트, 녹슨 못이 길반쯤 튀어나와 있는 울타리……. 그런 것들이 오히려 나를 차분히 가라앉게 해주었다. 저쪽 해변가에서는 편안히 쉬 않았었다.

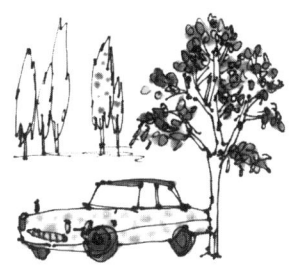

13

하와이

　나무 밑에 자동차를 세워놓고 아이스크림을 사 먹고 오면 어느새 차 지붕이 온통 꽃잎으로 뒤덮여 있는 곳. 나무에, 겨울이면 헐벗어 추운 거리를 더 춥게 만드는 서울 거리의 플라타너스만한 나무에 손바닥만한 꽃들이 활짝활짝 피어 있는 섬.
　"저 끝에 보이는 게 다이아몬드 헤드라는 화산이야."
　고개의 정상에 차를 세운 중식이가 가리키는 곳에 잿빛의 바위산이 보였다. 화창하지 않은 날씨라면 보이지도 않을 거리였다. 그런데 빗방울이 떨어졌다. 여우가 시집가는 날처럼.
　"여기선 곧잘 하늘이 재롱을 부린다구. 재미있는 곳이야. 덕분에 거리가 늘 깨끗해."

과연 비는 잠시 후에 멎었고 하늘은 여전히 청명하였다.

우리는 육군 지역을 벗어나 해병대 지역으로 들어섰다. 하와이에서도 가장 경치가 좋은 지역은 대부분 군부대들이 차지하고 있다고, 지금은 미합중국 군인인 중식이가 조금은 자랑스럽게 말했다.

아니야, 여긴 재미없는 곳이야. 가슴에 꽃목걸이를 늘어뜨린 처녀들이 나뭇잎 치마를 걸친 구릿빛 엉덩이를 흔드는 모습은 보이지 않고, 군데군데 군인 초소와 철조망만이 보일 뿐인 걸. 하와이 전체의 삼 분의 일이 군사지역이라지 않은가.

차는 해병대 지역의 내리막길을 신나게 달렸다. 그 길 양편에 늘어선 나무들의 생김새를 설명할 수 있다면 좋겠다. 마음껏 비틀어지고 뒤엉킨 갈색의 거대한 괴목들은 우리나라에서라면 틀림없이 그 하나하나가 천연기념물감일 거였다.

"저기 좀 봐요."

아내가 탄성을 질렀고, 나는 생전 처음으로 쌍무지개라는 걸 보았다. 그것은 손에 잡힐 듯이 선명하였다.

"무슨 좋은 일이 생기려나 봐요."

미나는 연신 감탄이었다.

"일생에 단 한 번 볼까 말까 하다는 쌍무지개를 미국에 온 첫날에 보다니……"

그런데 나쁜 일이 생겼다. 뒤쫓아온 헌병차가 우리 차를 가로막았다. 앳된 얼굴의 헌병이 속도위반이라며 중식이의 운전면허증을 요구하였다. 하지만 물론 우리가 그렇게 호락호락 딱지나 떼일 사람들은 아니었다. 함부로 희망하지 않으나 절대로 절망하지 않는 우리는 은근과 끈기를 배워야 했던 단군의 자손이었다.

"난 너희가 헌병인 줄 몰랐다. 헌병차가 쫓아오고 있는 줄 알았다면 절대로 과속하지 않았을 것이다."

중식의 변명은 내가 듣기에도 엉성했다. 예쁘게 생긴 헌병이 점잖게 고개를 가로젓자 중식의 아내가 나섰다.

"하이! 나는 오늘 저녁 너희네 해병대 장교 파티에 초대받은 피아니스트다. 그런데 한국에서 온 친구들에게 이 지역의 멋진 경치를 구경시켜 주다가 시간이 늦어버렸다. 그래서 남편에게 차를 빨리 몰도록 부탁한 것이다."

"정말?"

하더니 헌병 하나가 차창으로 얼굴을 들이밀고 뒷자석의 우리 부부를 구경하면서 말을 걸었다.

"한국에서 왔느냐, 반갑다. 나도 소문으로 들어서 한국을 알고 있으며 또 좋아한다. 그리고 우리는 티켓을 주려고 차를 세운 것이 아니라 위험하다는 충고를 해주려고 했을 뿐이다. 부디 즐거운 여행이기를 바란다. 빠이 빠이!"

우리는 메롱 요녀석아 하면서 다시 차를 몰았다. 그 녀석이 한국을 좋아한다는 이유가 뭘까. 괜스레 기분 나쁘다.

그사이에 쌍무지개가 사라져버렸다고 아쉬워하는 미나를

중식이가 위로해 주었다.

"걱정할 것 없어요. 여기선 하루에도 몇 번씩이나 쌍무지개가 뜨니까요."

얼마인가를 말없이 가다가 중식의 아내가 남편에게 따졌다.

"당신 오늘 나 아니었으면 티켓 받을 뻔한 것 맞죠?"

중식이가 고개를 끄떡끄떡하였다.

"그렇다면 아무리 부부 사이라지만 고맙다는 인사쯤은 있어야 하잖아요."

묵묵히 듣고 있던 중식이가 엄숙한 소리를 냈다.

"……생큐!"

그들은 반쯤 한국식이었고 반쯤 미국식이었다.

중식이네만 그런 것이 아니라 하와이 전체가 걸맞지 않는 것들로 절반씩 섞여 있는 것 같다. 화창함과 비가, 꽃과 군대가, 쌍무지개와 화산이 마구 뒤엉켜 있는, 아름답고도 황량한 섬…….

14

왕

와이키키 해변은 과연 아름다웠다. 푸른 하늘과 바다, 흰 구름과 파도, 가늘고 긴 야자수와 적당히 따사한 햇볕과 신선한 바람……. 옛부터 하와이의 왕들이 살던 해변이라고 했다.

거기에 배로 실어온 모래를 부려 해수욕장을 만들었다. 현대의 궁전인 고급 호텔과 아파트를 지었고, 틈틈이엔 아스팔트와 잔디를 깔아 흙이 보이지 않게 하였다. 그리곤 20세기의 왕들이 살게 하였다.

비행기에 여권을 두고 내린 죄로 나는 호놀룰루 공항의 미국 입국수속 창구를 통과하지 못하고 잠깐 동안 낙오자가 됐었다. 그때 나는 툴툴거렸다. 제기랄, 인디언이며 원주민들이 살던 땅에 무작정 비집고 쳐들어와 사는 주제에 무슨 놈의 여권이고 입국 수속이람.

그런데 나보다도 더 억울한 사람들이 하와이언이었다. 하얀 피부의 왕들과 기사들에게 해변을 빼앗기고 내지로 쫓겨들어간 토박이들……. 그들은 이제 호텔의 나이트클럽에서 훌라춤을 추고 돈을 벌지만, 공짜로 춤추던 옛날처럼 흥이 나지는 않을 것이다.

바닷가의 부자동네에 사는 왕들은 땅을 파서 앞마당에까지 바다를 끌어들였다. 그들은 앞마당에서 요트에 올라타고 바다로 나간다. 싱싱하고 예쁜 여자와 맥주와 낚시도구를 싣고 바다로 바다로 나간다. 아무것도 아닌 일을 가지고 화내고 다투고 슬퍼하는 구질구질한 사람들의 틈바구니에서 벗어난다.

이를테면 '갈비탕에 기름 덩어리만 들었다고 흥분하면서' 귀중한 인생을 허비하고 있는 옹졸한 사람들한테서 벗어나 막힐 것 없이 후련한 바다로 나가는 것이다. 왕들은 지구의 맥박과도 같은 파도의 흔들림에 기대어 생명의 환희를 실감할 것이다. 살고 있음에 대하여, 빠득빠득 치사하지 않게 살고 있음에 대하여 긍지를 느낄 것이다.

어느 역사 어느 시대에건 왕들의 인생이란 참으로 진진한 것이다.

"조오쿠나, 멋있구나. 옘병허게 아름답구나."

좋으면 좋은 거지 왜 자꾸만 신경질을 내느냐며 중식이가 낄낄거렸다.

15
촌놈

그렇지만 중식이 네놈도 엽전이기는 매한가지야. 벌써 거의 십 년 전 이야기지만 난 아직도 네가 미국에서 처음 보낸 편지를 기억하고 있다구.

'……글쎄 어떤 공중변소에 갔는데 오징어 껍질처럼 생긴 좋은 종이가 통 속에 들어 있더라. 그래서 아무도 안 볼 때 그 종이들을 한가득 품속에 숨겨가지구 나와서 집에다 갖다 두었지. 그런데 나중에 다른 변소에 갔더니 거기에도 똑같은 종이가 있더라. 아무 변소에를 가봐도 변소마다 그런 종이가 잔뜩 있는 거야. 알고 보니 손 씻고 나서 물기를 닦고 버리는 휴

지래. 그래서 다음부턴 그 종이를 훔쳐오지 않았지.'

16
부자

중식이 어머니의 구멍가게에 들렀다.
어렸을 적엔 몰랐는데 어째서 우리의 어머니들은 이렇게 작으실까. 딸보다 키가 큰 어머니는 드물다.
"적적하지 않으세요?"
"적적하지 않을 리가 있나."
미나와 나는 살며시 가게를 빠져나와 근처의 골목길을 걸었다. 원주민들이 모여 사는, 해변에서 멀리 떨어진 동네는 한낮인데도 한밤처럼 고요하였다. '개조심'이라고 씌어 있는데 개는 한 마리도 보이지 않았다. 어른들은 모두 사탕수수밭이나 파인애플 농장으로 일을 나간 것이다. 보살펴주지 않으니까, 개들도 낮 동안에는 부자동네에 가 있는 것일까.
거두어가지 않은 오물로 가득 찬 쓰레기통, 비껵이게 생긴 나무 계단의 색 바랜 페인트, 녹슨 못이 절반쯤 튀어나와 있는 울타리……, 그런 것들이 오히려 나를 차분히 가라앉게 해주었다. 저쪽 해변가에서는 편안하지 않았었다.
한 골목에 들어서니 아이들 몇이 자전거 주위에 쪼그리고 앉아 페달에 엉킨 체인을 풀고 있다. 혼자 크는 데 익숙한 아이들은 으레 조금씩 더럽기 마련이지만 눈동자만은 여전히 맑고 깨끗해서 나를 부럽게 만들기는 마찬가지였다. 우리는 아이들의 작업을 지켜보았다. 기름을 묻힌 손들이 새까맣다.

너희들은 커서 무엇이 될 거니, 하고 내가 우리말로 중얼거렸다. 아이들이 우리를 한번 올려다보았다.

"이 아이들은 무엇이든지 될 수 있어요."

미나가 참견했다.

"이 아이들은 왕이 될 수 없어."

애들아, 너희들은 절대로 해변의 궁전에 사는 아이들과 자전거 경주 따위를 하지는 말거라. 그 아이들의 자전거엔 삼단 기어가 달려 있어. 이건 중요한 이야기야. 너희는 경주를 할 수도 있지만 늘 지기만 할 거야. 그치만 실망할 필요는 없단다. 산다는 건 경주가 아니니까.

너희들에겐 그저 너희들의 손때가 묻은 고물 자전거가 소중한 거야. 소중한 걸 많이 지닌 사람이 진짜 부자인 거야.

17

하이!

중식의 아내가 내게 가장 다급하고 실용적인 영어 하나를 가르쳐주었다. 다른 사람과 눈이 마주칠 경우에는 무조건 그냥 '하이!'라고 하면서 방끗 밝게 웃어 보이라는 거였다.

화장실의 거울 앞에서 혼자 연습해 보았다. 하이……, 하이……, 거기까지는 쉬운데 그 다음이 어렵다. 나는 삐딱하게 웃을 줄만 알았지 밝게 웃을 줄을 모른다. 큰 문제다.

18
〈아빠 생각〉

시장에선 언제나 사람 사는 냄새가 물씬 풍긴다. 거기에는 늘 팽팽한 눈치의 대결이 있고 순박한 억지와 귀여운 속임수가 있다. 풍요로움이 있다. 그리고 조금은 지친 듯하면서도 질기디질긴 삶의 힘줄 같은 것도 들여다보인다.

와이키키 근처의 '인터내셔널 마켓.'

사람들을 모아놓고 풍선으로 요술을 부리고 있는 청년이 둘, 머리를 빡빡 밀어버리고 목탁을 두드리고 있는 백인 청년이 여섯, 승복에 맨발 차림인 그들은 알아듣지 못할 주문을 외며 묘한 율동의 춤을 추었다. 저 파란 눈의 청년들이 무얼 알랴. 어째서 부처님이 손가락을 동그랗게 구부리고 앉아 계신지…….

그 북적이는 사람들의 와중에서 즉석 초상화를 그려주고 돈을 받는 아가씨가 셋. 5달러를 내고 조개 하나를 집으면 그 속에서 진주를 꺼내주는 진주조개 장수들은 여기저기 흩어져 있어 셀 수가 없다. 재수가 좋으면 쌍진주가 나오기도 한다나.

"여기서부터는 말조심해야 돼. 한국사람들이 많거든."

장식용 초를 파는 골목에 들어서기 전에 중식이가 주의를 주었다.

며칠 사이에 벌써 나는 주위 사람들을 개의치 않고 우리말로 함부로 지껄이는 방종을 즐기는 데 익숙해져 있었다.

손수레 위에 올려놓은 진열대가 길 양편으로 늘어서서 생긴 좁은 길이었다. 손수레 사이사이에 앉은 여자들이 칼로 초를 깎으며 물감을 먹이고 있었다. 온갖 꼴의 초들이 온갖 색으로 단장하고 나란히 늘어선 광경은…… 가까스로 화려하였다.

한 황색 피부의 아가씨가 초에 무늬를 새기며 흥얼거리고 있는 것이 〈아빠 생각〉이었다. 내가 그 앞에서 걸음을 멈추자, 아빠하고 나하고가 뚝 그쳤다. 내가, 계속하세요 라고 했지만 노래는 이어지지 않았다. 초들이 굉장히 화려하군요, 그랬는데도 처녀는 살짝 웃기만 하였다.

나는 어려서부터 특히 〈아빠 생각〉의 2절을 좋아했는데, 왜냐하면, 이 노래가 돌아가신 아빠를 사모하는 내용이라는 게 2절에 가서야 뚜렷해지기 때문이었다. 그런 상황을 떠올리면서 〈아빠 생각〉을 부르면 언제고 절실하고도 처량한 그리움이 느껴지고는 했는데, 걸음을 옮기면서 뒤편에 귀를 기울여 봐도 처녀의 노래는 다시 이어지지 않았다.

애들하고 재밌게 뛰어놀다가
아빠 생각 나서 꽃을 봅니다
아빠는 꽃 보며 살자 그랬죠
날 보고 꽃같이 살자 그랬죠

  돌아 나올 때에는 한적한, 노점상들이 늘어선 뒷길을 택했다. 크고 작은 판자들을 이렇게 저렇게 이어 붙인 진열대의 초라한 뒷모양들 사이로, 전면의 화려함을 비추고 남은 불빛이 간간이 새어 나오고 있었다.
  아하, 화려하다는 내 말에 수줍게 웃기만 하던 그 처녀의 심정을 알겠다.

19

국제시장

  시장 외곽의 큰길 가에서 차를 기다리다가 나는 미나에게 야단을 맞고야 말았다. 어쩐지 내 시선을 잡아끈 금발의 육체파 아가씨 때문이었다. 그 금발이 우리 쪽으로 다가올수록 내 시선을 끈 원인이 점점 분명해졌다. 그것도 옷으로 친다면 옷 때문이었다. 금발이 걸친 것이라고는 달랑 엉성하게 엮은 그물천 원피스 하나가 전부였다. 속이 어지간히 들여다보였다.

한 황색 피부의 아가씨가 초에 무늬를 새기며 흥얼거리고 있는 것이 〈아빠 생각〉이었다. 내가 그 앞에서 걸음을 멈추자, 아빠하고 나하고가 뚝 그쳤다. 내가, 계속하세요 라고 했지만 노래는 이어지지 않았다.

우리가 전에는 무식하게 '빤쓰'라고 불렀고 요즘엔 고상하게 '팬티'라고 부르는 것조차 입고 있지 않았다. 그리고는 마음껏 허리를 뒤틀어가며 우리 곁을 지나갔는데 내 고개가 그만 주책없이 금발이 가는 쪽으로 따라 돌았던 것이다. 그래서 미나에게 꼬집힌 것이다.

저 정도면 시간당 100달러짜리는 될 거라고 소근대며 중식이가 쿡쿡 웃었다. 검둥이, 백둥이, 황둥이…… 없는 게 없어. 호모를 상대로 하는 남창들까지 색깔별로 다 있지. 그래서 내가 중얼거렸다. 과연 '인터내셔널 마켓'이구나.

20
열등감

어느 가는 비 오는 날 용산을 지나면서 본, 미군부대 철조망에 걸린 '한국인 고용과'라고 쓰인 팻말 앞에 늘어서 있던 긴 줄이 쉽게 뇌리에서 지워지지 않는다. 그것은 만 명의 주한 미군에게 삼천만이 소외당하는 광경으로 나에게 남았다.

여섯 사람 중 한 명꼴로 백인이 살고 있다는 이곳에서는 인종차별이라는 게 없단다. '본토에 가서 살고 싶지 않고 하와이에서 사는 이유'를 내게 질문당한 교포마다 꼭 이 점을 빠뜨리지 않았다. 흑인들의 영원한 콤플렉스는 링컨이 백인이었다는 사실이라지만, 결코 링컨에게 빚진 것 없는 우리의 콤플렉스는 어디에서 연유하는 것일까.

하와이에서는 오히려 백인들을 괄시하면서 살 수 있다고 큰소리 치는 콤플렉스, 용산의 철조망을 의식하고 싶지 않은 콤플렉스…….

21
붉은 수수밭

사탕수수밭의 한귀퉁이에 서본다. 고개를 들고 보아도 끝이 보이지 않는다. 사탕수수밭의 흙은 붉은색이다.

1902년, 노동이민이라는 이름으로 열여섯 척의 배에 실려온 우리의 할아버지들이 하와이에 첫발을 디디셨다. 한국인 미국이민사의 뿌리로 불리는 당신들의 숫자는 정확히 알려지지 않는다. 사진결혼이 성행하던 당시에 오천이었다고도 하고 혹은 칠천에 이르렀다고도 한다. 백인 감독의 호령과 채찍 아래 꼭두새벽부터 일해야 했다는 당신들의 낙은 어떤 것이었을까.

그중 운 좋은 구백여 명만이 사진결혼에 응해온 우리의 할머니들에게 장가를 드실 수가 있었다. 굶주림을 피해 먼 바다를 건너온 할머니들은 처음 보는 사내와 신혼을 치르고 난 첫 새벽부터 함께 사탕수수밭에 나가 일하셔야 했다.

신부를 못 구한 나머지 할아버지들은 끝내 순결한 노총각으로 지내다 돌아가셨거나 아니면 필리핀이나 중국계 할머니들과 짝이 되셨다. 간혹은 고갱처럼 원주민 할머니와 살림을 차리기도 하셨으리라.

구백 쌍의 2세들은 무지했던 부모와 그런 부모의 조국을 달가워하지 않았다. 그들 가운데 적지 않은 이가 2차대전 때 강제 수용된 일본인들의 재산을 재주껏 차지해 재산을 갖게 되었고, 그러자 자식 교육에 남다른 극성을 떨었다. 덕분에 3세에서는 많은 변호사와 의사와 박사가 나왔다. 이들은 하와이의 상류계층에 끼어드는 데 성공하였다.

이제는 4세들이 이십 대가 되었다. 이들 중 한국을 자랑스러운 조국으로 여기는 사람은 극히 드물다. 그저 고향으로 여기는 사람도 드물며 우리말을 할 줄 아는 이는 더욱 드물다. 한국에 막연한 관심을 두는 이조차 드물며, 그러나 자기의 뿌리를 모르는 체하는 사람들만은 드물지 않다.

구백 쌍이 낳고 낳고 해서 지금은 만여 명이 되었다지만 그건 축복받아 모래알처럼 번성한 것이 아니라 오히려 모래시계의 윗부분처럼 야금야금 스러지고 있던 것인지도 모른다. 하물며 벌레들도 멸종할 위기가 되면 대책을 세운다는데, 우리의 불쌍한 조상—이 망망한 사탕수수밭에나 하소연을 묻고 말았을 우리 할아버지 할머니들의 흔적은 어디에 가서 찾을까.

쌍무지개가 뜨는 활화산

22
누드

 가령 모든 사람들의 코를 반창고로 가리고 그렇게 세월이 한 천 년쯤 흐르고 나면, 우리의 코는 틀림없이 또 하나의 치부가 되어 있을 거라는 생각이 들었다. 몸뚱이의 한구석도 '가리지 않은' 남녀노소가 자연처럼 어우러진 누드촌에서였다.

 할머니들의 발가락이 그랬다. 함부로 발가락을 드러내 보이는 여자란 배우지 못한 종년 아니면 수청기생이었다. 여염집 아녀자로서는 상상만으로도 몹쓸 짓이었다. 손은 괜찮은데 발만이 그랬다. 너무나 오랫동안 버선으로 가리고 있다 보니까 그렇게 되었다. 외간 남자에게 맨발을 보인 죄로 스스로 목을 맨 부인이 열녀로 칭송을 받았던 게 우리 역사였다.

 하여간 누드촌 사람들은 인간이 죄를 범하고 나서부터 스스로의 맨몸뚱이를 가리기 시작했다는 성경 말씀을 한낱 싱거운 농담으로 만들어버리고 있었다. 하기야 그들은 전혀 죄지은 바가 없음을 하나님께 시위하고 있는 건지도 모르겠다. 맨살에 모래가 박히는 불편함을 감수하면서까지.

23
거인

사람 사는 곳에 죄가 없을 리 있으랴.

바다가 옥색으로 보이는 해변이었는데 중식이는 우리가 차 밖으로 나가지 못하게 했다. 분명히 대낮인데도 신변의 안녕을 보장할 수가 없다는 거였다.

"저놈들 보이지?"

"저게 뭐야, 사람이야?"

지구상에, 사모아 남자보다 더 큰 사람은 사모아 여자밖에 없단다. 겁나게 비대한 사내 몇이 근처를 서성이고 있었다.

"무서운 애들이야. 조심해야 한다구."

맞는 옷을 찾기가 힘든 사모아 여인들은 적당히 천을 두르고 다닌다고 했다.

사모아인—자기 덩치의 반쪽밖에 안 되는 뺑코들에게 빼앗기고, 반의 반쪽밖에 안 되는 엽전들에게 빼앗기고, 반의 반의 반쪽밖에 안 되는 쪽발이들에게 빼앗기고, 그들은 이제 아무것도 가진 게 없다. 그들끼리 살던 예전엔 이 섬의 모든 것이 그들의 차지였으리라. 그러니 따로 소유할 필요도 없었을 것이다. 그 시절엔 마음대로 따 먹던 바나나를 이제는 마켓에서 돈을 내고 사 먹어야 하는 것이다. 저들의 큰 배를 채우려면 무척 많이도 먹어야 할 테지. 얼마나들 시장했으면 낙

천적인 뚱보들이 무서운 사람으로 변했을까.

 너무나 아름다운 해변인데 사람들 때문에 위험하다는 거였다. 사람들 때문에 더러운 일들이 너무나 많이 일어난다는 것이다.

24
사진

 '바다공원'에 갔었지만 시간이 지나서 입장권을 사지 못했다. 그래서 'Sea Life Park'라고 쓰인 간판 아래에서 사진만 찍었는데, 돌아오는 길에서는 내내 기분이 쾌하지 않았다.

 내 생긴 탓이기도 할 테지만 나는 사진 찍기를 별로 좋아하지 않는다. 스무 살이 되기 얼마 전엔 가지고 있던 사진을 몽땅 태워버리기도 했었다. 과거의 반짝하던 순간의 기억을 부둥켜안고 현재를 위로하며 사는 것은 비겁하다고 여겨졌기 때문이다.

 하여간 나는 지금도 곧잘 사진기 앞에서 수줍음을 타고는 한다. 남겨도 좋을 어떤 순간을 찍는 것이 아닌, 오직 남기기 위해서 어떤 순간을 연출해 낼 때에는 더욱 그렇다. 순전히 기억의 증거로 보관하기 위한 사진을 찍기 위하여 옷을 갈아입고 잔칫상을 차리면서 조금도 어색해하지 않는 우리의 공공연한 뻔뻔스러움은 어떻게 변명될 수 있을까.

그렇지만 많은 돈을 처들인 행사 끝에 남는 건 달랑 사진 몇 장뿐이 아니겠느냐던 어느 예식장 사진사의 말이 생각난다. 어째서 사진만이 남는다는 말입니까. 사진기가 없던 옛날의 보다 성대하고 웅장했다는 의식들을 알지 못하십니까.

사진을 찍기 위하여 웃어 보이고, 몇 개쯤은 아름다운 추억을 갖고 있고 싶어서 이따금 아름다워지고자 하는 우리는─ 정말 우리는 살기 위해서만 살고 말 텐가.

25
처세

"사실 우리가 먹기 위해서 쓰는 시간이라는 게 어마어마하거든."

군사 지역인 선셋비치의 야자수 그늘에 돗자리를 펴고 점심을 들다가 중식이가 그랬다.

"그래서 난 제대를 하고 레스토랑을 차릴 작정이야. 그러면 어차피 먹는 걸 장만하고 치우는 데 소비하는 시간을 덤으로 벌 수 있을 거란 말이야."

부부가 함께 장을 보고 함께 설거지 걱정을 해야 하는 미국적 생활방식이 중식에게 많은 새로운 사실들을 깨우쳐주었나

보다. 생존하는 데 필요한 시간을 절약해서 더 많이 생활하고 싶다는 거겠지. 그래, 네 통기타와 아내의 피아노 솜씨를 곁들인다면 아주 근사한 식당이 될 거야.

서핑을 즐기는 젊은이들이 건강해 보인다.

26
알로하! 하와이

웃기는 곳이다.

여덟 개의 큰 섬과 백여 개의 작은 섬으로 이루어진 하와이는 모두가 바다 한가운데 솟은 여러 화산의 흔적이다. 그 삭막한 용암의 잿더미 위에 가장 이상적인 기후 조건이 주어졌고 가장 아름다운 경치가 피어났다.

그렇다고 모든 화산이 완전히 꺼진 것도 아니다. 세계 최대의 활화산인 마우나로아 화산이 있고, 바로 몇십 년 전에 불기둥을 내뿜었던 진주만이라는 활화산이 다시금 폭발을 준비하고 있다.

가장 늦게 미국이 되었고 본토에서 가장 멀리 떨어져 있는 이곳이, 2차대전 당시 유일하게 폭격당한 미국 땅이었다는 역사적 아이러니는, 스스로 미국의 일부가 되고자 했던 하와이언들의 운명을 암시해 준다.

지금도 이곳은 적국의 최우선 공격 목표라고 한다. 만약 3차 대전이 터진다면 제일 먼저 핵공격을 당할 것이 보장돼 있다는 이야기다. 지구의 반을 관할하는 '미국 태평양지역 총사령부'가 위치한 하와이에는 엄청난 수의 핵폭탄이 저장돼 있기 때문이다. 일상에 지친 미국인들의 피난처요 별장인 이곳은, 동시에 미국의 최전방이고 핵무기 창고라는 것이다.

남국의 낙원이요 태평양의 오아시스로 불리는 하와이가 어쩌다가 우리 시대 최대의 활화산 두 개를 한꺼번에 품고 있게 됐을까.

공항으로 가기 전에 중식이가 약들을 챙겨주었다. 병원비가 비싼 미국에서는 억지로라도 건강해야 한다며, 두통약 감기약 소화제 설사약 무좀약……, 그리고 귀마개까지 구해다 주었다. 비행기에서 귀가 아팠다는 내 말을 잊지 않은 것이다.

공항으로 가는 길에서 쌍무지개를 보았다. 그런데 이제는 미나도 나도 탄성을 지르지 않았다. 그사이에 여러 번을 보았기 때문이기도 하리라. 하지만 그것이 이유의 전부는 아니었다.

하와이여 부디 안녕하라—알로하!

6. 5. 金 ~ 6. 8. 月

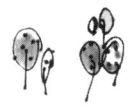

불자동차가 질주하는 천사들의 도시

그래, 완성이란 아무것도 덧붙일 것이 없을 때가 아니라 아무것도 더 떼어낼 것이 없을 때 이루어지는 거래. 완전히 가난해져버리면 우린 아직도 별았다구.

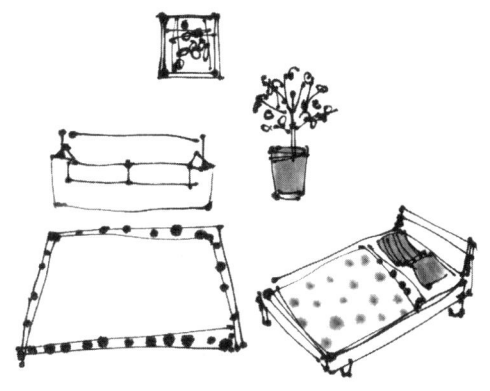

27
LA

  비행기에서 내려다본 밤의 LA.

  불빛들은 사막의 모래처럼 가득했고 반짝였으며 끝이 없었다. 너무나 엄청난 수의 불빛들이 나를 덜컥 외롭고 두렵게 하였다. 영화에서나 보고 환장하게 도쿄하던 미국은 과연 저만큼의 불빛으로 밝히고 있어야 할 것들을 지닌 거대한 별천지인가.

  하지만 밤의 불빛만으로는 모른다. 판잣집들이 다닥다닥 들어찬 산동네일수록 밤이면 더 많은 수의 불빛으로 예뻐 보였었다. 풍성한 불빛으로 단장한 산동네를 멀리서 올려다보면, 사시사철 꺼지지 않는 크리스마스 트리 같았다. 그러니 아직은 모른다.

공항에서 우리를 맞아주신 아저씨는 집에 이르자마자 우선 뒷마당부터 자랑하고 싶어하셨다. 아저씨가 손수 가꾸셨다는 고추와 호박과 열무가 있는 뒷마당에 서서 죄송하게도 나는 그저 피곤할 뿐이었다. 하나도 신기하거나 부럽지가 않았다.

아저씨는 서운한 듯이 말씀하셨다.

"이제 조금만 살아보거라. 이 울타리 밖은 미국이라구."

하지만 밤의 현란한 불빛만으로는 모르겠어요. 고추를 심은 뒷마당이 어째서 값진 장소인지를. 6. 8. 月

28
미국

'알함브라'라는 이름이 어울리게 텅 빈 한낮의 거리가 조용하고 깨끗하다.

조급해 하지 말라고, 밤낮이 뒤바뀌었으니 며칠 동안은 딴 생각 말고 잠이나 자두라고 아저씨는 그러셨다. 하지만 잠으로 이루는 것이 꿈 말고 무엇이랴. 나는 어서 발바닥을 땅에 대고 뛰어다니고 싶다.

"나 미국에 왔어."

이제는 퇴근했으려니 하고 어두워진 후에야 전화를 했는데 상덕이와 영석이가 그때부터 달려와주었다.

또 미국에 온다는 놈은 없니? 중복인 결혼했지? 결혼선물까지 보냈는데 무소식이야. 형락이는 어때? 조순이는 아직도 그 여자와 연애중인가? 용범이 녀석도 답장이 없어. 나쁜 새끼들, 그놈들 가끔이라도 우리 이야기를 하던? 아무래도 괜찮아, 어쨌든 우리도 이젠 셋이 됐으니까.

어떤 이름의 낯짝과 그놈들의 창피한 과거와 못된 버릇들을 서로가 알고 있다는 이유 때문에 우리는 이곳에서도 여전히 개수로 쳐주는 친구인가 보다.

나는 영석이나 상덕이가 서울의 친구들을 생각하는 것이 거의 짝사랑에 가깝다는 말은 꺼내지 않았다. 나도 이제부터는 이쪽 편에 속할 것이므로.

헤어지기 전에, 영석이가 무슨 중요한 정보라도 알려주듯이 내게 다가서서 속삭였다.

"미리 알아두는 게 좋을 거야. 우리가 서울에서 생각했던 미국은 지도 위에밖에 없다는 거 말이야." 6. 10. 水

29

재산

사람에게는 결국 그가 묻힐 무덤만큼의 땅이 필요할 뿐이라고, '사람에게는 땅이 얼마나 필요한가'라는 문제에 톨스토이가 대답했지.

한 쌍의 부부가 살아가는 데 필요한 공간은 얼마만큼일까.

독신자용 싱글룸이라지만 방 하나 속에 있을 것이 다 있다. 침대와 부엌과 소파가 있고, 한구석의 문을 열면 목욕탕도 거울이 달린 세면대도 있다.

미나는 청소하기가 쉽겠다며 활짝 웃어주었다.

그래, 완성이란 아무것도 덧붙일 것이 없을 때가 아니라 아무것도 더 떼어낼 것이 없을 때 이루어지는 거래. 완전히 가난해지려면 우린 아직도 멀었다구.

짐을 풀었다.

공항에서는 일인당 두 개의 큰 트렁크가 허용된다고 했었다. 트렁크 네 개—추리고 추려서 바다 건너에까지 우리를 따라오도록 선택받은 우리의 전 재산……. 그런데 웃음이 나왔다. 허물 같은 옷가지가 몇, 양말짝, 결혼사진, 수저, 책 나부랭이, 깨지지 않는 플라스틱 그릇 속엔 장모님이 담아주신 고춧가루…….

"참 이상하다, 짐을 쌀 때는 중요한 것들이 아주 많은 것 같았는데……."

미나가 혼잣말처럼 쓸쓸하게 그랬다.   6. 12. 金

30

짝

　이제는 한 쌍의 젊은 남녀가 하나님 앞에서 부부가 되었다고 선언하고 나서 목사님은 신랑 신부에게 키스하기를 명하셨다. 면도를 하고 턱시도를 빌려 입은 광수가 신부에게 입술을 포갰을 때 나도 미나도 힘껏 힘껏 박수를 보내주었다.

　남녀공학이었던 고등학교 적의 체육시간에 우리는 포크댄스를 배웠다. 돌기도 하고 뛰기도 하다가 체인징 파트너라는 걸 했지. 한 음악이 나오는 동안에 몇 명인가의 파트너가 스쳐가곤 했어. 그러다가 음악이 끝나면, 바로 그때의 파트너와 손을 잡은 채 가만히 마주 보고 서 있어야 해. 다음 음악이 나올 때까지.

　간혹은 운 좋게도 쓸 만한 여자애가 파트너가 됐을 때 음악이 멎어주기도 했지만 대개의 경우는 그렇지가 않았지. 문제는 음악이야. 그놈의 음악이 언제 끝나주느냐가 중요했어. 그래서 나는 생각했지.

　내 젊은 날의 음악이 끊길 때 내 앞에 서 있던 여자는— 행복한 여자일까 혹은……, 미나가 콕콕 옆구리를 찔렀다.

　"신랑 신부가 하객들 앞에서 뽀뽀하는 거 참 보기가 좋다, 그지."　6. 13. 土

불자동차가 질주하는 천사들의 도시

31
기우

미나는 더운물을 마음 놓고 펑펑 쓸 수 있는 것이 미국에 와서 가장 좋은 점이라고 한다. 하기야 서울에서도 고지대에 살았던 우리는 더운물이 있을 때면 무조건 머리라도 감고 보는 식으로 살았지.

"우리 물을 좀 아껴 써야 할 것 같지 않아?"

한 시간도 넘게 목욕탕에 있다 나온 미나에게 조심스레 말을 던져보았다. 미나는 반응이 없다. 물값을 따로 치르지 않는 것은 안다고, 하지만 여긴 사막이어서 멀리 후버 댐에서부터 물을 끌어다 쓰는 거라고 말하면서 나는 자신이 없었다. 미나는 아직도 아무 반응이 없다. 나는 내가 토해놓았던 쓸데없는 말들을 깨끗이 취소하고 앞으로는 공짜인 물만이라도 실컷 낭비하며 살자고 제안했다. 아, 서울의 우리 집은 산꼭대기 집.

낮에는 태호와 토론을 벌였다. 내가 키우는 한 마리의 강아지를 먼저 먹여야 하느냐 아니면 방글라데시에서 굶주리는 수백만의 아이들을 먼저 생각해야 하느냐에 대하여.

우리는 다음과 같은 사실에 대해서만 의견의 일치를 보는 데 성공했다. 우선은 내가 먼저 먹고 나서 생각해 볼 문제라는 점. 이상. 6. 14. 日

32

속세

'어떻게' 살고 있느냐는 생각지 않고 오직 '미국에' 살고 있다는 사실만을 긍지로 삼는 어떤 교포들이 나를 우울하게 만든다. 길고 큰 자동차를 타고 다니며 진한 우유와 쇠고기를 먹고 수세식 변소에 앉아 일을 보는 것만으로 자신이 '기대 이상의 삶'을 누리고 있다고 우쭐하는 사람들이 나를 울적하게 만든다.

그들은 한국에서라면 언제 이런 자동차를 가져보겠느냐고 말한다. 그들은 마치 이곳에서는 아무도 보아주지 않는 자기의 자동차를 한국에 가져가서 뽐내보는 상상으로 버티고 있는 것처럼 보인다. 그뿐이라면 좋다. 나는 그들 때문에 기분이 상하고 싶지는 않다. 그들이 한국에 살고 있는 사람들을 함부로 불쌍히 여기려 들지만 않는다면 나는 화가 날 이유가 없다. 그들은 단순히 한국에 사는 사람들이 차가 없기 때문에, 고기를 많이 못 먹기 때문에 안됐다는 것이다. 그들은 누군가를 불쌍히 여기지 않고는 도저히 자신의 억지 행복이나마 확인할 수 없기 때문에 무책임하게 남을 불쌍히 여기려 드는 것처럼 보인다. 만약 한국에 핵폭탄이 떨어져서 지구상에서 한반도가 갑자기 사라져버리기라도 한다면 그들은 매우 슬프게 울 것이다. 여러 가지 이유로.

―칠이 벗겨져 볼품없는 중고차를 사고 나서 이런 생각들을 해본다. 사실은 나 자신이 촌스럽게 함부로 오만해지지 않기 위해서.   6. 15. 月

33
삶

건전지 · 달력 · 아세톤 · 손톱깎기 · 이쑤시개 · 식초 · 못 · 다리미 · 이태리타월 · 잉크…….

사야 할 것들을 적어놓은 미나의 수첩을 본다. 필요하다는 물건들을 며칠 전에 한보따리나 사왔는데 그사이에 더 필요한 것들이 벌써 또 이만큼이나 생겼나 보다.

아무리 보잘것없이 살아도 이렇듯 많은 것들을 필요로 하는 우리는 어찌 보면 참으로 대단한 존재인 듯도 싶다.

6. 16. 火

34
'가장 행복한 날'

UCLA의 인터내셔널 랭귀지 클래스.

영어회화 선생님이 오늘은 '가장 행복한 날'이라는 제목으로 각자가 말해 보자고 했다가 수업을 망쳐버렸다.

맨 처음의 이란 학생이, 호메이니가 죽는 날이야말로 내가 가장 행복한 날이 될 거라고 말했기 때문이다. 선생이 그런 내용의 예문은 좋지 않다고 해서 이란 학생을 흥분시켜 버렸다. 미국인들은 참견할 자격이 없다며 팔레스타인 학생도 끼어들었다. 미국의 지원을 받는 시오니스트들에게 팔레스타인 사람들이 몇 명이나 죽어갔는지 아느냐고 대들었다.

이미 논리가 아니었다. 그 학생은 후세인의 개들―이라고 말했다―에게 형이 끌려가는 것을 숨어서 엿보았다고 했다. 형은 틀림없이 맞아 죽었을 것이라고 그는 주장했다. 미국인 선생은 그것이 왜 미국의 죄인가 하고 응수했다.

이때쯤 교실의 학생들은 제각기 큰소리로 떠들어대고 있었다. 브라질 여학생은 자기 나라의 군사독재를 규탄했고, 소련에서 온 18살짜리 유태계 소년은 히브리어를 쓰다가 시베리아로 쫓겨간 친구의 이야기를 떠벌렸다.

나는 아무 말도 하지 않았다. 싸워야 할 곳에서 싸우지는 못하고 엉뚱한 미국인 선생 앞에서 흥분하는 세계 각국의 학생들 몫까지 뭉뚱그려서―나는 대표로 부끄러웠다.

6. 17. 水

35
여름 오후

　신문의 구인광고란과 시내지도를 들고 쏘다닌 지도 벌써 며칠이다. 나를 써주겠다는 사람은 아무 데도 없다. 사람이 자기를 필요로 하는 장소에 있어야 한다는 것은 얼마나 중요한 일인가. 이곳에서는 아무도 나를 필요로 하지 않는다. 노동허가증이 없어서 그렇다. 땀 흘리기 싫은 자는 먹지를 말라지만, 나는 땀을 흘리고 싶어도 땀을 흘려도 좋다는 '쫑'이 없는 것이다.

　어느 한국 마켓에 들어가 바닥에 걸레질하는 종업원에게 물었다.

　"일자리를 찾는데 어느 분께 여쭈어보면 될까요?"

　앞치마를 두른 종업원이 나를 위아래로 훑어보더니 대답해 주었다.

　"일자리 없습니다."

　돌아서려는데 그 친구가 불러세웠다. 그러더니 지긋지긋하게 나를 괴롭힌 질문을 또 반복하려 들었다. 주인도 아닌 주제에.

　"한국에선 무얼 하다 왔지요?"

　"담배 피우다 왔습니다."　6. 18. 木

36
흔적

몇 년 전에 텔레비전에서 본 장면. 카메라가 망망한 바다를 훑어가다가 한곳에서 딱 멈추었다. 다른 바다와 조금도 다름없는 바다. 적막하고 고요하며 할 일 없는 잔파도가 출렁이는 그냥 바다.

'이곳이 바로 지난 ×월 ×일에 간첩선을 격침시킨…….'

어떤 코미디보다도 더 나를 웃겨주었다.

아까 낮에는 제임스 딘이 교통사고로 죽었다는 고속도로의 커브길을 지나왔다. 어제는 로버트 케네디가 암살당했다는 호텔의 로비를 유심히 돌아보았다. 역사다운 역사만으로도 충분히 골치가 아프다. 터무니없는 의미들한테는 홀리지 말아야지. 6. 19. 金

37
개시

애국은 시작되었다. 드디어 한길이가 외화 획득에 나선 것이다. 카펜터 헬퍼—목수의 조수 노릇이다. 워낙 볕이 뜨거워 지붕 위에서 일하기가 지랄 같았지만, 예수님도 출세하시

내가 미워하는 사람들을 마음 놓고 욕하고 저주하고 침을 뱉을 수 있게끔, 이제는 그들이 더 억세고 더 강한 사람이기를 빌어야 할까 보다. 내 원망 따위는 아랑곳없이 더 뻔뻔스럽게 더 잘 살아갈 사람들을 잘 골라서 미워해야겠다.

기 전엔 나와 같은 직종에 종사했다는 사실을 긍지로 삼고 나를 위로하였다.

그리고 30달러. 흠뻑 땀 흘리고 나서 즉석에서 받아쥔 대가에 오랜만에 기분이 쾌하다. 미나도 내가 대견한 눈치다.

일찍 자야지. 내일도 새벽 6시에 출근해서 씩씩하게 일해야 하니까. 6. 22. 月

38
와이프

오전 내내 찌푸린 상을 하고 일하던 호세가 점심을 마치고야 입을 열었다. 엘살바도르에서 온 호세는 자기네 나라말만 잘한다.

"킴, 유 해브 와이프?"

내가 고개를 끄덕이자 호세는 안됐다는 듯이 어깨를 들썩해 보이며 고개를 살래살래 흔든다. 말은 더 이상 통하지 않았지만 나는 호세가 말하고 싶은 게 무언지 충분히 눈치 챌 수 있었다. 기운을 내라고 내가 어깨를 툭툭 쳐주었더니 착한 사나이 호세는 염려 말라는 듯이 씩 웃어주었다.

세계의 와이프들은 모두가 한결같은가 보다. 6. 24. 水

39

난국

사람은 누구나 하늘로부터 분리될 지붕을 가질 권리가 있다지만, 권리는 있으되 지붕을 만들기는 쉬운 일이 아니었다. 불과 일주일 만에 카펜터 헬퍼의 직에서 잘리고 말았다.

일을 끝내고 연장을 챙기는데 아무리 찾아봐도 연장 가방 하나가 보이지 않는다. 지붕에 방화용 석판을 못질하고 나서였다. 보스는 천장과 지붕 사이에 연장을 놔둔 채로 못질해 버린 게 아니냐고 나를 추궁했다. 나는 절대로 그럴 리가 없다고 우겼다.

내 잘못이었다. 끝내 연장을 못 찾아 화가 치민 보스가 석판을 망치로 두들겨 부쉈을 때―석판에 박은 못은 다시 뺄 수가 없다―연장들은 고스란히 그 속에 숨어 있었으니까.

보스는 일당을 나누어줄 때까지도 아무 소리 하지 않았다.

"내일은 몇 시에 나올까요?"

내가 보스에게 물었다.

"자넨 좀 푹 쉬는 게 낫겠어."　6. 26. 숲

40
후회

대학 시절의 스승인 조 박사가 돌아가셨다는 일단짜리 기사를 본다.

나는 당신을 좋아하지 않았으며 당신을 비난하는 데에 주저하지 않았었다. 나는 어리석었다.

내가 미워하는 사람들을 마음 놓고 욕하고 저주하고 침을 뱉을 수 있게끔, 이제는 그들이 더 억세고 더 강한 사람이기를 빌어야 할까 보다. 내 원망 따위는 아랑곳없이 더 뻔뻔스럽게 더 잘 살아갈 사람들을 잘 골라서 미워해야겠다.

사람끼리가 누구를 진실로 깊이 미워할 수 있단 말인가. 쓸데없는 짓이었다. 나는 어리석었다.   6. 27. ±

41
치통

이가 며칠 전부터 말썽이더니 오늘은 통증을 참기가 힘들다. 진통제는 몇 알을 삼켜도 소용이 없고 아예 열까지 오른다. 치과는 엄청 비싸다는데 우리는 아직 보험 카드도 없다.

치과의사인 경수가 생각난다. 고맙게도 경수는 주로 공짜로 내 이를 치료해 준다. 그렇지만 경수는 서울에 있다. 불경기에 가장 민감한 건 속옷가게와 치과라던 그 친구의 말이 생각난다. 맞아, 속옷과 통증은 남의 눈에 보이지 않는다. 남의 눈에 보이지 않는 것엔 돈을 아껴야지.

치통을 치과에 가지 않고 견디어보지 않고는 가난에 대해 말할 자격이 없다는, 가난한 사람들끼리라면 적어도 치통에 대해서만은 공감할 수 있을 거라는, 그런 엉뚱한 생각들을 하며 부은 턱을 감싸쥐고 온종일을 뒹굴었다.

서울은 지금 몇 시쯤이나 됐을까. 가고 싶다. 6. 28. 日

42
노인들

노인들은 벌써 11시쯤부터 하나 둘 아파트 현관의 소파에 나와 앉기 시작한다. 현관에는 편지통이 있고 우체부는 11시 40분부터 12시 사이에 온다.

내가 현관을 지나치다가 '오늘은 어떠세요?' 하고 인사말을 던지면 '좋아요, 생큐'라며 고개를 끄떡여주는 노인들. 나는 노인들이 다른 말을 걸기 전에 얼른 현관을 빠져나와야 한다.

바쁠 때는 절대로 노인에게 말을 걸지 말라고 한다. 노인들은 말상대를 놓치지 않으려는 데 참으로 끈질기다는 얘기다.

장사하는 사람들은 특히 노인을 잘 모시라고 한다. 곰팡이 난 과자조각 하나만으로도 노인들은 기꺼이 소송을 제기한다. 자신의 말에 심각하게 귀 기울여주는 재판정의 사람들 앞에 서서 마냥 행복해 한다는 것이다.

우체부가 차라리 오후 늦은 시간마다 들러주었으면 좋겠다. 대부분의 노인들은 우체부가 다녀가기 전까지의 시간만이 좋은 건지도 모르니까.   6. 29. 月

43

사람

한길이는 이곳 LA에서도 여전하다. 여전히 불만이 가득 차서 하루에 두 갑 반의 양담배를 죽인다. 종종 처량하며 때때로 암담하다. 하지만—이 하지만 때문에 끈질기게 산다—쌍소리 몇 마디로 다 지워버릴 수 있다. 훌훌 털고 일어나 또 휘파람을 불어본다.

우리는 물론 숱한 역겨움과 울화를 품을 수 있다. 그런데 이런 말은 울화나 역겨움보다 조금은 더 깊은 세상에 대한 애정을 소유한 이들에게만 허락되는 이야기인 것 같다. 사실 어떤 때의 세상이란 참 아름답기도 한 것이다.

개나 고양이를 지나치게 사랑하는 건 인간에 대한 모욕이라던 사르트르.

개들은 신에 대한 토론 따위로 나를 구역질 나게 만들지 않는다던 휘트먼의 시구.

인간에 대하여 알면 알수록 개를 더욱 사랑하게 된다는 발자크의 말. 사람을 사랑한다는 것, 그건 아마도 인간의 본질에 대한 깊고 긍정적인 체념을 터득하게 되었다는 소리는 아닐까.

나 이외의 타인을 사랑한다는 일이 의무감으로 다가올 때 우리는 퍼뜩 발작을 일으키곤 하지. 저 발자크처럼. 6. 30. 火

44
위로

'……껀수와 별볼일을 찾아 두리번거리다가 갑자기 피곤해질 때의 지독한 초라함 같은 거를 형은 압니까. 엊저녁엔 경기중에 링 위에서 맞아 죽었다는 어느 복서의 기사를 읽고 그를 위해 기도했습니다.

형, 나는 다 팽개치고 비겁하게 사는데, 그런데도 너무나 하찮게 살고 있다우. 아무리 비겁하게 굴어봐도 도무지 내일이 보이지가 않으니 어쩌우. 형은 미국 갔으니 참 좋겠수, 정말 좋겠수.'

죽은 자를 위하여 기도할 열정이 있거들랑 산 자를 위하여,

죽은 듯이 사는 많은 사람들을 위해 기도해 다오.

성태야, 너는 현명함이라는 게 어떤 거라고 생각하니. 딱 절망해야 하는 만큼만 절망하는 것, 절대로 그 이상은 요만큼도 더 절망하지 않는 거라고 나는 생각한다. 절망한 만큼은 내버려두고, 그 나머지에서 자신을 키워보는 것, 절망한 만큼은 말하지 말고, 절망한 만큼은 묻어두고, 그 나머지만큼만 소리 내어 노래하는 것.

어른이 된 우리가 가질 수 있는 지혜라면 기껏 이런 정도가 아니겠느냐. 7. 17. 水

45
갈증

비는 한 번도 오지 않았다.

천사들은 날개가 젖을까 봐 비를 싫어하나 보다. 로스앤젤레스, 그 이름은 '천사들의 도시'라는 뜻이라고 했다. 그러나 천사가 아닌 내게는 비가 필요하다. 선인장의 가시를 갖지 못한 나는 갈증에 목마름에 약하다.

불자동차의 사이렌 소리가 들린다. 건조하기 때문일까, 하루에도 열두 번씩은 저 소리를 들으며 산다.

나도 불자동차 운전수가 되고 싶다.

나도 사이렌을 울리며 질주하고 싶다. 시속 이백 킬로미터로 달려가고 싶다. 다른 차들은 모두 길에서 비켜나야 한다. 교통순경도 물러서야 하고 나는 빨간 신호등도 못 본 척하고 달린다. 길에서 쉬던 천사들도 서둘러 날개를 파닥이며 날아올라야 한다. 나를 한시바삐 필요로 하는 사람들에게로 달려가는 것이다.

아무도 나를 기다리고 있지 않아도 좋다. 나는 그래도 시속 이백 킬로미터로 무작정 달리고 싶다.

나는 불자동차 운전수가 되고 싶다. 그래서, 이 비 한 방울 없는 건조한 여름에게로 마구 달려가 차가운 물벼락을 뿜어주고 싶다. 7. 3. 숲

세 마리의 개가 필요한 사람들의 축제

어두워지자 불꽃놀이가 시작되었다. 롱비치 앞바다는 이미 근처의 해안에서 몰려온 요트들로 가득하다. 그 요트바다가, 해변에 늘어선 사람들마다가 쏘아대는 작은 불꽃들이 밤바다의 파도 위에서 명멸하였다.

46

독립기념일

롱비치에 가서 '호텔 퀸메리호'를 보았다. 한때는 영국이 자랑하던 세계 최대의 호화여객선. 고물이 되자 거기에 붙은 여왕의 이름과 함께 미국으로 팔려온 퀸메리호. 미국인들은 그 배를 바닷가에 세워놓고 '메리 여왕 여관'을 열었다.

영국 왕실 근위대의 복장을 한 입구의 보초, 4층인 갑판까지 오르내리는 승강기, 배 안에는 삼백여 개의 객실이 있다고 했다. 식당과 술집이 여럿이고 사진관이며 우체국도 있다. 바다 한가운데의 군함 속에서도 탈영병이 생긴다는 말을 이해할 수 있을 것 같다.

계단이 꺾이는 곳에 왕관을 쓴 메리 여왕의 사진이 걸려 있었다. 당신이 밟고 서 있는 양탄자는 바로 여왕이 밟고 지나다니던 거라는 안내문도 붙어 있다. 그 색 바래고 구멍 난 양탄자를 아직껏 그곳에 깔려 있게 한 여왕의 위력은, 그렇게 미국인들의 발 아래에나마 잔존해 있는 셈일까.

어두워지자 불꽃놀이가 시작되었다. 롱비치 앞바다는 이미 근처의 해안에서 몰려온 요트들로 가득하다. 그 요트마다가, 해변에 늘어선 사람들마다가 쏘아대는 작은 불꽃들이 밤바다의 파도 위에서 명멸하였다.

밤 9시부터는 퀸메리호에서 크고 화려한 불꽃들을 하늘 높이 쏘아올렸다. 입고 갔던 재킷을 미나에게 빼앗긴 나는 어깨를 움츠리고 불꽃들을 보았다. 활짝활짝 아름다운 순간들이 피어났고 아스라히 스러져갔고, 그리고 잠깐 그 잔영 때문에 눈을 감았다가 뜨면 까만 밤하늘이었다.

한때는 영국의 자존심의 일부였던 퀸메리호의 갑판에서 불꽃을 쏘아대며 영국으로부터의 독립을 자축하는 미국인들의 축제.

'미국적'이라는 말도 있음직하다. 7. 4. 土

축제

 몇 만이나 될까. 롱비치 바닷가의 드넓은 광장에 비집고 설 틈이 없다. 거의가 수영복 차림이다. 연주가 끝나면 맥주를 마시고 노래가 시작되면 다시 몸을 흔들어대는 젊은이들. 무대에서는 '스리 독 나이트'가 악을 쓰며 노래하고 있었다.
 ―춥고 외롭고 허기진 밤에는 개를 안아보세요.
 길을 잃은 에스키모가 밤을 넘길 수 있는 길은 썰매 끄는 개를 끌어안는 것이다. 체온을 나눌 세 마리의 개만 있으면 혹한과 무서움을 견뎌내고 살아남을 수 있다는 것이다.
 개를 안아보세요…… 개를 안아보세요…….
 춥고 외로운 사람들을 달래주려고 세 마리의 개가 소리 지르고 있었다.
 릭 스프링 휠즈, 파블로 크루즈 같은 쟁쟁한 그룹들이 나와서 한바탕씩 악을 쓰고는 무대에서 내려갔다. 비치 보이스가 〈남캘리포니아에는 미인이 많다〉를 부르자 박수 소리가 더욱 요란하다. 여기저기서 무대를 향해 던진 두루마리 휴지들이 길고 흰 꼬리를 달고 밤하늘을 날았다.
 그런 와중의 한복판에 담요를 펴고 갓난아기를 눕혀놓은 어린 엄마가 있었다. 그 소란 속에서도 새근새근 잠이 든 아기가 있었다. 새빨간 비키니 수영복을 입은 아기 엄마는 금발을 흔들며 춤을 추기에 바쁘다. 미나와 내가, 잠든 아기의 양편에 서서 술과 마리화나에 취한 사람들의 발길을 막아주었다. 너는 커서 무엇이 될 거니.

잠깐 자리를 비웠다가 돌아왔더니 마리화나에 눈이 풀린 사내 하나가 미나에게 수작을 걸고 있다.

"헤이, 이 여잔 내 와이프야."

"그래? 넌 참 예쁜 와이프를 가졌구나."

하더니 사내는 아기 옆에 벌렁 자빠져서 잠이 들어버렸다.

사람들의 함성이 울리는 쪽을 보았다. 한 조명탑의 중간쯤까지 기어오른 두 아가씨가 약속이나 한 듯이 비키니 수영복의 윗도리를 벗어던졌다. 볕에 탄 팔이나 어깨는 까만데 수영복을 벗어버린 젖가슴 부분만이 하얗다. 작지 않은 네 개의 유방이 반짝반짝 빛나는 것처럼 보였다. 박수와 휘파람과 원더풀 원더풀 하는 소리가 요란했다.

달려온 경비원들이 조명탑을 기어올랐지만 한 아가씨는 기어코 꼭대기에까지 이르는 데 성공했다. 그녀는 열광하는 군중들의 갈채에 대한 답례로 두 손을 들어 V자를 그려 보였다.

그런데 한 아가씨는 그만 경비원에게 발목을 잡히고 말았다. 가관이었다. 그러자 그 아가씨는 상체를 굽히고 경비원에게 키스 세례를 퍼부었다. 그러다가 경비원이 잠시 멋쩍게 웃는 틈을 타서 재빨리 다시 조명탑 위로 도망쳤다. 나도 미나도 열심히 박수를 쳐서 그 아가씨를 응원해 주었다.

결국 두 아가씨는 경비원들에게 끌려 내려왔고 환호하던 사람들은 맥주를 벌컥벌컥 마셨으며 연주는 드럼 소리를 신호로 재개되었다. 다시 시작된 춤은 조금 전의 것보다 더욱 흥겨워 보였다. 미나도 신이 난다며 춤추는 사람들 틈에 섞여 들었다.

모두들 조금씩 제정신이 아닌 것 같다. 좋다, 참 좋다.

7. 5. 日

48
한여름

일자리를 구하러 돌아다니다가 두 군데서 퇴짜를 맞고는 일찍 돌아와버렸다. 어제는 일곱 군데에서 딱지를 맞았지만 오늘처럼 풀이 죽지는 않았다.

한국식품을 취급하는 마켓의 여사장은 우리 부부를 한참 세워놓고 살펴보다가 이렇게 결론을 내렸다.

"아가씨는 예쁘장한 게 캐셔를 시키면 딱 좋겠는데……, 그런데 지금은 빈자리가 없네."

나는 퇴짜를 맞더라도 상대방에게 인사를 하고 나오곤 했지만 그 여사장에게만은 아무 인사도 하지 않았다.

아파트에 돌아오니 덥고 짜증나고 지겨운 한여름이었다. 나는 아파트의 텅 빈 수영장에 풍덩 뛰어들었다. 물장구를 친다고 엉킨 것이 풀어지지도 않았다. 풀장가의 의자에 누워 뜨거운 햇볕을 맞았다.

"선탠해요?"

미나가 창문을 열고 내려다보며 소리쳤다.

"그래. 담배나 좀 갖다주겠어?"

땡볕 아래서 눈을 감고 있으니 세상이 온통 빨갛게 보였다.

"운동 좀 해요. 벌써 배가 나오려고 하잖아."

담배를 가지고 내려온 미나가 내 아랫배를 콕 찔렀다.

그 말을 들으니 더욱 울적하였다. 누구에게인지 막연하게 몹시 죄송한 느낌이 들었다. 선탠이 다 무언가. 배부르지 말구 살찌지 말구 살자고 했었는데 이게 뭐람.

담배 연기를 길게 길게 토해냈다. 7. 8. 水

49

비결

세탁장에서 옆방에 사는 필리핀 친구를 만났다.

"너 혹시 마르코스를 좋아하니?"

하고 내가 슬쩍 물어보았다.

"그는 크레이지 가이야. 너는 미스터 박을 좋아해?"

"그는 죽었어."

그리고 서로 씽긋 웃어 보였는데 우리는 전보다 조금은 더 친해진 것 같았다.

산다는 게 무얼까. 빨고 더럽히고 또 빨고 더럽히고 쓰고 벌고 먹고 배고프고……, 그러고 보면 카뮈는 정말 난사람이었나 봐. 안 그래요?

빨래를 개던 미나가 혼잣말처럼 중얼거렸다.

어쨌거나 미나는 행복하게 사는 법을 터득하고 있는 거야. 흰 잠옷에 붉은 물이 들어버린 걸 보고 새 잠옷이 생겼다고 좋아하는 나의 아내여.   7. 10. 金

50
나이

이제 막 여드름이 돋기 시작했다는 강무에게 생일 카드를 썼다.

'한 사람의 나이—누군가가 내게 가장 슬픈 단어 하나를 고르라고 한다면 나는 죽음이니 가난이니를 다 제쳐두고 나이라고 말하겠다. 그 까닭을 설명할 수는 없다. 그저 어쩐지 스무 살이라는 말도 슬프고 서른 살이라는 말도 그것대로 슬프다. 쉰 살은 쉰 살이어서 여든은 여든이어서 슬프다.

어떤 세상 없는 부모 형제나 친구 혹은 사랑하는 이까지도 모두, 오직 나 혼자만을 위해서 살아줄 수는 없다는, 지극히 평범한 사실을 깨우치는 데에 어떤 사람은 이십 년이 걸리고 어떤 사람은 사십 년이 걸린다. 또는 영영 죽을 때까지 깨닫지 못하는 사람도 있을 것이다.

너무 일찍 깨우치는 사람들은 그래서 슬프고, 끝내 깨닫지 못하고 삶을 마치는 사람들은 그들대로 또 그래서 슬프다.

너는 이 엉터리 같은 이야기를 이해해 주겠니. 너의 생일을 축하한다.' 7. 13. 月

51
잔치

정말 길일이라는 게 따로 있는 거라면 오늘이 바로 그날. 나도 미나도 한꺼번에 덜컥 취직이 되었다.

미나는 옷가게 점원으로, 오전 10시부터 오후 6시까지 주 5일, 시간당 3달러 25센트.

나는 주유소의 수금원으로, 밤 9시부터 아침 8시까지 주 5일, 시간당 3달러 50센트.

두 곳이 다 흑석동—흑인 동네를 이렇게 부른다—이고, 특히 내가 밤일인 것이 마음에 걸리지만, 지금의 우리에겐 틀림없는 경사였다.

저녁땐 둘이 한국식당에 가서 냉면을 먹었다. 이를테면 외식을 한 것이다. 남들 모르게 살며시 자축잔치를 벌인 것이다.

7. 14. 火

52

오발탄

긴장한 탓인지 졸리지는 않았다.

주유소는 흑석동하고도 홍등가라는 플로렌스 거리에 있지만 나하곤 상관없는 일이다. 그건 방탄유리 바깥쪽의 얘기다.

나는 방탄유리 안쪽에 앉아 있다. 휘발유를 사러 온 사람들이 창구멍으로 밀어 넣는 액수만큼의 휘발유가 창밖의 펌프에서 나오도록 컴퓨터의 단추를 눌러주기만 하면 되는 것이다.

무슨 일이 있어도 방탄유리 밖으로 나가서는 안 된다고 했다. 왜냐하면 이 안에는 사람 목숨보다 더 중요한 현금이 있으니까. 현금이 있기 때문에 허락 없이 안으로 들어오려는 사람도 간혹 있다고 했다. 그럴 땐 망설이지 말고 무조건 쏴버리라고 주인 최씨가 몇 번이나 당부하고 돌아갔다. 방탄유리 안쪽에는 세 자루의 총이 있다. 권총이 하나, 장총이 둘.

새벽 2시가 지나고 손님이 뜸해졌을 때부터 나는 총들을 꺼내서 놀기 시작했다. 조작법을 설명 들은 대로, 실탄을 빼서 다시 장전해 보기도 하고 거울 속의 나를 겨냥해 보기도 했다. 육연발 권총이 제일 멋있었다. 〈디어 헌터〉에 나오는 것처럼, 총알을 하나만 장전하고 탄창을 빙빙 돌리다가 방아쇠를 당길 때의 그 긴장감……, 서서히…….

그러다 깜짝 놀랐다 한동안 귀에는 아무 소리도 들리지 않았다. 그리고 코를 찌르는 화약 냄새. 그놈의 긴장감을 즐기다가 나는 그만 진짜로 권총의 방아쇠를 당겨버렸던 것이다.

정신을 차리고 일어나 둘러보니 철판으로 된 벽이 움푹 패었다. 벽에 걸려 있던 달력이 날아갔고 곳곳에 남은 탄흔이 보였다. 방탄유리와 철판으로 사방이 막힌 좁은 공간을 탄환은 몇 번인가 맴돌았을 것이다.

다시 풀썩 자리에 주저앉았다. 총성이 울렸을 텐데 누구 하나 들여다보는 사람도 없다. 바로 조금 전에 나는 충분히 죽을 수도 있었는데…….

엉뚱하게 집에다 전화를 걸어서 잠든 미나를 깨웠다.

"별일 없어?"

"없어요. 거기 무슨 일 있어요?"

"아니, 괜찮아. 난 멀쩡해……. 그럼 잘 자."

구석에 놓인 간이침대의 베개 위에서 문제의 총알을 찾아낸 것은 날이 훤히 밝고 난 후였다.   7. 16. 水

53

쿡헬퍼

파트타임 일자리를 하나 더 구했다. 직책은 햄버거 쿡헬퍼. 미나네 옷가게 근처의 햄버거 집이다. 오후 3시부터 7시까지 주 6일, 시간당 3달러 50센트. 이렇게 나가면 우리도 금방 부자가 될 수 있을 것 같다.

서울에서는 군납회사의 사장을 역임했다는 주인아저씨─햄버거 쿡─는 내게 내일부터 출근할 것을 허락해 주셨다. 단 버려도 아깝지 않을 흰 와이셔츠를 입고 와야 한다고 하셨다.

내겐 두 벌의 흰 와이셔츠가 있다. 약혼식 때 입었던 것과 결혼식날 입었던 것. 그런데 둘 다 몇 번 입지 않은 새것이다. 버리기에는 아까운 옷들이다. 어쩌나.

집에 돌아오니 어머니의 편지가 기다리고 있었다.

'샛물은 졸졸 흐르고 장강은 도도히 흐르니라.'

찌들고 찌든 울 엄마의 고고한 소리. 7. 17. 金

54

시간표

오전 8:00   주유소에서 퇴근.

내겐 두 벌의 흰 와이셔츠가 있다. 약혼식 때 입었던 것과 결혼식날 입었던 것. 그런데 둘 다 몇 번 입지 않은 새것이다. 버리기에는 아까운 옷들이다. 어쩌나.

8:45~10:30	아침식사. 미나를 옷가게에 데려다 주고 돌아옴.
10:30~오후 2:00	잠.
2:00~3:00	점심식사. 옷가게에 점심 갖다주고 햄버거 집에 출근.
3:00~7:00	햄버거 쿡헬퍼.
7:00~8:15	옷가게에 들러 미나와 함께 퇴근. 저녁식사.
오후 8:15	주유소로 출근.

오줌 누고 자지 볼 시간이 없다고, 쫄병 땐 그렇게 썼는데, 여기선 아예 오줌 눌 시간이 없다면 엄살일까.

나는 어디로 가고 있는 걸까. 내일을 생각하면 여전히 모든 것이 답답하다. 공부도 해야 하고 소설도 쓰고 싶다. 그런데 늘 머리가 맑지 못하다. 두통이 떠나지를 않는다.

어디로 가든 살면서 가자.

요즈음의 내가 중얼거리는 구호다.   7. 20. 月

55
약속

내일은 미나의 생일. 미나가 내 마누라가 되고 나서 맞는 첫 생일이다. 햄버거 집을 하루 쉬어야겠다고 했더니 주인아저씨는 생일선물이라며 특제 햄버거를 만들어주셨다. 집으로 돌아오는 차 속에서 미나는 차마 선뜻 말을 꺼내지 못했다. 벌써 두 달 전의 일이긴 했지만 생일날 디즈니랜드에 가기로 한 약속을 까먹었을 미나가 아니었다.

"얼굴이 안됐어요. 두 가지 일 하니까 피곤하지?"

조수석에서 특제 햄버거를 먹다 말고 드디어 미나가 조심스럽게 입을 열었다.

"내일 디즈니랜드에 가서 잘 놀고 나면 괜찮아질 거야."

"정말 갈 수 있겠어요?"

미나의 목소리와 표정이 금방 밝아진다.

갑자기 우리가 처음 만났을 적의 대화가 떠올랐다. 미나는 공부를 열심히 해서 대학교수가 되고 싶다고 했다. 그리곤 내게 무엇이 되고 싶으냐고 물었다. 그 시절의 나는 정말이지 대답할 거리를 가지고 있지 못했다. 하고 싶은 일이 아무것도 없단 말이에요? 하고 미나가 재차 물었다. 내 소원은 놀고 먹는 거야. 막 어질러놓고 아무렇게나 사는 거야. 그러자 미나가 쿡쿡 웃었더랬다.

주유소에 가려고 아파트 문을 나서는데 미나가 쓸쓸하게 웃어 보이며 말했다.

"내일 디즈니랜드에 가는 거 그만둘래요."

"염려 말구 잠이나 푹 자둬."

그렇다. 미나는 여자이고 여자란 영원히 자라지 않는 어린아이 같은 것이다. 어린아이이기 때문에 디즈니랜드에 가보고 싶은 것이고 생일날의 약속이 더없이 중요한 것이다. 기실 헝겊조각을 씌운 솜뭉치에 지나지 않는 인형을 한때는 죽도록 소중히 여겼듯이. 7. 22. 水

56
부부

주유소에서 돌아온 것이 오전 9시였다. 두 시간만 눈을 붙이고 디즈니랜드에 가기로 했는데 눈을 뜨니 오후 4시였다. 나들이옷을 차려입은 미나가 머리맡에 얌전히 앉아 있다.

"왜 깨우지 않았어?"

"깨울 수가 없었어."

미나는 내가 잠들어 있던 동안에 몇 번인가 화장을 고치면서 시간을 보냈다고 한다. 속상해서 울지는 않았을까. 나는 다른 날보다 잠을 몇 시간 더 잔 거지만 더 울적하였다.

우리는 가까운 산타모니카 해변의 유원지에 가서 놀았다. 생일선물로 내가 1달러를 주고 붉은 장미 한 송이를 사주었더니, 미나는 그것으로 나를 완전히 용서해 주는 것 같았다.

착하고 예쁜 여보야, 디즈니랜드는 잠깐만 더 우리의 '환상의 나라'로 남겨두자꾸나.

주유소에 출근하기 위해 미나를 아파트 입구에 내려주면서 내가 위로의 말을 건넸다.

"미안해. …… 오늘도 혼자 자야겠네."

"할 수 없죠, 뭐……."

미나는 태연을 가장하기에 힘겨운 듯했다.

주유소에서, 손님이 뜸해진 11시쯤에야 미나에게 전화를 걸 수 있었다.

"이게 진짜 생일선물이야, 미나. 널 무지 사랑해."

"생각해 보니까 미안해요. 아까 당신 일 갈 때 시무룩했던 거……." 7. 23. 木

57

'Let it be'

주유소 주인인 최씨가 나를 화나게 만들었다. 주유소에서 일을 계속하려면 조건이 있는데, 자기와 함께 교회에 나가야 한다는 거였다. 며칠 전에 은근히 청하는 것을 분명히 거절한 터였다.

"조건이 꼭 그렇다면 제가 일을 그만두겠습니다."

그랬더니 최씨가 포교를 단념하고 사과했지만 벌써 내 기분을 잔뜩 잡치게 해놓은 다음이었다.

옛날에는 믿는다는 이유 하나로 저들의 목숨까지 빼앗던 시절이 있었다. 그건 믿지 않는 자들이 저지른 죄악이었다. 지금은 믿는다는 이유로 아무도 믿는 자들을 괴롭히지 않는다. 오히려 믿지 않는다는 이유로 믿는 자들에게 차별대우를 당하기가 종종이며 엉뚱하게 측은해 하는 눈길을 받기가 일쑤이다. 교회가 홍수를 이룬 미국의 한인사회에서는 더욱 그렇다.

명분이 있으면, 더욱이 그 명분이 선의를 포함하고 있다고 생각되면, 사람끼리가 서로 지켜야 할 가장 기본적인 틀조차도 무시하고 날뛰는 사람들이 나를 화나게 하는 것이다. 한 사람이 타인에게 베풀 수 있는 선의라는 말은, 그 타인이 뜻하고 있는 바를 도와주려 할 때에만 해당되는 이야기다. 단 일 초도 나를 대신해서 살아갈 수 없는 사람들이 선의라는 명분 아래 나를 변화시키려 드는 오만이 나를 우울하게 만드는 것이다.

나는 믿는 이들이 행하는 선행과 자기희생에 대하여 경의를 표한다. 나는 믿는 사람들의 기도하는 마음이 순수하리라는 것을 믿는다. 나는 그들을 미워하지 않으며 그들을 방해하고 싶지 않다. 내가 그들에게 요구하는 것은 제발이지 나를 그대로만 내버려둬 달라는 얘기다. 함부로 나를 긍휼히 여기지 말아 달라는 소리다. 내가 당신들을 내버려두듯이, 내가 당신들을 비웃지 않듯이.

아니 내 울화는 사실 믿는 이들의 오만에서만 비롯된 것은 아니었다. 미국이라는 생소한 땅에 첫발을 디뎠을 때 만난 사람들이 나를 당황시켰었다. 내가 그들에게 구한 것은 낯선 장소에 대한 정보요 충고였는데 그들은 아예 내 삶의 방식을 멋대로 결정해 주려고 들었다.

왜일까. 아니 미국에서만 그런 것도 아니었다. 나는 사람들에게 나처럼 살라고 말하지 않는데, 어째서 사람들은 내게 자기와 비슷한 식으로 살기를 권하는 것일까. 그래, 다들 불안하기 때문일 것이다. 혼자서 가기에는 두려운 까닭이리라.

하기야 세상은 혼돈이다. 용서하자. 7. 25. 土

58

처녀성

《LA 타임스》의 상담란.

이 년을 교제하며 결혼을 약속한 남자친구가 섹스를 요구하는데 내가 양보하고 허락해도 될까요?

스물세 살 먹은 처녀의 고민이다.

카운셀러인 오십 대 할머니의 대답인즉 '노.' 그 이유가 명쾌하다. 양보니 허락이니 하는 말을 쓰는 것으로 보아 당신은 아직 섹스를 즐길 권리가 없다는 것이다. 그리곤 오히려, 이 년 동안이나 사귀면서 한 번의 정사를 가지기조차 망설여지는 상대와 어떻게 결혼까지 약속할 수 있었는가 하고 반문한다.

바다 건너에서는 황태자의 마누라가 되기 위해서 생식능력과 처녀성을 검사받고 합격한 왕비 후보생 다이애너가 각광을 받고 있는 판이다.

모든 시험문제에는 모범답안만이 있을 뿐 정답은 없다고, 고등학교 시절의 윤리선생님께서도 그러셨다. 7. 26. 日

59

눈물

햄버거 집에서는 약혼식 때 입었던 흰 와이셔츠에 흰 앞치마를 두르고 일한다. 주인아저씨는 거기다가 쿡들이 쓰는 흰 모자를 쓴다. 나는 모자를 쓰지 않는다. 주인아저씨는 쿡이고 나는 쿡헬퍼이기 때문에 복장에서도 차이가 나는 것이다.

쿡이 고기를 굽는 동안 헬퍼는 빵에 버터와 소스를 칠해놓는다. 쿡이 고기를 다 굽고 나면 헬퍼는 철판에 늘어붙은 고기찌꺼기들을 깨끗이 제거해야 한다. 그리고 보건소 직원이 언제 들이닥칠지 모르니까 나는 수시로 주방바닥에 떨어진 기름기를 닦아내야 한다. 치즈를 가루 내야 하고 양파를 까서 썰어놓아야 한다.

양파를 까다가 나는 미국에 와서 처음으로 눈물을 흘렸다. 남들은 적어도 세 번을 울고 나서야 타향살이를 실감한다고 하는데 나는 요즈음 매일 눈물을 흘린다. 하품을 하다가 눈물이 나도 눈물이 나다 보면 슬퍼지는 법—이라지만, 나는 바빠서 슬퍼할 틈이 없다.

감자를 튀겨내는 일 역시 내 소관인 것이다. 어느 땐 설익기도 하고 간혹은 타버린다. 나는 감자를 한 번 튀겨낼 때마다 하나씩 집어먹는다. 솔직히 말하자면 시장할 적에는 한 움큼씩을 집어먹기도 한다. 그러다가 주인아저씨와 눈이 딱 마주치면 서로가 얼른 시선을 돌린다. 주인아저씨의 눈길을 피해서 씹어 먹는 감자튀김의 맛은 고소하고도 씁쓸하다.

"이런 장사를 하다 보니까 사람이 참 잘아지는구먼."

아까 가게 문을 닫아걸면서 주인아저씨가 혼잣말처럼 그랬다.

저녁 신문에는 언제나처럼, 잘아지지 않고 살려는 사나이들의 광고가 실려 있다.

'시민권 있는 남자임. 한국에 있는 경제력 있는 여자를 원함.'

옷가게에서 미나와 함께 일하는 인도 청년은 자기의 신붓감이 갖추어야 할 조건으로 딱 두 가지를 들었다.

첫째, 인도 여자라야 한다. 권리 따위를 들먹이지 않고 무조건 복종하는.

둘째, 영화배우라야 한다. 영화배우는 돈을 잘 버니까.

7. 29. 水

60
말씀

교회 앞을 지나다가 우연히 받아쥔 연보에서 성경구절을 읽는다.

'아름다운 이름이 유용한 기름보다 낫고 죽는 날이 출생하는 날보다 나으며 초상집에 가는 것이 잔칫집에 가는 것보다 나으니 모든 사람의 결국이 이와 같이 됨이라. 산 자들은 이 점에 유심하리로다. 슬픔이 웃음보다 나음은 얼굴에 근심이 있음으로 마음이 좋게 됨이니라. 사람이 지혜로운 자의 책망을 듣는 것이 우매한 자의 노래를 듣는 것보다 나으니라. 우매한 자의 웃음소리는 나무 타는 소리와 같으니 이것도 헛되니라. (전도서 7장)'

나는 억지로라도 웃으면서 살고 싶다. 슬픔과 아름다운 이름은 도처에 널려 있고 지혜로운 자의 책망은 너무나 장황하다. 그러니 나는 차라리 우매한 자들의 노래 쪽에 귀 기울이고 싶다. 비록 헛될지라도 그들과 함께 어울려서 헤헤거리고 싶다.

인생을 재미있게 살아간다는 건 적어도 세상을 심각하게 사는 만큼은 중요하다고 여겨지기에.   8. 2. 日

어스름의 바이올린 소리

냄새가 지독했다. 내 나라의 농촌에서 풍기는, 기분이 좋을 때면 흠뻑 숨이라도 마셔보는 한 번쯤 흠뻑 들이마시기도 하는 그런 냄새와는 아예 질이 달랐다. 흑인들의 그 냄새는 무슨 화학약품의 것처럼 콕콕 코를 쏘아댔다.

61

집시

새벽 3시쯤이나 됐을까.

주유소에 손님이 없어 심심하던 터였다. 두꺼운 검정 외투를 걸치고—LA에 와서 처음 보았다—머리엔 녹색 헝겊을 두른 집시 타입의 청년 하나가 나타나 창구 앞에다 카드를 펼쳐놓았다. 속눈썹이 길고 코가 우뚝 선 스페인계의 미남이었다.

집시는 운수를 보아주겠다며 내 생일을 물었다.

"9월 17일이야."

"별자리가 처녀좌로구나."

집시는 카드를 이렇게 가르고 저렇게 뒤집고 하더니 그중 두 장을 뽑아들었다. 다이아몬드 세븐과 킹.

집시가 설명해 주었다.

"너에게는 곧 굉장한 행운을 잡을 기회가 오지만 너는 그걸 모르고 놓쳐버릴 거야."

"그 행운을 잡을 순 없어?"

하고 내가 물었더니 집시는 자기도 어쩔 수 없다는 듯이 어깨를 들썩이며 손바닥을 펴 보였다.

그리곤 외투 주머니에서 사진을 한 장 꺼내서 내게 잘 보이도록 방탄유리에 갖다 댔다. 젊은 여자의 알몸 사진이었다.

"내 걸 프렌드 카르멘이야. 어때?"

"아주 멋있는걸."

내가 감탄해 주었다.

"정말 훌륭한 여자야. 그런데 네가 원한다면 너는 카르멘을 가질 수도 있어."

집시가 뒤돌아서서 어둠을 향해 손짓하자 사진 속의 젊은 여자가 실물로서 창구 앞에 나타났다.

집시가 여자에게 말했다.

"내 친구가 널 원한대."

카르멘은 집시와 나를 번갈아 보고 나서 미소를 지으며 고개를 끄덕였다.

집시가 다시 내게 속삭였다.

"자 이젠 네 마음에 달렸어. 카르멘도 좋다고 했어."

"너희는 돈을 원하는 거니?"

속눈썹이 긴 집시가 고개를 살래살래 저었다.

"아니야. 사실 우리에겐 자동차가 없거든. 너는 차가 있지? 아침에 우릴 할리우드까지만 태워다 주면 돼."

나는 잠시 망설이다가 대답했다.

"좋아. 난 아침 8시에 일이 끝나니까 그때 다시 이리로 와. 그러면 내가 너희들을 할리우드까지 데려다 줄게."

"이 여잔?"

"카르멘은 네 걸 프렌드니까 네가 데리고 가."

사이좋게 어깨동무하고 걸어가는 한 쌍의 뒷모양은 부러울 만큼 다정해 보였다.

8시 20분이 될 때까지 집시와 집시의 여자 카르멘은 돌아오지 않았다.   8. 4. 火

62

클리프 리처드

텔레비전에서, 십 년 만에 클리프 리처드를 본다.

클리프 리처드는 빨간 양복을 입고 노래하지만 옛날처럼 예쁘지가 않다.

세월이란 참으로 모든 걸 늙어지게 하는구나.   8. 5. 水

63

〈지붕 위의 바이올린〉

햄버거 집에 출근했더니 어째 주인아저씨와 아주머니의 표정이 예사롭지 않다. 무슨 일일까. 그날그날 상전의 기분상태가 하인에게는 마치 하루의 운명 같은 것이다.

주인아저씨는 몇 번인가 어줍게 코를 만지작거리며 흘깃흘깃 내 눈치를 살피는 듯했다. 이 일 저 일 해봐도 쓸 만하게 되는 일이 없어 한국을 떠나왔다는 착한 아저씨, 빽 없으면 되는 일 없고 빽 있으면 안 되는 일 없는 곳이 한국이라고 버릇처럼 투덜대면서도, 여전히 떠나온 것이 후회스럽다는 불쌍한 주인아저씨.

"무슨 안 좋은 일이라도 있었습니까?"

손님이 끊겼을 때 내가 물었다.

"말하기 거북하지만 말이야……."

그러고는 또 주인아저씨가 뜸들이고 있는데 아주머니가 끼어들어서 거들었다.

"무슨 앙심을 먹었는지 몰라도 글쎄 어떤 녀석이 이 가게 지붕 위에다 똥을 부어놓았지 뭐예요. 깜둥이 동네에선 정말 못 해먹겠어요."

햄버거를 외상으로 달라거나 돈을 꿔 달라고 조르던 몇몇 건달들 짓이 분명하다는 거였다.

그러고 보니 과연 여느 때와는 색다른 내음이 느껴졌다. 오늘따라 손님이 뜸한 이유도 알 만했다. 눈치 빠른 나는 내가 해야 할 일이 무엇인지를 알아차렸다. 양동이에 비눗물을 타서 뒷문으로 나서는데 주인아저씨가 솔을 집어주며 난처해하셨다.

"미안허이."

"당연히 제가 할 일인 걸요, 뭐."

사다리를 타고 단층인 햄버거 집 지붕에 올랐다. 큰 비닐봉지에 똥을 잔뜩 담아서 던져놓은 모양인데 그 내용물이 한바닥 지붕을 덮고 있었다.

냄새가 지독했다. 내 나라의 농촌에서 풍기는, 기분이 좋을 때면 흙냄새라면서 한 번쯤 흠뻑 들이마시기도 하는 그런 냄새와는 아예 질이 달랐다. 흑인들의 그 냄새는 무슨 화학약품의 것처럼 콕콕 코를 쏘아댔다.

나는 그 망할 놈의 비닐봉지를 치우고 비눗물로 양철 지붕을 씻어냈다. 씨팔, 이거 미국 와서 출세하는구나 라고 중얼거리면서.

작업을 마치곤 지붕 위에 쪼그리고 앉아 담배를 피워 물었다. 구름 한 점 없는 하늘이 물감처럼 파아랗다.

"헤이, 무슨 일이야, 지붕 위에서."

햄버거를 사러 온 단골 흑인여자가 내게 손을 흔들어 보이며 아는 척을 했다.

"나는 바이올린이야."

그리곤 내가 휘파람으로 〈지붕 위의 바이올린〉을 불었더니 검둥이 여자가 하얀 이를 드러내며 밝게 웃어주었다.

8. 7. 金

64
도끼

대학 연수단의 일원으로 LA에 온 두 여대생에게 거리구경을 시켜주고 우리 집에 데리고 왔다. 미나의 학교 후배길래 나는 잠을 생략한 거였다. 마침 요즈음에는 한국 대학생들의 심상찮은 동정에 관한 단신들을 대해온 터인지라 그녀들에게 서울 대학가의 이야기나 들어볼 심산이었다. 몹시 어리석은 생각이었지만.

한 학생은 수첩을 펴고 여기저기에 전화를 걸어 똑같은 소리를 반복하기에 바빴다.

…… 바쁘실 텐데…… 고마웠어요, 정말 고마웠어요.

통화를 끝낸 학생이 하품을 참아가며 쫑알거렸다.

"차 한 번씩 얻어 타고 매번 고마워요 어쩌구 인사해야 하는 게 피곤해 죽겠어요."

그 학생은 서울에서는 자기 차를 직접 운전하며 학교에 다닌다는 거였다. 그러더니 곧 소파 한구석에 웅크리고 누워 잠이 들어버렸다.

어젯밤 늦게까지 춤을 추었기 때문이라고 다른 학생이 설명해 주었다. 그렇지만 춤을 추러 클럽에 갈 때에는 남학생들과 함께 몰려가기 때문에 위험하지는 않다고 했다.

그녀들을 데려다 주기 위해 연수단이 묵는 호텔의 입구까지 갔다. 자정이 넘은 시간이었는데도 남학생 몇이 입구에서 어정거리고 있었다. 그들은 내 차에서 내리는 여학생들을 박수 치며 맞아주었다.

그중 어떤 녀석은 처음 보는 내게까지 장난을 치려 들었다.
"헬로우 안녕하십니까, 그럼 안녕하십시오. 바이바이!"

그것이 밝고 명랑하게 대학시절을 즐기는 학생들이 미국에 와서 배운 유머인지는 모르겠다. 계집애처럼 허여멀건 얼굴에 비린내 나는 웃음을 흘리는 녀석들 앞에서 나는 왈칵 치솟는 울화를 달래다가 끝내는 눈물이 핑 돌고야 말았다.

한국에 남아 곤봉과 최루탄에 맞서고 있는 네 친구들을 생각해 보았니.

자유라든지 눈에 보이지 않는 질서라든지 아니면 성실하게 자기 갈 길을 추구해 가는 미국인들의 생활태도 같은 걸 엿보지는 못했니.

어지러운 심사로 돌아서려는데 아까 우리 집 소파에서 잠들었던 여학생이 내게 사례하였다. …… 바쁘실 텐데, 정말

고마웠어요.

얼마 전에 투신자살한 어떤 대학생의 책상머리에는 이렇게 적혀 있었다고 한다.

'사랑의 사회 실현과 진리의 탐구를 위한 끊임없는 노력— 이것이 내 삶의 전부이기를.'

그리고 나는 어느 글에선가 보았던 이런 구절을 떠올렸다.

'나무들을 자르려고 도끼가 숲에 들어왔을 때, 나무들은 그 도끼의 자루가 자기들 중의 하나인 것을 알고 슬퍼했다.'

8. 8. 土

65
대변인

옷가게에서 미나와 함께 일하는 한국 아주머니 한 분에게 우리는 '대변인'이라는 별명을 지어드렸다. 남의 어려운 처지를 알면 가만히 있지를 못하시는 오십 대의 아주머니다. 대변인 아줌마는 스물여덟에 남편과 사별하고 어렵게 남매를 키워내셨다고 했다.

린다는 갓 서른을 넘긴 흑인여자다. 린다는 작년까지만 해도 옷가게의 단골손님들 가운데 하나에 지나지 않았다. 린다의 남편이 교통사고로 죽은 지난 연말에 그녀는 옷가게로 찾

나는 방탄유리 너머로 흑인사내의 눈을 응시했다. 누군가 흑인의 눈에는 영혼이 깃들어 있다고 했다. 흑인의 눈빛은 동물의 그것처럼 어쩐지 슬퍼 보인다고 누군가가 그랬었다.

아와 여주인을 붙잡고 울음을 터뜨렸다. 그렇게 슬픔을 나누고 나서부터 린다는 옷가게의 여주인과 절친한 친구로 지낸다고 했다.

며칠 전, 대변인 아줌마가 옷가게의 바닥을 쓸다가 립스틱 하나를 주웠다. 몇 번 쓰지 않아 거의 새것 같은 립스틱이었다.

대변인 아줌마는 그 립스틱을 따로 잘 간수해 두었다. 린다에게 주고 싶다는 거였다. 린다에게 립스틱을 주면서 꼭 하고 싶은 이야기가 있다는 거였다. 영어를 잘 못하는 대변인 아줌마가 미나에게 영어로 적어 달라고 한 말은 이랬다.

'이 립스틱을 칠하고 빨리 새 애인을 구해라.'

그래서 미나는 소리 나는 대로 쪽지에 적어드렸다고 했다.

'메이크 어 뉴 러버 퀵클리 위드 디스 립스틱.'

대변인 아줌마는 틈나는 대로 쪽지를 들여다보고 이 말을 외웠다. 그러면서 린다가 옷가게에 나타나기만을 기다렸다.

그런데 드디어 오늘 낮에 린다가 옷가게에 들렀다는 것이다. 한 번 더 입 속에서 대사를 외어보고 난 대변인 아줌마가, 옷가게 여주인과 이야기하고 있던 린다에게 다가가 립스틱을 내밀었다.

옷가게 여주인이 재빨리 립스틱을 가로채며 물었다.

"이게 뭐지요?"

"청소하다가 주운 건데 린다에게 주려고……."

대변인 아줌마가 설명했지만 소용없는 일이었다.

"남이 쓰던 걸 가지구 이러시면 안 돼요."

여주인은 립스틱을 쓰레기통에 던져버렸다.

며칠 동안이나 열심히 외웠던 대사를 써먹지 못한 대변인 아줌마는 오후 내내 입술을 뾰쭉 내밀고 계셨다고 한다. 나는 내일이라도 대변인 아줌마를 만나는 대로 꼬옥 한번 껴안아 드릴 참이다. 위로하는 뜻으로.

저녁신문엔 벨파스트 감옥에 갇혀 단식투쟁을 벌이던 에이레 공화국의 게릴라가 아홉 명째 죽어나갔다는 기사가 실려 있다.

―토마스 맥월위, 23세.

겨우 스물셋. 8. 10. 月

66
정답

엊저녁에 미나가 화를 냈다. 자기에게 온 편지를 내가 뜯어 보았다는 것이 그 이유였다. 그래서 나는 공손하게 사과했다.

오늘 아침에는 미나가 내게 화냈던 일을 사과했다. 그리고 앞으로는 자기에게 오는 편지를 내가 뜯어봐도 괜찮다고 하였다. 그 대신 내 편지를 자기가 뜯어봐도 화내지 말라고 하였다.

각자의 비밀을 간직하며 사는 부부는 행복할까 불행할까. 이거야말로 비밀이지만 나는 정답을 안다.   8. 12. 水

67
협박

자정이 다 돼서 주유소로 전화가 걸려왔다. 내 아내 미나였다.

"여보, 나 테레비 켜놓고 잘 테야."

"테레비를 끄면 도저히 잠이 안 와?"

"그래. 지금까지 테레비 끄고 있었는데 무섭기만 하고 잠이 안 온단 말이야."

아까 집을 나서면서 나는 미나에게 텔레비전을 꼭 끄고 자라고 당부했었다. 하기야 당부치고는 조금 큰 소리로 당부했던 것 같다.

왜냐하면 나는 화가 났었던 것이다. 왜냐하면 미나가 요즈음 계속해서 실수들을 저질렀기 때문이다.

미나는 며칠 전에 안경테를 밟아서 부러뜨렸다. 또 며칠 전에는 커피포트를 켜놓고 잠들어버렸다. 내가 아침에 퇴근해서 와보니 물도 없는 커피포트가 잔뜩 가열되어 있었다. 뿐만 아니라 그저께 저녁엔 콘택트렌즈 한쪽을 잃어버렸다. 그리고 어제 아침엔 텔레비전이 켜진 채로였는데 미나는 무서워서 일부러 그런 거라고 했다.

그래서 나는 미나에게 텔레비전을 꼭 끄고 자라고 소리 질렀던 것이다.

"그렇다면 할 수 없지 뭐. 테레비 켜놓고 자."

"좋아. 그리구 자기 말이야, 나를 자꾸 구박하면 후회하게 될 테니까 조심해. 나처럼 실수를 잘하는 여자는 말이야, 나중에 내가 먼저 죽거나 해서 못 보게 되면 말이야, 지독하게 보고 싶어질 타입이라는 걸 알아야 한다구요. 그러니까 후회하지 않으려면 앞으로 나한테 소리 지르지 말구 잘해줘야 한단 말이야. 알았어?"

"알았어."

"그럼 나 지금부터 테레비 켜놓고 잔다. 자긴 졸지 말구 조심해."

"…… 알았어." 8. 14. 金

68

외상

서른을 넘지 않았을 것 같은 흑인사내 하나가 휘발유를 10달러어치만 외상으로 달라고 통사정이었다. 흑인들은 나이를 짐작하기가 어렵다. 새벽 1시 반쯤이었다.

나는 단호하게 고개를 저었다. 주인 최씨는 이런 경우를 대비해서 나를 충분히 교육시켰었다.

흑인사내는 끈질기게도 나를 졸랐다. 그는 새벽 2시에 일이 끝나는 와이프를 데리러 가야 하는데 차에 기름이 없다는 거였다.

"들어봐, 내 와이프는 간호원이다. 정말이야. 돈도 잘 번다. 돌아오는 길에 꼭 기름값을 갚고 가겠다. 제발 나를 믿어달라."

나는 방탄유리 너머로 흑인사내의 눈을 응시했다. 누군가 흑인의 눈에는 영혼이 깃들어 있다고 했다. 흑인의 눈빛은 동물의 그것처럼 어쩐지 슬퍼 보인다고 누군가가 그랬었다. 그건 사실이다. 그들의 눈에는 한결같이 미처 다 말하지 못한 어떤 하소연 같은 것이 어려 있다. 흑인들의 눈은 언제 보아도 조금씩 젖어 있다.

"헤이, 시간이 없다. 좋다, 그럼 5달러어치만 달라. 너는 내 와이프가 간호원이라는 내 말을 믿지 않는구나."

그러더니 흑인사내는 메모지에 연필로 무어라고 써서 창구로 밀어 넣었다. 여자이름 하나와 전화번호가 적혀 있었다. 지금 당장이라도 병원에 전화해서 자기 아내에게 확인해 보라는 거였다.

나는 최씨의 엄명을 거역하고 흑인사내에게 5달러어치의

휘발유를 외상으로 주었다. 늦어도 2시 30분까지는 돌아오겠다며 흑인사내가 사라지고 나서 나는 그가 남기고 간 메모지를 들여다보았다.

오랜만에 보는 연필 글씨였다. 연필로 글씨를 쓰는 그는 착한 사내일 거였다.

어린시절 심지에 혀끝으로 침 발라가며 눌러 쓰던 몽당연필, 그 끝엔 지우개가 달려 있어서 좋았지.

연필을 잊어버린다는 건, 어른이 된다는 것은, 지울 수 없는 일들을 저지르면서 살아가게 되었다는 뜻이라지 않은가.

그 흑인사내는 날이 밝을 때까지 돌아오지 않았다. 그래서 나는 내 돈 5달러를 돈통에 넣었다. 제발이지 그 사내의 아내가 간호원이기를 빌면서. 8. 17. 月

69
가는 여름

미나를 데리러 옷가게로 가다가 프리웨이에서 차바퀴가 터져버렸다. 질주해 가는 차들 옆에서 바퀴를 갈아 끼웠다. 허리를 펴고 땀을 닦는데 때마침 찬바람이 불어주었다. 아, 이제야 이 지겹고 건조한 여름이 가려는가 하고 고개를 쳐들고 보니 석양에 젖은 하늘이 온통 주홍색이다.

옷가게는 문이 닫혀 있었다. 가까이에 가서 가게 안을 들여다보았다. 세일 딱지가 붙은 팬티들 사이에서 주인인 털보 아저씨가 바이올린을 켜고 있었다. 털보 아저씨는 한국에서 바이올린을 전공하고 왔다고 했었다. 옷가게 한구석에 쪼그려 앉은 미나가 털보 아저씨의 연주하는 모양을 처량한 시선으로 바라보고 있었다.

어쩐지 스산하고 울적한 어스름이었다. 8. 21. 森

멀고 먼 환상의 나라

누구든지 밤 동안의 플로렌스 네거리에 대해서라면 내 앞에서 말을 조심해야 할 게다. 그 점에 관한 한 나에게도 어느 정도 건방지게 굴 자격이 있으리라.

70
비밀

밤엔 천 개의 눈으로 산다던 시인이 있었지. 나는 낮보다도 생생한 밤을 주유소의 방탄유리 속에 숨어서 산다.

나는 졸지 말아야 한다. 며칠 전에도 졸다가 그만 20달러짜리 위조지폐에 속고 말았다. 주인 최씨는 내 일당에서 20달러를 까야겠다면서 이렇게 덧붙였다. 살아남기 위해서라도 졸지 말아야 한다고. 사다리를 놓고 방탄유리 위쪽의 창문으로 들어오려는 놈이 있으면 재빨리 총으로 쏴버려야 한다는 거였다.

그래서 나는 손님이 뜸한 새벽에도 졸지 않는다.

살아남기 위해서 두 눈을 부릅뜨고 밤을 보내다가, 나는 방탄유리 너머로 보이는 플로렌스 네거리에 대하여 어느덧 남모를 애정을 품게 되었다. 한 장소가 지닌 밤 동안의 은밀한 질서를 야금야금 이해하게 되면서.

처음 얼마 동안은 모든 장면 장면이 우연인 것 같았다. 아니 우연이고 나발이고 간에 눈을 뜨고 있으면 피할 수 없는 곳이니 바라보고 있었을 뿐이다. 그야말로 한 달 전까지만 해도, 플로렌스 네거리는 내게 있어서 다른 수많은 네거리 중의 하나에 지나지 않았다.

그런데 나는 건너편 가게의 불이 새벽 1시가 되면 어김없이 꺼진다는 사실을 알게 되었다. 술집에 나가는 한국 처녀가 2시 반쯤 5달러어치의 기름을 넣고 사라지고 나면 곧이어 흑인 우유 배달부의 고물 트럭이 터덜터덜 네거리를 가로질러 온다는 것을 알게 되었다. 4시 40분에는 《헤럴드 이그재미너》의 대형 트럭이 네거리의 한 모퉁이에다 신문을 부려놓기 시작하고, 5시 15분에는 붉은 가운을 입은 흑인사내가 운전하는 갈색 무스탕이 나타나서 버스 정류장에다 아내를 내려놓고 갈 것이다. 5시 20분에 오는 첫 버스는 네거리의 정류장에서 세 명의 남자와 두 명의 여자를 태우고 떠날 것이다.

누구든지 밤 동안의 플로렌스 네거리에 대해서라면 내 앞에서 말을 조심해야 할 게다. 그 점에 관한 한 나에게도 어느 정도 건방지게 굴 자격이 있으리라.

그리고 학문을 사랑한다고 말하는 사람들을 무조건 거짓말쟁이로 치부해 버렸던 내 생각은 어쩌면 수정돼야 할지도 모르겠다. 우연과 막연의 뒤엉킴 속에서 질서와 법칙을 끄집어내는 작업은 그런대로 재미있기도 할 테니까.

인생에 대하여 주시하고 그것이 품고 있는 비밀한 규칙을 터득할 수가 있다면, 그래서 나 자신의 삶에 대해서도 스스로 오만할 수가 있다면, 나는 참으로 느긋하게 한세상 살다가 가련마는……. 8. 23. 日

71

딸들

오늘은 햄버거 집의 두 딸아이가 모두 가게에 나와서 일을 도와주었다.

창구에서 주문받는 일을 거들던 큰딸에게 주인아저씨가 언짢은 투로 일렀다.

"주문받는 일은 엄마에게 맡겨."

열일곱 살 먹은 큰딸에게 손님인 흑인사내들이 수작을 붙였기 때문이다.

얼마 후 주인아주머니가 잠깐 자리를 비웠을 때였다. 큰딸이 다시 창구에 다가서려 하자 주인아저씨가 버럭 언성을 높였다.

"넌 주문받지 말라고 했잖아."

이번에는 큰딸아이도 가만히 있지 않았다. 사내들의 말에 아무 대꾸도 안 했는데 왜 야단이냐는 거였다. 아빠를 도우러 나왔는데 왜 자꾸 화만 내느냐는 거였다. 주인아저씨는 항의하는 딸아이에게 등을 돌리고 담배를 피워 물었다.

주인아저씨가 담배 한 대를 미처 다 피우기도 전이었다. 늘 근처를 어정거리는 흑인 건달이 창구에 나타나 또 공짜 햄버거를 요구했다. 주인아저씨는 장사가 시원치 않다고 앓는 소리를 했고 건달은 정 그렇다면 자기에게도 생각이 있다고 공갈을 늘어놓았다.

"아빠, 주지 마세요."

뒤에 섰던 작은딸이 단호한 목소리로 참견했지만 주인아저씨는 오늘도 어쩔 수 없었다.

"좋다. 그러나 오늘로 공짜 햄버거는 끝이다. 알았어?"

건달은 흐물흐물 웃어 보이면서 치즈를 두 장 넣어 달라고 주문했다.

작은딸이 아빠의 뒷모양에다가 입술을 삐죽 내밀고는 팩 돌아서서 주방 뒤편으로 가버렸다.

건달에게 햄버거를 만들어주고 난 주인아저씨가 작은딸에게로 다가가서 말을 걸었다.

"아빠를 왜 그렇게 노려보니?"

"아빤 왜……."

말끝을 흐리고 열네 살짜리 작은딸아이의 눈에 금방 눈물이 서렸다. 말없이 주방으로 나온 주인아저씨는 조금 전에 피우다 만 담배의 꽁초에 다시 불을 당겼다. 8. 24. 月

72
깡순이

깡순이가 우리 집에서 저녁식사를 하고 갔다. 깡순이는 미나와 함께 옷가게에서 일하는 아가씨의 별명이다.
"왜 아일 낳지 않으세요?"
깡순이가 베이컨 한쪽을 집어가면서 화제를 돌렸다.
우리 부부가 소리 없이 웃기만 했더니 깡순이가 고개를 갸웃하며 중얼거렸다.
"난 아이를 가졌을 때 참 좋았었는데……."
"아일 가져보았단 말이야?"
미나가 놀란 표정을 하고 물었다.
"그럼요, 할 수 없이 지우긴 했지만."
열다섯 살 때 미국에 와서 6년을 살았다는 깡순이가 덤덤하게 말했다. 마치 잘못 쓴 답안지를 지웠다고 말하듯이.
"다섯 달째가 되니까 지우기도 되게 힘들더라구요."
깡순이가 허전하게 웃어 보였다. 나는 무슨 말이건 해주어야 할 것 같았다.

"그래서 다 잘됐나요, 깡순 씨?"

"그런 셈이죠, 뭐. …… 그 새끼 마음이 몇 달 더 있다가 변했다면 더 큰일날 뻔한 거잖아요."

서둘러 식사를 끝낸 깡순이는 커피도 마다하고 훌쩍 돌아가버렸다.　8. 25. 火

73

사막

바람이 건조하다.

여기는 사막 속의 도시. 하이! 스쳐가며 던지는 인사말이, 잠깐씩 짓는 미소까지가 건조한 여기는 사막 속의 도시 LA.

라디오에서 존 레논이 지친 목소리로 노래하고 있다. 그저 한곳에 가만히 앉아서 흘러가는 것들을 물끄러미 바라보고 있단다. 벽에 진 그림자를 보지만 이제는 아무 생각도 할 수가 없단다.

존 레논이 죽기 전에 마지막으로 부른 노래다.

존은 정신병자로 판명된 한 청년의 총에 맞아 죽었다. 그 청년은 재판정에서 샐린저의 소설 『호밀밭의 파수꾼』을 읽어보지 않은 사람은 아무도 자신을 심판할 자격이 없다고 소리쳤다.

그 소설은 착하고 예민한 소년이 빌딩의 시멘트 벽처럼 건조한 군상들 틈에서 슬퍼하는 이야기다. 조기가 굴비들 틈에서 외로워하는 얘기다. 판사는 『호밀밭의 파수꾼』 읽기를 거부했다.

미나는 눈이 아프다며 눈을 감고 있다. 바람이 건조해서 콘택트렌즈가 말썽을 부리는 것 같다고 그런다.

나는 내과의사인 태호에게 전화를 건다. 태호는 안과의 첫 진찰비가 백 달러쯤 될 거라고 일러준다. 원한다면 진찰시간을 예약해 주겠다고 그런다.

백 달러라니까 미나는 조금 더 참아보겠다고 그런다. 우리는 조금 더 참아보기로 한다. 8. 26. 水

74
디즈니랜드

오랜만에 나와 미나의 쉬는 날이 겹쳤다. 눈이 불편하다는 미나를 신나게 해주려고 어쩔까 물었더니 '환상의 나라'에 가보고 싶단다. 다 제쳐두고 곧장 디즈니랜드로 떠났다.

'지구상에서 가장 행복한 나라'라고 쓰인 대형 간판을 지나자 국경이 나타났다. 사실은 국경이 아니라 매표소였다. 그런데 입장권에는 패스포트라고 적혀 있다.

디즈니랜드에 들어섰다. 사시사철 화려하고 풍성한 축제가 계속되는 나라……. 원색의 페인트와 깜빡이등으로 치장한 거리를 풍선이 몇 둥둥 떠다니고 있었다. 놀이와 폭죽과 노래와 퍼레이드가 끊임없이 반복되는 곳.

그러니 미국인들은 손가락을 꼽으며 축제를 기다릴 필요가 없겠다. 햄버거를 사 먹듯이 미국인들은 언제고 축제를 사서 즐길 수 있는 것이다. 들뜨고 싶고 흥겹고 싶고 열광하고 싶을 때에는 곧장 이리로 달려오면 되는 것이다.

미나와 나는 두 필의 말이 끄는 마차에 올라탔다. 말의 목에 달린 방울들이 쨍강쨍강 울리고 뒷자리에서는 노란 조끼를 입은 중창단이 달콤한 노래를 불러주었다.

우리는 우선 '모험의 나라'로 가서 해적선을 탔다. '이 동굴은 아직도 미로입니다'라는 겁주는 경고판이 붙은 동굴 속의 길을 헤맸고 악어가 나오는 정글을 탐험했다.

그 다음엔 '개척의 나라'로 갔다. '환상의 나라'는 아껴두었다가 맨 나중에 보기로 하고.

'개척의 나라'에 있는 기병대 요새.

꼬마 계집애 하나가 요새의 통나무 울타리에 기대서 밖에다 대고 열심히 총 쏘는 시늉을 하고 있었다. 입으로는 요란하게 뱅! 뱅! 총소리를 내면서.

"누구를 쏘고 있는 거야?"

하고 내가 물어보았다.

"인디언이지. 다섯 명이나 명중시켰어. 그중엔 추장도 있었어."

"왜 인디언들을 쏘아 죽여야 해?"

꼬마는 갈색의 큰 눈을 끔벅끔벅였다. 긴 속눈썹 때문에 인형처럼 귀엽다.

"저길 봐. 우리 편도 많이 죽었어."

꼬마가 가리키는 곳에 몇 개의 봉분이 보였다. 그리고 몇 개의 십자가. 인디언과 싸우다 전사한 개척영웅들의 무덤인가 보다. 꼬마 계집애는 마치 죽는다는 게 무언지를 알고 있는 것처럼 굴었다.

그 묘지 건너편의 철조망에는 '인디언 보호구역'이라는 팻말이 걸려 있었다. 그런데 그 속에는 무덤조차 보이지 않았다.

'개척의 나라'를 나와서는 '미래의 나라'로 갔다.

'미래의 나라'에서는 화면이 360도로 동그랗게 연결된 극장에서 〈미국은 아름답다〉라는 제목의 영화를 보았다. 사방을 둘러보아도 화면이고 경치여서 내가 실제로 그곳에 가 있는 것 같은 착각이 들었다.

아름다운 것을, 옳은 것을 사랑하라고 가르치고, 이 나라가 이렇게 아름답다는 것을 보여주어서 애국심을 갖게 할 수 있다면 좋겠다. 내 나라니까 사랑해야 한다고, 내 나라니까 옳다고 암기시키는 것보다는.

아름다운 것을, 옳은 것을 사랑하라고 가르치고, 이 나라가 이렇게 아름답다는 것을 보여주어서 애국심을 갖게 할 수 있다면 좋겠다. 내 나라니까 사랑해야 한다고, 내 나라니까 옳다고 암기시키는 것보다는.

극장의 출구에서 한 안내원 아가씨가 마이크를 들고 선생님처럼 굴었다.

"여러분, 지금 이곳에는 세계 각지에서 모인 사람들이 섞여 있습니다. 자, 모두들 옆사람과 인사를 나누세요. 자기의 이름을 대면서 악수하세요. 저기 기차를 타고 지나가는 사람들에게도 손을 흔들어주세요. 그리고 서로 친구가 되세요."

선생님 말씀이라면 깜빡 죽는 아이들처럼 사람들은 서로가 자기 이름을 대면서 악수했고 지나가는 기차를 향해 손을 흔들어주었다.

안내원 아가씨가 잘했다고 박수를 쳐주자 모두가 따라서 박수를 쳤다. 물론 미나도 한길이도.

거기를 빠져나올 즈음에는 벌써 날이 어두워지고 있었다. 그리고 우리는 정말 녹초가 되어 있었다.

출구로 가는 길과 '환상의 나라'로 가는 길의 갈림목에서 우리는 털썩 길바닥에 주저앉았다.

"어느 쪽으로 갈까?"

내가 미나에게 물었다.

"집으로. 오늘은 인제 케이오야. 그 대신 다음에 또 데리고 오겠다고 약속해 줘요."

그래서 우리는 억울하게도 '환상의 나라'를 못 보고 돌아오고야 말았다. 가장 맛있는 음식을 맨 마지막에 먹으려다가 그보다 먼저 배가 차버렸을 때 같은 그런 궁상맞은 억울함을 씹으면서.

"오히려 '환상의 나라'를 남겨두고 온 건 참 잘한 것 같아요."

늦은 밤에 주유소로 전화를 걸어온 미나가 이렇게 암시적인 말을 속삭였다.　8. 27. 木

75
주부

설거지 한 번 안 해보고 공부만 잘하면 착한 딸이고 대학에만 들어가면 효녀로 쳐주는 건 문제가 있는 것 같아요. 그래서 난 내가 진짜 효녀인 줄 알았거든. 그런데 그게 아니더라구요. 원 세상에 콩나물국도 하나 제대로 못 끓인다고 남편한테 구박받으면서 부모 망신시키는 효녀가 어딨겠어. 여보, 우습지 않아요? 그런데 알고 보니까 살림하는 재미라는 것두 있더라구요.

새로 사 온 침대보를 이렇게 펴보고 저렇게 뒤집어보고 하면서 미나가 하던 말이다. 미나는 벌써 한 주일 전부터 싸고 좋은 침대보를 봐두었다고 안달이더니 오늘은 드디어 그걸 사들고 온 것이다.

그렇게 즐거워하는 미나가 제법 주부 같아서 예쁘지만, 그렇지만 침대보보다 디즈니랜드보다 먼저 안과에 갔어야 하는

게 아닐까.　8. 28. 숲

76
분노

  나는 주유소 주인인 최씨를 미워한다.

  최씨는 매일 아침 교대 시간보다 삼사십 분씩 늦게 오기 때문에 나는 그를 미워한다. 그러면서 단 한 번도 미안하다고 말하지 않는 그를 나는 진짜로 미워한다. 나를 삼사십 분씩 덤으로 더 부려먹는 것이 자신의 순이익이라고 생각하는 최씨의 그 낯간지러운 꾀를 미워한다. 또 최씨는 내게 단 한 번도 보수를 제 날짜에 준 적이 없기 때문에 나는 그를 더 미워한다. 며칠을 참다가 내가 마지못해 말을 꺼내면 그제서야 잔뜩 목에 힘을 주며 돈을 던져주는 최씨를 나는 속으로 미워한다. 일한 만큼의 정당한 보수를 받는 나를 괜스레 초라해지게 만드는 최씨를 나는 무지무지 미워한다.

  나는 자유당 시절에 사사오입 사건을 일으킨 장본인이 자기의 외삼촌이라고 큰소리치는 최씨를 미워하고, 자기가 한국의 유명한 액션 배우와 동서 관계임을 강조하는 최씨를 미워한다. 그 액션 배우의 친딸이 바로 지금 내가 앉아서 일하는 걸상에 앉아서 일했었다는 이야기를 되풀이하면서 내가 그 점을 영광으로 여기도록 강요하는 최씨를 나는 참 끔찍이도 미워한다. 뿐만 아니라 최씨는 자기가 나가는 교회에 같이 다니자고 나를 자꾸 조르기 때문에 나는 그를 미워한다. 자기 마누라를 두들겨 패고 와서 내게 자랑하려 들기 때문에 나는 그를 미워한다.

그리고 오늘은 또 내게 주말의 서른다섯 시간을 계속해서 일하라고 말했기 때문에 나는 최씨를 아예 증오한다. 내일 아침에 나하고 교대하기로 돼 있는 미스터 리가 자기와 함께 교회에 나가기로 했다는 이유로, 밤에는 교회 청년부의 모임에 미스터 리를 데리고 가야 한다는 이유로, 내게 토요일 저녁부터 월요일 아침까지 계속해서 일해야만 한다고 자연스럽게 말할 수 있는 최씨의 그 뻔뻔스러움을 나는 아예 경멸한다. 그런데 큰일이다. 이렇게 최씨를 미워하고 욕해야 하는 나 자신까지가 요즘에는 슬슬 미워지기 시작한 것이다. 남을 미워할 줄밖에 모르는 자신이 미워지기 시작한 것이다. 게다가 이렇게 최씨를 질타하면서 결국은 서른다섯 시간을 계속해서 일해야 하는 내 무력함에 대해서 구역질이 치미는 것이다.

엉터리 같은 사람들—자기 자신을 위해서가 아니라 자기 합리화와 계산과 허영을 위해서 사는 인간들에게서 느껴지는 분노를 주체하지 못하는 나 자신에게로 향한 분노. 아버지는 내게 대범해야 한다고 말씀하셨다. 하지만 대범하다는 것이 묵인과 굴종을 뜻하는 거라면 나는 전혀 대범하고 싶지가 않다.

─아 결국은 나도 이렇게 좀스럽게 침몰해 가고 마는 것이냐. 망가져가고 있는 과정의 나를 깨닫기가 무섭다. 나는 망가지지 말아야 할 텐데…….

망가지지 않아야 할 텐데…….　8. 29. 土

아들들

군대 간 아우를 용산역에서 처음으로 몇 분간 만나보았다는 어머니의 편지를 읽는다.

아마도 뿌허연 새벽녘이었을 것이다. 형이 군대 갔을 때도 그랬고 내가 군대 갔을 때도 그랬으니까.

헌병에게 애걸을 해서 어머니는 겨우 한 오 분쯤 막내의 얼굴을 쓰다듬으셨을 것이다. 형이 군대 갔을 때도 내가 군대 갔을 때도 그랬으니까.

어머니는 아들의 얼굴이 부은 것 같아서 아마 코를 훌쩍거리셨을 것이다. 형한테도 나한테도 그랬으니까.

어쩌면 막내도 쬐금 울었는지 모른다. 막내는 막내니까. 막내는 지독히도 엄마를 좋아하니까.

기차가 떠날 시간이 되면 호송관은 병정들을 울지 않게 하려고 큰 소리로 군가를 부르게 할 것이다.

……부모 형제 나를 믿고 단잠을 이룬다.

  병정들은 아마 몇 번인가 기합을 받고 나서야 악을 쓰며 노래하게 될 것이다.   8. 30. 日

구월의 독백

처절한 외로움을 겪어보지 못한 사람은 삶을 말할 자격이 없다는 말은 반쯤만 옳다. 왜냐하면 너무나 지독한 외로움에 찌들어버린 사람은 삶에 대해 소리 내어 말하지 말아야 할 것 같기 때문이다. 그건 말하자면 타인에 대한 최소한의 예의가 아닐까.

78
답장

방탄유리에 갇혀, 여기저기에 편지를 쓰면서, 아침이 다시 돌아오기를 기다렸다. 8. 31. 月

예쁘고 깜찍한 계집아이들아.

축제 때 찍은 사진 잘 받아보았다. 'LOVE'라는 글자가 활활 타오르고 있는 걸 보았다. 스스로는 불태우지 못하고 기껏 기름 묻힌 장작이나 태우면서 그 곁에서 덩달아 소리치고 있는 너희들의 상기된 얼굴들을 보았다.

그렇게도 단순하고 여린 너희들, 해답 없는 번민과 식어지지 않는 열정을 감추고 그렇게 마냥 까르르대기만 하던 너희들.

그래, 때때로 과거에 사로잡히게 되는 건 누구나 마찬가지야. 이유는 간단해. 지나간 일들만이 유일하게 진실하니까. 미래에는 꿈과 우연과 망설임과 그런 것들이 섞여 있어. 순수하지가 않아.

그래, 여기는 건조한 사막이고 타향이야. 맛없는 된장도 된장이라는 이름 때문에 먹게 되는 그런 곳이야.

처절한 외로움을 겪어보지 못한 사람은 삶을 말할 자격이 없다는 말은 반쯤만 옳다. 왜냐하면 너무나 지독한 외로움에 찌들어버린 사람은 삶에 대해 소리 내어 말하지 말아야 할 것 같기 때문이다. 그건 말하자면 타인에 대한 최소한의 예의가 아닐까.

완전히 미국 사람이 되지는 말라는 너희들의 충고는 엉터리다. 생각해 보렴. 내가 어디 여탕에 뛰어든다고 갑자기 여자가 되겠니, 이 바보들아.

우리는 어떤 '인종'이나 한 '세대'에 대해서가 아니라 '사람' 그 자체에 대한 이해를 키워가야 할 거라고 나는 생각한다. 그 길만이 세상에 대한 우리의 숱한 의문과 혼돈을 조금씩이나마 풀어줄 수 있을 거야. 미국에 와서 보니 나는 더욱 그런 생각이 드는구나. 안녕!

예비고사를 앞둔 너희들을 팽개치고 온 뻔뻔스러운 선생님으로부터.

돌풍아, 쭈삐야, 이 못된 새끼들아.

이제야 고백하지만 나는 한때 어리석게도 네놈들에게 감격한 적이 있었다.

내가 전방 군인이었을 때 너희들은 내게 이런 편지를 보냈다.

'한길아, 너는 〈선샤인〉이 〈제뉴어리〉보다 더 좋았다고 했지. 그런데 우리는 〈제뉴어리〉가 더 좋은 영화라고 생각한다.

그래서 우리는 며칠 내에 〈선샤인〉을 한 번 더 보기로 결정했다. 삼류극장 중에는 지금쯤 〈선샤인〉을 상영하는 곳이 있을 거야.

우리 셋의 의견이 반드시 일치해야 하기 때문이 아니다. 쭈삐와 돌풍이는 적어도 네가 〈선샤인〉이 더 좋다고 주장하는 이유를 알아야 할 것 같기 때문이다.'

기억하냐. 나는 그 편지에 그만 깜빡 속아서 네놈들을 자랑스러운 친구로 여겼었다.

그런데 네놈들은 도대체 내 편지의 답장을 몇 장이나 떼어먹을 참인 거냐.

잘 먹고 잘 살기 바란다. 끝.

어머니,

안녕하시냐고 여쭙기가 매우 쑥스럽습니다. 모두들 살아 계시다니 우선은 다행으로 여겨야 할까요.

저는 아직까지 이곳 생활에서 어떤 미래도 꿈꿀 수가 없는 형편입니다.

그렇지만 어머니, 제발이지 편지 끝에다 못난 에미가—라고 쓰진 마세요. 같이 먹고 싸우고 같은 변소를 쓰고 하는 가족이란 매우 형이하학적인 인간관계라고 누가 그럽디다. 제아무리 분명한 이유를 내세워 미워하려고 해도 결코 미워지지 않는 것이 가족일 텝니다.

어머니의 생신이 며칠 남지 않았다지요. 좋아하시는 함흥냉면을 드시라고 백 달러를 동봉합니다.

한 많은 울 엄마의 쉰 몇 번째인가의 생일을 축하드리며, 둘째 올림.

79
업보

이란의 끝없는 혼돈.

또 폭탄이 터져 대통령과 수상이 죽었다. 자꾸만 죽고 갈리고 하다 보면 언젠가는 민주주의가 올까.

팔레비의 전제왕정을 타도하기 위해서는 오직 그것보다 더 강력한 폭력이 필요했다는 아이러니. 폭력은 더 지독한 폭력과 죽음을 낳고, 그리고 사랑은, 사랑은 여자들을 임신하게 만들 뿐……

그런데 우리가 신봉하고 있는 다수결의 원칙 역시 근본적으로는 폭력을 인정하는 데서부터 유래했다고 한다. 열 사람과 세 사람의 의견이 상반된 경우, 열 사람의 폭력에 의한 세 사람의 피해를 방지하고자 생겨난 원칙이 다수결이라는 거였다. 그러기에 이론적으로는 가장 민주적인 대표 선출방식은 뺑뺑이식 제비뽑기라는 거였다. 왜냐하면 애당초 '수'와 '옳은 것' 사이에는 아무 등식도 성립되지 않으니까.

정치란 결국 차선책을 모색하는 일이며 두 가지의 큰 실책 중에서 하나를 선택해 가는 거라는 말이 실감 나는 때다.

그리고 종교라는 것.

역사 이래 종교가 이제까지 구원한 영혼의 수가 얼마나 되는지는 모르겠다. 분명한 것은 종교가 지구의 인구 폭발을 지연시킨 공로는 치하받을 만하리라.

인간은 인간끼리의 피할 수 없는 싸움에서 죽어가는 것만으로 충분히 억울하다. 이제 신들의 싸움에서는 신들이 피 흘리게 하자. 이즘의 싸움에서는 이즘이 죽어가게 하자.

우리에게는 사람이 사람답게 사는 것을 도와주는 종교나 사상만이 필요한 것이다. 순교자가 더 이상 칭송받아야 할 이유는 아무 데도 없다.　9. 1. 火

80
나성구

"여보세요."
"예, 박 선생님 계십니까?"
"몇 번에다 거셨지요?"
"아, 제가 잘못 걸었군요. 죄송합니다."
찰칵 하고 전화가 끊긴다. 서로가 영어는 한마디도 쓰지 않았다.
여긴 분명 LA이고 LA는 분명 미국이다. 9. 2. 水

81
귀족

코에 구멍을 뚫었던 자국이 있고 영어가 서툰 것으로 보아 아프리카에서 온 유학생 부부임이 분명하다고 했다. 그 사내는 아마 추장의 아들쯤 될 거라는 이야기였다. 그런 흑인사내가 그런 아내를 데리고 옷가게에 와서 근 천 달러어치의 고급 여자옷을 선뜻 사주더라는 것이다.

그 사건은 옷가게에서 일하는 여자들에게 깊은 감명을 준 것 같았다. 코에 구멍을 뚫지도 않았을 뿐만 아니라 그 아프리카에서 온 여자보다는 잘난 것이 확실한 자기들은 어째서 남편한테 백 달러짜리 옷 하나 얻어 입지 못하는가를 따져보았는지도 모른다.

"그렇다면 매상이 올라서 좋으시겠군요."

내가 그랬지만 옷가게 주인 미세스 신의 표정은 쉽게 밝아지지가 않는다. 그녀는 첼로를 완전히 포기했고 그녀의 남편은 아직 바이올린을 포기하지 못했다. 미스터 신은 자신을 장사치로 대하는 사람들을 제일 싫어한다. 턱수염을 근사하게 기르고 파이프 담배를 즐기는 그는 여전히 바이올리니스트이고만 싶어한다.

우리 집과 방향이 같은 미세스 문을 아내와 함께 차에 태우고 돌아오면서 이번에는 미세스 문의 푸념을 들었다.

"우리야 어디 이건 죽으러 온 거지 살자고 미국 온 게 아니에요."

컴퓨터를 전공하는 유학생 미스터 문은 지금 청소부로 일하고 있다. 그들 부부는 미국에 오기 전까지의 일 년 동안 한 번도 싸워보지 않았다고 했다. 그런데 미국에 와서 지낸 일 년 동안 단 하루도 평화롭지가 못했다는 거였다.

"미나야, 주급 받으면 내가 예쁜 옷 한 벌 사줄까?"

미세스 문을 내려주고, 차 속에 미나와 둘이만 남았을 때 내가 물었다.

"내 걱정은 말구요, 자기나 제발 그 군복바지 벗고 청바지라도 사 입어요."

기껏 말로밖에 미나를 위로하지 못하는 나에게 미나는 환한 웃음을 보여주었다.

아, 나도 차라리 추장의 아들로나 태어날 것을…….

9. 3. 木

82
삭발

새벽의 지진이 나를 흔들어 깨웠다. 왜 침대를 흔들어대느냐고, 미나는 내게 투정을 부리다가 다시 잠이 들었다.

십오 초 동안 강도 5.6의 지진이 있었다고 뉴스가 전한다. 십 년 만의 강진이라고 했다.

담배를 피워 물고 창가에 섰다. 저기 빌딩 꼭대기의 여명 속에서 'California Life'라고 쓰인 보험회사 간판이 언제나처럼 깜빡이고 있었다.

캘리포니아 라이프—.

1849년 캘리포니아의 어느 계곡에서 몇 개의 금덩어리가 발견됐다는 소식이 전해지자 일확천금을 노리는 무리들이 캘리포니아로 캘리포니아로 모여들었다. 이름 하여 49ers. 근대사에 있어 최단기간에 이루어진 최대의 집단이주라고 했다.

캘리포니아 라이프—.

나는 멀리 떠나고 싶다. 49ers가 떠나온 동부 쪽으로 가볼까. 옥수수가 하루에 5센티미터씩이나 자란다는, 그래서 조용한 밤이면 옥수수의 키 크는 소리가 들리기도 한다는 동부에 가보고 싶다.

아니, 추운 알래스카로 가고 싶다. 사람들끼리가 아니라, 추위와 백곰하고만 싸우며 산다는 알래스카로 가고 싶다. 형은 겨울이 올 때마다 다시 소설이 쓰고 싶어진다고 했지. 나도 알래스카에 가서 살면 소설을 쓸 수 있을까.

오후에는 이발을 했다. 만류하는 이발사에게 씩씩하게 웃어 보이면서 중학생처럼 빡빡 깎아 달라고 부탁했다.

이발소를 나와 두 귀가 드러난 그림자를 보며 걷자니까 어쩐지 조금 처량한 생각이 들었다. 깜짝 놀라는 미나에게는 이발비를 아끼려는 거라고 주접을 떨었다.

늦은 밤 주유소의 방탄유리 너머에 비친 낯설고 험악한 내 몰골.

그러나 이건 포기가 아니라 보류이다. 나는 하루빨리 다시 정리되고 다시 시작해야 한다. 정말이지 이렇게만 살아서는 안 된다. 알았니, 한길아……. 9. 4. 金

83
특근

제법 주유소에 손님이 붐빈다. 대개가 가족과 함께 여행을 떠나거나 돌아오는 사람들이다. 즐기며들 사는 것 같아 보기에도 좋고 부럽다.

그리고 나는 연휴 덕분에 마흔한 시간을 일했으니 돈을 많이 벌어서 좋다. 이런 연휴가 자주 있었으면 좋겠다. 염병할.

9. 6. 日

84
스타

"이게 뭔지 알아요?"

옷가게에서 일을 마치고 나온 미나는 차에 오르자마자 내게 메모지 하나를 내밀었다.

"이게 뭐지?"

"모하메드 알리의 사인이야. 클레이라는 권투선수 있잖아요."

미나는 자못 자랑스러워했다.

오늘 낮에 알리가 옷가게 근처를 지나갔다는 거였다. 수많

생시인가 하고 눈을 뜨고 보면 창밖은 쨍쨍한 대낮이었고 눈을 감으면 비가 오고 있었다. 빗속에서 추워 보이던 명동성당의 마리아 상이 보였고, 그 아래서 비 맞으며 소주 까먹고 놀던 친구들 얼굴이 보였다.

은 여자들에게 둘러싸인 알리에게 사인을 받는 것은 결코 쉬운 일이 아니었다고 그런다.

어떤 흑인 할머니는 '아이 캔트 스탑 러빙 유'라고 소리쳤다. 경비를 맡은 순경은 '알리는 좋겠다. 모든 여자들이 키스해 달라고 하니까'라고 투덜거렸다.

"그렇지만 여보야, 난 뽀뽀해 달라고는 안 그랬어. 정말이라구요."

미나가 그러고는 슬쩍 내 눈치를 살폈다. 장하다 아내여, 정숙한 내 마누라여.

여자들은 아무래도 어쩔 수 없어서 보통남자와 결혼하는 것 같다. 영웅들은 드물기 때문에 할 수 없이. 9. 7. 月

85
몰염치

남편과 새끼들을 위해서 바둥대고 눈치 보고 남들에게 작은 거짓말도 해가면서 그러다가 어느 땐 창피를 당하고 상처받고 찌들어지고 그렇게 그렇게 살아오신 우리의 많은 어머니들.

그래서 우리가 남았다.

그러니 우리는 그러지 말아야겠다.

그분들의 초라한 삶을 복수하기 위해서라도 우리는 참으로 멋있게 살아야겠다.　9. 9. 水

86
비

 기름은 팔리지 않고 나는 이제 하룻밤을 새우기에도 힘겹다. 낮이면 잡념에 잠들 수가 없고 그러니 눈의 충혈이 가라앉지를 않는다. 얼굴을 만날까 봐 거울 앞에 서기가 싫다. 잇몸은 여전히 부어 있고 위장은 완전히 망가진 것 같다. 나도 망가진 것 같다.
 아침에 집으로 돌아오니 미나의 안색도 좋지가 않다. 혼자 있으니 무서워서 잠을 못 자기 때문이라고 그런다. 나는 막막해서 그저 신경질만 늘고……
 미나를 옷가게에 데려다 주고 와서 누웠는데 비가 오고 있었다.
 생시인가 하고 눈을 뜨고 보면 창밖은 쨍쨍한 대낮이었고 눈을 감으면 비가 오고 있었다. 빗속에서 추워 보이던 명동성당의 마리아 상이 보였고, 그 아래서 비 맞으며 소주 까먹고 놀던 친구들 얼굴이 보였다.
 눈을 감으면, 여전히 비가 오고 있었다.　9. 10. 木

87
불신

인생은 한마디의 농담 같은 거라고 지껄이고 간 놈은 대체 어떻게 한세상을 살고 갔을까. 정말이지 더도 말고 농담쯤이기만 해주었으면 좋으련만.

자꾸만 모든 것이 허무하게 느껴진다. 왜, 무얼 위해서라고 할 때 나는 대답할 말이 궁색해진다. 벗어날 길이 없을까. 열심히 살아야겠다고 다짐하지만 실은 자꾸만 이런 질문들이 불쑥불쑥 고개를 쳐든다. 9. 11. 森

88
퇴직

나는 왜 이렇게 사람들을 미워할까. 왜 매사에 분노하고 노여워할까.

인간의 본성일지도 모르고, 그리고 내 속에도 충분히 잠재돼 있는 그 허영과 조잡함과 약삭빠름을 나는 참 지독히도 미워한다. 나는 필시 인간이라는 괴물에 대한 진정한 연민을 가지기 전에는 글다운 글을 쓰지 못할 것이다. 내 속에는 지금 증오와 역겨움이 가득 차 있다.

그러니 이제는 좀 허허롭게 살자. 구경만 하면서 살자. 훌훌 털어버리고 밑지기만 하면서 살자. 연연해 하지 말고 안타까워하지 말고 살자. 농담이나 하면서 실속 없이 살자. 피곤하다.

오늘로 미나는 옷가게를, 나는 햄버거 집을 그만두었다. 고맙게 대해준 분들인지라 새로 사람 구하는 광고비를 우리가 내겠다고 했지만 두 곳에서 다 허락해 주지 않았다.   9. 13. 日

89
개 주검

프리웨이에서 깔려 죽은 송아지만한 개의 주검을 보았다. 차들이 그 위로 지나갈 때마다 죽은 개의 머리가 들썩거렸다. 내 차의 바퀴에도 피가 묻었을 것이다.

그러나 몇 시간 후의 그 자리에는 납작하게 눌어붙은 개 가죽만이 남을 것이다. 아마 내일쯤에는 한 뼘의 가죽밖에 남아 있지 않을 것이다. 미국을 보는 것 같다. 그 속에서 잠식당해 가는 나를 보는 것 같다.   9. 14. 月

90

자유

각오, 새로운 각오라는 말, 지겹게 들어온 말. 나는 그 말을 들으면 무서운 가미카제가 생각난다. 지도자와 교육과 새로운 역사가 어김없이 요구하는 말—새로운 각오.

긴장하지 않고, 나를 다그치지 않고, 내가 원하는 것들을 하나도 유보시키지 않고, 어려움이나 불안을 예감하지 않고—아무것도 각오하지 않고 딱 일 년만 살아보고 싶다. 아니면 딱 한 달만이라도.

어머니의 생일에 부쳐드렸던 백 달러가 어머니의 편지와 함께 되돌아왔다.

늙은 엄마—슬픈 단어다. 9. 16. 水

91

Birthday

몇 가지를 다짐하자.
1. 읽거나 쓰거나 책 보는 시간 이외의 시간을 극히 줄일 것.
2. 잠을 줄일 것.
3. 담배와 먹는 것을 줄일 것.

4. 필요 이상의 감정도 줄일 것.
5. 특히 미워하는 마음을 줄일 것.

　진실되게 산다는 것, 보람 있게 산다는 것, 이런 가장 평범한 말들을 되새겨보게 되는 건 역시 나이 때문일까. 오늘로만 스물아홉.
　이 좋은 나라 미국이 군대보다 더 무서운 건 어인 일일까. 스물아홉에.　9. 17. 木

밤기차 속의 사람들

여기서 저기는 보이는데 저기서 여기는 안 보이는 그런 관계에서 우리는 안 보이는 쪽에 서 있다가 파티가 끝나기도 전에 살짝 돌아와버렸다.

92
객석

저녁식사 후에 근처의 '마리아 델 레이'라는 바닷가에서 바람을 쐬다가 돌아왔다. 어떤 대형 요트에서 근사한 선상 파티가 벌어지고 있는 걸 구경하다가 돌아왔다. 선내를 환히 밝힌 요트에서 정장을 한 신사와 숙녀들이 폼을 잡고 노는 모양을 미나와 나는 어두운 곳에 서서 구경하다가 돌아왔.

웃는 모습은 보이는데 웃음소리는 들리지가 않았다.

"저 사람들 좋아 보이지?"

미나의 눈치를 살피다가 내가 선수를 쳤다. 미나는 소리없이 고개만 끄덕끄덕하였다.

"그렇지만 막상 저런 데에 섞여보면 아무것도 아니라구. 참

드럽게 싱거운 짓이라구."

나는 마치 고급 파티에 신물이 난 사교계의 원로처럼 말했다.

아니 사실 나는 밤기차 이야기를 한 거였다. 실내를 환히 불 밝힌 기차가 덜커덩거리며 지나가는 것을 볼 때마다 나는 언제나 그 속에 있는 사람이고 싶었다는 걸. 그런데 막상 그 밤기차 속에 섞여보니까 더럽게 싱겁더라는 것을.

여기서 저기는 보이는데 저기서 여기는 안 보이는 그런 관계에서 우리는 안 보이는 쪽에 서 있다가 파티가 끝나기도 전에 살짝 돌아와버렸다.   9. 19. 土

93
기본

'한국의 날' 퍼레이드에 참가한 브라운 주지사가 인상적이었다. 귀빈의 오픈카 행진 순서의 선두에서 브라운은 오픈카를 타지 않았다. 그는 짧지 않은 거리를 천천히 걸으면서 연도의 사람들에게 일일이 손을 흔들어주었다. 오픈카를 타고 그 뒤를 따르던 한인회장이나 한인 타운 번영회장에게는 브라운이 밉게 보였을지도 모른다. 몇 번씩이나 차가 멈추어 서야 했으니까.

어쨌든 한 국가로 쳐도 세계 10대 부국 중에 든다는 캘리포니아 주의 주지사가 경호원 하나 없이 인파 속을 걸을 수 있다는 것이 내게는 꽤나 신기하고 부러운 일로 여겨졌다. 그래, 어떤 집단의 대표란 분명히 그 구성원 중의 하나여야 한다. 그러기에 총독은 대표가 아니다. 그러기에 총독은 혼자서 걸어다니지 못한다.

그리고 부채춤을 보았다. 애써 부채춤의 매력을 찾아보려 했지만 쉽지가 않았다. 화려한 한복을 입은 예쁜 여자들이 오색의 부채를 들고 있었지만 부채춤은 결코 화려하거나 예쁘지가 않았다. 멋있는 단어들만 모아놓은 유치한 시를 보는 것 같았다고나 할까. 그것이 춤이라면 동작을 살려야 한다. 껍질의 화려함을 절제하고. 9. 20. 日

94

타향살이

저녁때 서울 집에 전화를 해서 식구들의 목소리를 들었다. 장사가 그런대로 잘 된다고 말해 주는 형이 고맙다.

미나가 어디 갔나 했더니 목욕탕에 가서 또 징징 울고 있었다.

"왜 그래?"

미나는 자기 집에도 전화를 걸고 싶다는 거였다. 서울의 친정집에 비교적 자주 전화하는 미나는, 내게 말을 꺼내기가 미안했던 거였다.

거참 누가 말리겠니, 나의 천사여.

미나는 전화기 옆에 다가앉으며 벌써 생글생글 웃고 있었다.

미나가 잠든 후에 편지를 썼다.

'어머니, 산꼭대기 우리 집엔 여전히 별고가 많으시겠지요. 바람도 제법 차가워졌을 테구요. 엄마가 돌려보낸 백 달러짜리 수표 딱지를 가만히 들여다보고 있으니까 그 스산한 우리 집 정경이 선히 비쳐 보이데요.'   9. 21. 月

95

난제

종수의 부모가 종수의 발 아래 나란히 꿇어앉아 아들에게 야단을 맞고 있다. 무슨 죽을 죄를 짓기라고 한 사람들처럼, 종수의 어머니와 아버지가 열심히 아들에게 빌고 있다. 권총을 든 종수가 악을 쓰며 설치고 있기 때문이다.

하지만 종수의 부모도 종수가 내지르는 신음 같은 괴성의 내용을 알아듣지는 못할 것이다. 왜냐하면 종수는 평소에도 심하게 말을 더듬기 때문이다. 종수의 부모는 기도하듯 눈을 딱 감고 무조건 '잘못했습니다, 잘못했습니다'를 반복하고 있을 뿐이다. 그 길만이 살길이니까.

 이웃 중의 누군가가 신고를 하면 종수는 또 정신병원으로 끌려갈 것이다. 종수네 옆집에 사는 아저씨는 경찰 긴급출동대의 전화번호를 크게 써서 벽에 붙여놓았다고 했다.

 하지만 정신병원에 갇힌 아들을 찾아오기 위해 우는 얼굴을 하고 뛰어다니던 종수의 부모를 기억하는 이웃들은 오늘도 아마 신고하기를 망설이기만 하다가 끝나버릴 것이다. 게다가 이웃 사람들은 평소의 얌전하고 조용한 종수를 잘 알고 있는 것이다.

 종수는 스물여섯 살 먹은 소년이다. 부모가 주고 나가는 일당 5달러의 용돈으로 햄버거와 아이스크림을 사 먹을 때면 더없이 행복한 미소를 짓고야 마는 종수는 그렇게 천진한 소년이다. 욕심 없고 야망 없는 착한 소년이다.

 종수의 어머니는 봉제공장에 다닌다. 종수의 아버지는 포르노 영화관에서 청소부로 일한다. 그래서 종수는 온종일 혼자서 집을 지킨다. 어스름녘, 불도 켜지 않은 방 안에 우두커니 앉아 있는 종수의 실루엣을 보게 되는 건 매우 우울한 일에 속한다. 그때쯤에는 이미 종수의 하루의 낙인 주전부리도 다 끝났을 시간인 것이다.

 종수네가 미국에 이민 온 것은 종수가 열다섯 살 때였다. 말을 약간 더듬었을 뿐 서울에서의 종수는 모든 것이 정상적인 아이였다고 했다. 그런데 미국 중학교에 보냈더니 교실에는 들어가지 않고 교정의 잔디밭에 앉아 내내 피리만 불고 있더라고 했다. 아들이 훌륭하게 되라고 미국에 왔는데 아들은 미국에를 들어가지 않고 밖에서 혼자 피리만 불고 있더라는 이야기다.

언젠가 나도 그 청승맞은 피리 소리를 들어본 적이 있다. 한밤중이었다. 창 아래를 내려다보니 가로등에 기대앉은 종수가 음도 맞지 않는 피리를 삐익삐익 불어대고 있었다.

"참 여보야, 며칠 전에도 나 무서워서 혼났어요."

미나가 혼자 있던 오후에 종수가 문을 노크하더라는 것이다.

"파이브 달러만 꿔줘요."

종수는 무표정한 얼굴로 말했다.

미나는 왈칵 무서웠고 왈칵 그가 불쌍했다. 미나가 5달러짜리 지폐를 건네주자 종수는 고맙다는 말도 없이 돌아가버리더라고 했다.

"또 와서 문을 두드리면 어쩌지요? 문을 열어주지 말까? 문을 열어주고 나서는 어쩌지요? 돈을 줘야 해? 주지 말까?"

미나는 항상 내게 무지 어려운 문제들만 출제한다.

9. 23. 水

96
먼 나라

오늘도 비는 오지 않았다. 어수선한 바람이 불기에 조바심 내며 기다렸는데, 멀쩡한 하늘을 백 번은 올려다보았는데 그런데도 비는 오지 않았다.

국민학교 다닐 때, 우리 동네 왕십리 전차 종점 근처에 키 작은 과부가 살았더랬다. 비 오고 천둥 치는 날이면 미국 간 외아들 걱정에 안절부절못하던 무식한 어머니가 살고 있었더랬다.

주소라도 있다면 엽서를 띄우련만.

거기서 여기는 너무 멀다고. 9. 24. 木

97
쥬쥬

주유소에서 새벽이었다.

고양이 울음소리가 하도 가냘퍼서 문을 열고 내다보았더니 작은 흑고양이 한 마리가 바들바들 떨고 있었다. 나를 쳐다보며 야옹대는 아기 고양이의 눈빛에는 깨물고 싶을 만큼 귀여운 엄살이 담겨 있었다. 채 백일도 안 지났을 것 같은 갓난 고양이였다. 품에 안고 들어와 쓰다듬어 주었더니 골골 소리를 내며 내 손을 핥는다. 나는 참 행복했다. 갑자기 아이를 갖고 싶다는 생각이 들었다. 아기 고양이를 요렇게 하고 보니 암놈이었다. 그래서 딸을 삼기로 하였다.

우리의 딸에게, 미나는 장난감이라는 뜻이라며, 쥬쥬라는 프랑스제 이름을 지어주었다. 나는 쥬쥬를 목욕시키다가 여러 군데에 쥬쥬의 발톱 자국이 생겼지만, 그러나 참 근사한 하루였다.

미나와 나는 쥬쥬에게 아기 고양이용 먹이를 사다 주었고 벼룩 퇴치용 목걸이를 채워주었다. 그리고 우리는 아기 고양이용 장난감을 사려고 여기저기를 돌아다녔다. 나는 잠을 생략했지만 참으로 신나는 하루였다.

새벽 2시까지 기다렸다가 우리는 산타모니카 해변으로 나갔다. 쥬쥬의 변소를 만들어주기 위한 모래를 훔쳐오기 위해서였다. 미나가 망을 보는 사이에 나는 재빨리 자루에 모래를 퍼담았다. 자식새끼 위해서 못할 짓이 무어랴 낄낄대면서.

돌아오는 차 속에서 미나가 나지막한 목소리로 중얼거렸다.
"우리가 너무 적적했었나 봐요."
"그런 건 소리 내서 말하는 게 아니야."
아파트 입구에서도 조심해야 했다. 아파트 지배인이 알면 일이 복잡해질 것이다.

쥬쥬는 그사이에 벌써 한바탕 카펫 위에 일을 저질러놓고

저 달에 화성에 목성에 생명이 살고 있으리라는 상상은 얼마나 아름다운가. 그리고 업다이크의 말대로 과연 다들 너무나 외롭기 때문이라고 한다면, 사람이나 우주를 '정복한다'고 떠벌리는 사람들의 환상은 또 얼마나 처절한가.

는 기분이 좋아서 이리저리 까불며 뛰어놀고 있었다.

쥬쥬의 변소를 만들어주고 나서 나는 쥬쥬에게 단단히 다짐을 주었다.

"쥬쥬야, 여기가 네 전용 화장실이야. 이제부턴 꼭 여기서만 화장을 고쳐 다오. 알았니. 자, 아빠하고 약속하자."

그러나 믿지 못할 일이다. 미나의 말대로 쥬쥬는 아직 기저귀를 차고 있어야 할 갓난아기니까.

배설이라는 게 무언지…….

살고 있는 데 대한 세금이지. 9. 26. 土

98

「자유」

학생 때의 내 노트 위에
나의 책상 위에 그리고 나무 위에
모래 위에 눈 위에
나는 쓴다 너의 이름을

내가 읽은 모든 책장 위에
여백으로 남은 모든 페이지 위에
돌과 피와 종이와 나뭇가지에도

나는 쓴다 너의 이름을

들판 위에 지평선 위에
새들의 날갯죽지에
그리고 그늘진 풍차 위에도
나는 쓴다 너의 이름을

먼동 트는 새벽녘의 입김 위에
바다 위에 그리고 선박 위에
미친 듯 분출하는 화산 위에도
나는 쓴다 너의 이름을

금빛 칠한 동상 위에
병사들의 무기 위에
그리고 왕들의 왕관 위에도
나는 쓴다 너의 이름을

살며시 눈뜬 듯 꼬부라진 오솔길 위에도
활짝 트인 한길 위에도
넘쳐흐르는 광장 위에도
나는 쓴다 너의 이름을

나는 이 말의 힘으로

나의 일생을 다시 마련한다

나는 이제야 태어났다

너를 알기 위하여

그리고 너를 이름 짓기 위하여

오 자유여

—엘뤼아르, 「자유」

충분히 자유로워 보이는 학생 두 명이 '자유를 달라'라고 쓴 피켓을 들고 UCLA 캠퍼스를 맴돌고 있었다. 9. 28. 月

99

발광

업다이크의 소설 『돌아온 토끼』를 읽는다. 질이라는 이름의 열여덟 살 먹은 계집애가 병든 미국을 껴안고 뒹구는 이야기. 끊임없이 치마를 내리고 올리면서 몸부림치는 질의 행각은 부지런히 우주선을 쏘아대는 미국인들의 묘한 집착과 견주어진다.

'우주선이 달을 건드리듯, 신비와 공포에 싸인 미지의 장소에 작은 상처를 남기고 돌아오듯, 우리는 그렇게 무모한 여행을 떠난다. 두려움에 몸을 움츠리고 우주처럼 넓은 공간으로 무모한 여행을 떠난다.

너의 몸뚱이에 흔적을 남기고 싶은 거다. 사랑하는 나의 우주에 내 손자국을 남겨 그렇게 하나가 되고 싶은 거다.'

저 달에 화성에 목성에 생명이 살고 있으리라는 상상은 얼마나 아름다운가. 그리고 업다이크의 말대로 과연 다들 너무나 외롭기 때문이라고 한다면, 사람이나 우주를 '정복한다'고 떠벌리는 사람들의 환상은 또 얼마나 처절한가.

미국을 지탱해 온 건 개척정신이라고 했다. 태평양으로 막힌 서부의 땅 끝까지 개척해 버린 20세기에도 미국인들의 개척정신은 우주 개척으로 이어지고 있는 거라고 했다. 덕분에 놀랄 만한 과학의 진보가 있다고도 한다.

하지만 나는 달의 돌 조각 몇 개보다는 비아프라나 방글라데시의 말라비틀어진 아이들이 더 중요하다고 생각한다. 과학이야 조금 천천히 발달하면 어떠랴. 바로 지구상의 저편에서 아이들이 굶어 죽어가고 있는데 굳이 화성의 사진을 찍어 오기 위해 수백억 달러씩을 쓸 필요가 있는가 하고 나는 생각해 왔다.

그런데 업다이크는 내게, 굶주린 아이들을 빙자해서 질이나 미국인들을 함부로 돌질해서는 안 된다고 말하고 있는 것 같다. 갈구하는 대상이 다를 뿐, 허기져 있기야 다 마찬가지라는 주장이다. 하기야 인형을 잃은 계집애의 슬픔이 남편을 잃은 과부의 슬픔보다 못하다는 보장은 없다고 누군가 그랬다.

9. 30. 水

사과를 생각하며

낡은 무스탕 승용차가 주유소 입구의 공중전화 부스를 들이받고 정지했다. 이상하게도 그 차 안에는 사람이 한 명도 보이지 않았다.

100
내일들

아무렇게나 병신처럼 살면서, 이렇게 날짜별로 일기를 써 나간다는 게 아주 우스꽝스러운 짓이라는 생각이 든다. 오늘, 갑자기.

며칠째 두통과 불면증으로 시달리다가 학교병원에 갔지만 예약을 해두지 않았다는 이유로 의사를 만나지 못했다. 오늘 예약하면 일주일 후에나 진찰을 받을 수가 있다나. 나는 일주일 뒤까지 계속 아프고 있을 걸 생각하는 것만으로 끔찍해서 예약을 하지 않았다.

신문에서는 88년의 올림픽이 서울에서 열리게 됐다고 난리들이다. 88년에, 그때쯤 나는 어디서 무엇이 되어 있을까.

대학 시절의 내가 곧잘 자신에게 묻고는 하던 말—나는 이 담에 커서 무엇이 되려고 이럴까.　10. 1. 木

101
밤꽃

내가 밤일을 하는 주유소의 위치가 흑인 밀집지역의 중심가라는 이유로, 게다가 밤의 꽃들의 영업구역이라는 이유로, 대부분의 주위 사람들이 내게 '목숨이 아깝거든' 다른 일자리를 찾아보라고 충고해 주었다. 그런데 나는 피부색에 대한 편견은 반드시 없어져야 한다는 일종의 편견에 집착해 있는 편이었고, 또 어차피 이 미국이라는 동네 전체가 일종의 넓은 윤락행위장인 바에야 군이 그런저런 이유들 때문에 일자리를 옮길 필요는 없다고 생각했었다.

새벽 2시쯤이었다.

낡은 무스탕 승용차가 주유소 입구의 공중전화 부스를 들이받고 정지했다. 이상하게도 그 차 안에는 사람이 한 명도 보이지 않았다. 밤거리의 여자들 몇이 무스탕 곁으로 다가가서 차 안을 들여다보며 재잘거리고 있었다.

나는 경찰차들이 몰려오고 나서야 캐셔즈 부스 문을 따고 밖으로 나갔다. 사고를 낸 무스탕의 운전석 시트에 젊은 흑인

여자가 쓰러져 있었다. 경찰이 여자의 피 묻은 상의를 벗겨내자 옆구리에 총알이 관통한 자국이 보였다. 검은 피부에 볼펜 꼭지만한 까만 구멍이 뽕 뚫려 있었는데 거기서 뻘건 피가 한 줄기 천천히 흘러내렸다. 총을 쏜 것이 누구냐고, 경찰이 흑인여자의 뺨을 토닥이면서 몇 번인가 되풀이해서 물었지만 흑인여자는 의식을 되살리지 못했다.

"누구 이 여자를 아는 사람 없어?"

또다른 경찰 하나가 대부분이 밤의 꽃들인 구경꾼들을 둘러보며 물었다. 마치 거리에서 주운 손수건의 임자를 찾듯이.

"우린 저 애를 주디라고 불렀어. 그렇지만 정확한 이름은 아무도 몰라."

밤의 꽃들 중의 하나가 쩍쩍 껌을 씹어가며 응수했다. 미니스커트를 입은 하얀 피부의 계집애였다. 그녀는 구경꾼들의 시선이 자기에게로 집중되자 즉시 남자들에게 윙크 보내는 것을 잊지 않았다. 의미심장한 미소를 지으면서.

흑인사내들은 백 년 전까지만 해도 절대로 백인여자를 건드리지 못했다지. 흰 여자를 탐한 검둥이는 아무리 잔인하게 죽여버려도 무죄였다지. 그래서인지 요즘에는 흑인 사창가의 하얀 여자들이 변호사보다도 더 많은 수입을 올린다지. 미니스커트야 넌 참 좋겠다. 시대와 피부색을 잘 타고 났으니.

앰뷸런스가 도착했다. 주디의 눈꺼풀을 뒤집어본 남자 간호원이 담요를 주디의 머리끝까지 덮어버렸다. 마치 상한 음식을 냅킨으로 덮어버리듯이.

앰뷸런스가 주디의 주검을 싣고 떠나고, 경찰차들도 떠나고, 나는 다시 문을 걸어 잠그고 방탄유리 속에 앉았는데, 밤의 꽃 세 송이가 나에게로 다가왔다. 검은 꽃이 두 송이, 하얀 꽃이 한 송이. 계집애들은 무어가 그리도 재미있는지 연방 자기들끼리 장난치며 다가왔다.

"화장실 열쇠 좀 줘."

미니스커트를 입은 하얀 꽃이 대표로 용건을 밝혔다.

나는 살짝 토라져 있었다.

"네 친구가 총 맞아 죽었는데 오줌이 나오니. 웃음이 나오니."

"헤이 맨, 농담할 때가 아니야. 우린 지금 사정이 아주 급해."

조금 전까지도 키들키들거리던 계집애들이 금방 다 죽어가는 듯한 상을 하고 발을 동동 굴렀다.

나는 밤의 꽃들에게 변소 열쇠를 내주었다. 오줌이나 시원하게 누면서 살거라, 이 가련한 것들아.

이제는 나도 다른 일자리를 찾아봐야 할까 보다. 목숨이 아까워서가 아니다.

'외롭고 친구도 없고 특히 진실한 여자친구도 없으며 결혼하지 못했거나 이혼한 사람들, 그리고 제대로 일할 줄도 모르는 인간들로 이루어진 남성사회.'

앤서니 루이스라는 컬럼니스트가 《뉴욕 타임스》에 요약한 미국에 대한 비평이다.

미나는 미국 사람들의 눈이 퀭한 것이 몹시 외로워 보인다고 안쓰러워했었다.　10. 2. 金

102
옛 스승

미나의 어린시절 이야기를 들었다. 국민학교 3학년 때의 담임선생님이 미나를 몹시 괴롭혔다는 것이다. 특별한 이유도 없이 야단치고 벌을 세우면서 미나에게 심술을 부렸다고 했다. 엄마가 선생님께 인사를 드리러 오기 전까지는.

글씨를 못 쓴다고 선생님께 핀잔을 들은 날, 미나는 글씨의 한 획 한 획마다에 자를 대고 쓰면서 숙제를 했다. 미나는 선생님께 칭찬을 듣고 싶었기 때문이다. 미나는 선생님이 요구하는 것이 비뚤어지지 않은 글씨인 줄로만 알았기 때문이다.

그런데 다음날 숙제 검사를 하던 선생님은 미나에게 이게 어디 그림이지 글씨냐고 소리치셨다. 물론 엄마가 인사를 치르고 난 다음부터는 절대로 그런 일이 없었지만.

잊지 못할 옛 스승에게 고등학생이 된 미나가 편지를 썼단다. 스승의 날 국어시간의 숙제였으므로.

'선생님께서 교감선생님으로 승진하셨다는 말을 들으니 무척 걱정이 됩니다. 기억하고 계세요? 제가 아무것도 모르던

아주 착한 꼬마였을 적에 선생님은 어른끼리가 그러듯이 저를 대하셨습니다.'

옛 스승은 미나에게 다음과 같은 답장을 보내왔다.

'미나야, 나는 아무리 생각해 봐도 아이들에게 악의를 가지고 대했던 기억이 없구나. 하지만 미안한 말이다만 네 글씨가 엉망이었다는 것은 지금도 생생하게 기억하고 있단다.'

10. 4. 日

103
반성

쥬쥬를 한번 목욕시키고 나면 내 양쪽 팔목이 온통 상처투성이가 되고 만다. 게다가 기어코 오늘은 쥬쥬가 미나의 얼굴을 할퀴어놓았다.

그래서 쥬쥬의 발톱 끝부분을 조금씩 잘라준 것이다. 집고양이는 발톱을 깎아놓아야 한다고, 며칠 전 조씨네 부부가 놀러 와서 참견했을 적에는 말도 안 되는 소리라고 열을 올렸는데…….

미세스 조는 미국식 고양이 사육법을 설명해 주었다. 이곳에서는 모두들 집고양이에게 불임수술을 시킨다고 했다. 그래야 고양이가 발광하지 않고 집에서만 얌전히 논다고 했다.

그렇지 않으면 발정기에 꼭 가출해 버린다는 거였다. 짝을 찾아 이리저리 헤매다가 결국에는 도둑고양이가 돼버리고 만다는 거였다.

하지만 나는 우리 쥬쥬에게 불임수술을 시킬 마음은 요만큼도 없다고 분명히 말했다. 가출하고 방황을 하고 그러다가 집시 고양이가 되는 한이 있더라도 나는 결코 우리 쥬쥬를 병신으로 만들 생각은 코딱지만큼도 없다고 천명했었다.

그런데 그만 아까의 나는 화가 나 있었다. 쥬쥬가 그 날카로운 발톱으로 미나나 내 눈을 찌르기라도 하면 큰일이라고 자신을 합리화시키고는 쥬쥬의 발톱 끝을 깎아버렸던 것이다.

쥬쥬는 지금 어리둥절한 모양이다. 아까까지만 해도 손쉽게 기어오를 수 있었던 소파며 침대에서 자꾸만 미끄러져 떨어지는 이유를 도무지 모르겠다는 표정이다. 소파에 기어오르려다가 실패하고 나를 올려다보는 쥬쥬의 시선을 나는 차마 마주 대할 면목이 없다.

발톱이 없는 고양이, 쥬쥬는 바야흐로 쥐도 못 잡는 고양이가 된 것이다. 사실은 이름 그대로 쥬쥬―장난감이 된 것이다.

이제야 내가 너에게 무슨 짓을 저질렀는지 알겠구나.

쥬쥬에게까지 나처럼 살라고 할 수야 없지 않은가.

10. 5. 月

어쨌든 편지봉투를 봉하고 우표를 붙일 때에는 기분이 좋아진다. 미제 우표에 혀를 대고 나면 입속이 달콤해지는 것이다. 우표의 풀맛에까지 신경을 써주는 그 세심한 배려가 고맙다.

104
맹신

사다트 대통령이 괴한에게 저격당하는 장면을 텔레비전에서 보았다. 종교적 광신자들의 소행이라고 한다. 물론 그들은 참으로 나쁜 사람들이다. 그런데 사다트 역시 자신의 정치적 신념을 광신했던 점은 없을까.

광신이란 어떤 경우에도 위험한 것이다. 그리고 '일반적으로 옳은 것'에 대한 광신은 종종 '일반적으로 옳지 않은 것'에 대한 광신보다 더욱 무서운 것이다. 전자는 논리와 설득력을 가지고 있기에 그렇다. 그래서 쉽게 세력을 형성할 수가 있으니까 그렇다.

학교의 수업시간에도 사다트의 죽음에 관한 토론이 벌어졌다. 유태계와 아랍계 학생들이 한결같이 사다트의 이중성을 비난하는 데 비해 유독 미국인 선생만이 반대의견이었다. 매우 상징적인 토론시간이었다.

대중의 의지를 대변하는 지도자가 역사에 남는 것인지, 아니면 뛰어난 지도자에 의해 조작된 대중의 의지라는 것이 남는 것인지……. 10. 6. 火

105
긴 편지

답장을 쓰지 못한 편지들이 책상 위에 소복하게 쌓여 있다. 반가운 사람들에게 편지 한 장 쓰기가 이렇게 힘든 건 아무래도 내 생활이 너무나 단조로운 까닭이겠지.

'잘 있다니 다행이구나. 나도 잘 있다.'

그런데 잘 있다는 것은 도대체 어떻게 있다는 말인가. 나는 다시 고쳐 쓴다.

'그럭저럭 살아 있다니 다행이다. 나도 그냥 있다. 먹고살기 위해서 이렇듯 많은 시간을 빼앗겨야 하는 줄을 정말이지 예전에는 몰랐구나. 긴 편지 쓸 수 있는 날이 빨리 와야 할 텐데…….'

어쨌든 편지봉투를 봉하고 우표를 붙일 때에는 기분이 좋아진다. 미제 우표에 혀를 대고 나면 입속이 달콤해지는 것이다. 우표의 풀맛에까지 신경을 써주는 그 세심한 배려가 고맙다.

한국에서는, 잔뜩 무드를 살려서 쓴 연애편지에 '둘만 낳자'라고 쓰인 우표를 붙이고 나면 간밤의 수고가 말짱 헛일이 되는 기분이었다. 10. 10. 土

106
울 핑계

아침에 퇴근을 해서 집에 돌아왔더니 미나가 부엌에서 울고 있었다. 아침식사를 챙기다가 포크 끝에 손가락을 찔렸다는 것이다. 미나가 내밀어 보이는 손가락에 좁쌀의 반쪽만한 핏방울이 보였고, 나는 터져나오는 웃음을 참느라고 부러 인상을 찡그려야 할 지경이었다.

"겨우 이걸 가지구 우는 거야?"

"하여간 피가 나잖아."

내가 세수를 하고 나왔더니 미나는 아예 침대에 엎드려서 징징징징 그때까지도 울고 있었다. 울다 보니까 갑자기 엄마가 보고 싶어졌다는 거였다.   10. 12. 月

107
버티기

세수를 하다가 거울을 보았다. 거울을 보다가, 핏발이 선 눈 때문에 어쩐지 서러워졌다. 새삼스러운 일도 아니었고 혹은 눈이 불편해서 서러워진 것도 아니었다.

입이 깔깔해서 종일을 아무것도 먹지 않았다. 배고파질 때까지 참으면 저녁이나 맛있게 먹을 수 있겠지 했는데 밤이 늦도록까지 배가 고파지지 않았다.

남들이 들으면 배부른 소리 한다고 나를 욕할까.　10. 13. 火

108
사과를 생각하며

사과를 생각하면서 감을 깨물어 먹던 기억, 스무 살 때쯤의 조용한 밤이었다.

무언가를 쓰고 있었는데 어머니가 감을 갖다 주셨다. 감을 싫어하고 사과를 좋아했던 나는 감이 담긴 접시를 책상 한구석으로 밀어놓았다. 담배도 커피도 다 바닥이 났을 때, 나는 감 하나를 들고 덥석 베어 물었다. 사과였으면 좋겠다고 생각하면서. 감은 과연 감의 맛을 냈고 그래서 나는 더욱 사과를 그리워하였다.

사과를 아쉬워하다가 문득 감에게 미안한 생각이 들었다. 사과를 원하면서 아쉬운 대로 감을 깨물었던 것이 감에게는 모욕이었으리라는 생각이 그 시절의 고지식한 나를 못살게 굴었다. 스무 살 때쯤의 일이었다.

그후 십 년을 살면서 나는 번번이 그때의 사과와 감에 대한 정리를 시도했었다. 그런데 비겁하지 않게 산다는 건 무척 어려운 문제였다.

  삶이란 그런 거였다. 밥이 없으면 라면이라도 먹어야 하고, 라면에게는 모욕이 될지라도 밥을 원치 않을 도리가 없는 게 삶이었다. 저기서 살지 못하면 여기서라도 살아야 하고, 그렇게 살지 못하면 이렇게라도 살아야 하는 게 인생이었다.

  하찮게 구질구질하게 참으로 보잘것없이라도 꾸역꾸역 살아야 하며 그렇다고 이런 삶에 만족해서도 안 되는 게 인생이었다. 망설이지 말고 감이라도 먹어야 하며 그렇다고 감으로 만족해서도 안 되는 게 삶이었다.

  나는 지금, 미나가 사온 감을 눈앞에 놓고 어쩔까 망설이고 있는 참이다.   10. 15. 木

109
방심

  한 달 전에 사다 놓은 비타민 병이 아직 뚜껑도 개봉되지 않은 채로 놓여 있었다. 건강마저 잃으면 정말로 슬퍼지는 곳이 미국이라면서, 영석이가 강경하게 권하기에 6달러를 투자해서 사온 종합 비타민이다. 미나에게 왜 비타민을 먹지 않았느냐고 물었더니 미나도 깜짝 놀란다. 그리곤 오히려 나를 야단치기 시작했다.

우리는 지독히도 게을러빠진 남편과 아내였다. 10. 16. 金

110
선량한 사람들

미나가 나를 비난하였다. 나는 사람들을 미워하기만 하고 좋아하려 들지 않는다는 것이다. 필요한 이야기인 것 같아서 미나의 말을 경청하였다. 남이 내게 준 실망에 대해서만 이야기하는 버릇, 실망시키지 않은 부분에 대해서는 침묵하는 버릇, 그런 나쁜 버릇을 고쳐야겠다. 더 근본적으로는 인간의 본성을 사랑할 줄 알아야겠다. 어차피 하나의 인간인 내가 인간의 본성을 미워하면서 산다는 것은 몹시 피곤한 노릇일 테니까.

아우는 내게 이렇게 써서 보냈다.

'자연의 일부이면서 자연을 초월해야 하는 인간의 모순—이라는 에리히 프롬의 지적은, 사회의 일부이면서 사회를 거부해야 하는 우리의 모순—이라는 말에도 그대로 적용되는 것 같아.'

(아우의 말은 또, 사람의 하나이면서 사람이기를 거절하고 싶은 나의 모순—이라는 말에도 그대로 적용될 것 같다.)

아우는 계속해서 썼다.

'그저 숨 쉬고 살기 위해서 하루에도 천 번씩이나 자신을 속여야 하는 사람들, 혹은 이미 '나'라는 것이 너무나 거추장스럽고 방해가 되는 나머지 오래전에 '나'를 마비시켜 버린 사람들이 너무나 흔해빠진 것에 나는 놀라지 않을 수가 없었어. 그리고 이런 '선량한 사람들'이 그들과 같아지기를 거부한 사람들에게 품는 증오가 얼마나 엄청난 것인지 형은 아마 상상도 못할 거야.' 10. 20. 火

일상

주유소 앞길에서 큰 교통사고가 있었다. 새벽길을 질주해 온 스포츠카가 중앙선을 침범한 캐딜락을 정면으로 들이받았다. 캐딜락은 옆으로 누웠고 스포츠카의 전면 유리는 가루가 되었다. 앰뷸런스가 찌그러진 사고 차량 속의 사람들을 꺼내서 실어 갔고 경찰은 사고현장 상황을 기록하고 돌아갔다. 그 다음에는 정비차가 와서 박살이 난 스포츠카와 캐딜락을 끌고 갔다. 마지막으로 나타난 소방차는 아스팔트의 핏자국을 깨끗이 씻어주고 돌아갔다. 그래서 플로렌스 네거리는 한 시간 전과 똑같이 되었다. 10. 23. 金

112
먼 미소

주유소에 따라온 미나가 구석의 간이침대에서 잠들어 있다. 미나는 잠 속에서 배시시 아주 행복하게 웃고 있다. 필시 또 서울에 가 있는 게지. 깨어나면 물어봐야지. 아니 묻지 않는 것이 좋겠다. 잊고 있게끔.　10. 24. 土

113
심술

상수네 부부와 함께 상수 어머니네 집에 가서 저녁을 먹었다. 상수 어머니는 재혼을 했기 때문에 상수네와 따로 살고 있는 것이다.

저녁식사 후의 식탁에서였다. 상수는 어머니가 담배를 입에 물자 성냥과 재떨이를 치워버렸다.

"제발 네가 엄마의 모든 것을 이해할 수 있다는 생각일랑 말아라."

나지막한 목소리로 상수 어머니가 상수를 타이르면서 재떨이를 끌어당겼다.　10. 25. 日

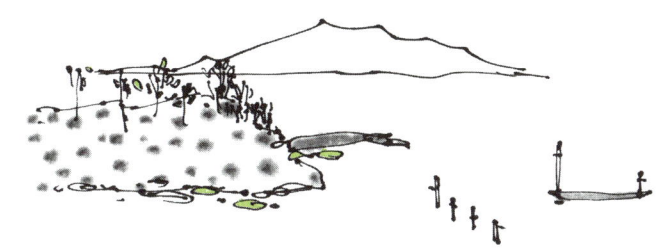

겨울이 오면

지금, 약사빠름과 빈틈없는 처세술로 무장한 너의 친구들이 웃고 있다고 해서 네가 더러 올 필요는 없는 거야. 맨 마지막 미소는 너처럼 착하고 고운 마음을 지키는 사람들에게만 허락된 것임을 나는 철석같이 믿고 있다.

114
자위

대학 후배인 성태에게 답장을 썼다.

'아우야, 이제 마지막 가을비가 내렸다가 가면 바람은 현저히 차가워질 것이다. 몇 개의 낙엽 때문에 거리는 더욱 스산해 보일 것이고, 너처럼 별볼일없는 아이들은 까닭도 없이 더 자주 씨팔 소리를 내뱉게 되는 자신이 어느 날 갑자기 불쌍하게 느껴질 것이다. 어느새 스물일곱씩이나 처먹은 자기 나이를 돌아보게 될 것이고, 마침 지나는 길가에 찌그러진 깡통이라도 굴러다닌다면 그 꼬락서니가 어쩐지 나를 닮은 것 같아 냅다 걷어차버릴 것이고, 그리고 그때쯤 꺼내든 담뱃갑에는 으레 한 개비의 담배도 남아 있지 않기 일쑤여서 너는 빈 담뱃갑을 마구 구겨 팽개치며 또 한 번 깊이 절망할 수 있는 기회로 삼으려 들 것이다.

스물일곱짜리 아우야, 물론 너의 말대로 우리의 인생이 현재로는 짙은 패색을 띠고 있는 것이 사실일지도 모른다. 하지만 이 늙은이 같은 아우야, 제발이지 그만 초조해 하고 그만 움츠리거라. 스리쿠션 다음의 미소야말로 진짜 미소라던 너의 말을 나는 기억하고 있다. 그 말은 옳다. 그러니 아직은 우리가 울거나 웃을 때가 아니란 말이다.

지금, 약삭빠름과 빈틈없는 처세술로 무장한 너의 친구들이 웃고 있다고 해서 네가 미리 울 필요는 없는 거야. 맨 마지막 미소는 너처럼 착하고 고운 마음을 지키는 사람들에게만 허락될 것임을 나는 철석같이 믿고 있다. 그렇게 믿어왔고 앞으로도 그렇게 믿으면서 살 것이다. 뒈질 때까지.' 11. 1. 日

115

⟨As tears go by⟩

학교에서 돌아오는 길에 흑인 동네에 있는 퀸 국민학교에 들렀다. 이중언어 보조교사로 일해 보고 싶다는 미나와 함께.

미나가 교무실에 들어간 사이에, 나는 운동장의 철봉대 아래쪽 모래밭에 주저앉아 아이들이 뛰어노는 모양을 구경하였다. 〈As tears go by〉를 흥얼대면서.

It is the evening of the day
I sit and watch the children play
Smiling faces I can see, but not for me……

열 살쯤 된 사내아이와 계집아이가 싸우는 것을 말리고 있는데 누군가가 등 뒤에서 익스큐즈 미라고 했다. 신사복 차림의 흑인이었는데 그는 자신이 이 학교의 교장이라고 소개하면서 내가 학부형인지를 물었다.

나는 교무실에 들어간 아내를 기다리고 있으며, 학부형은 아니지만 우리도 내년에는 아이를 낳게 될 거라고 대답해 주었다.

"애니웨이"

하고 교장선생님이 말했다.

"학교 규정상 당신은 교문 밖에서 당신의 아내를 기다려야 한다. 우리에게는 학생들을 안전하게 보호해야 할 의무가 있기 때문이다."

교장과 내 주위에 모여든 아이들이 우리의 대화를 엿듣고 있었다. 나는 엉뚱하게 아까 계집아이를 때리던 사내아이에게 심술을 부렸다.

"앞으로는 절대로 여자 아이들을 때리지 마. 알았어?"

그랬더니 그 녀석은 내게 주먹을 들어 내밀어 보이고는 쏜

살같이 달아나버렸다.

 돌아오는 차 속에서, 나는 유괴범으로 오인받았던 내 몰골이 신경 쓰여서 몇 번인가 백미러에 내 낯짝을 비춰보았다.

 "내가 보기엔 괜찮은 것 같은데 왜들 그럴까."

 그 말로, 보조교사는 빈자리가 없다는 말에 풀이 죽어 있던 미나를 잠깐이나마 웃기는 데 성공하였다. 11. 3. 火

116
군침

 점심때 학교 앞에서 미나와 함께 햄버거를 먹으면서 먹을거리 이야기를 하였다.

 내가 동대문시장 골목길의 떡볶이가 먹고 싶다고 했더니 미나는 남대문시장의 것이 더 맛있다고 주장했다. 함경도 집의 순대와 식혜를 말했고 학교 앞 오징어튀김을 말했다. 명동의 매운 순두부와 칼국수집의 김치, 우리 어머니의 장기인 전골과 돼지불고기, 고등어조림······.

 말하다 보니 정말이지 지독하게 그것들이 먹고 싶었다. 서울에 가고 싶었다.

 고향에 대한 향수가 기껏 식욕으로밖에 구체화되지 않는다는 사실이 쑥스럽기는 했지만. 11. 4. 水

잠

낮에 자는 잠은 얇고 어설프다.

신혼 첫밤의 그것처럼, 아니면 여관방에 애써 끌어들인 여자와 처음으로 벗은 몸을 맞대고 보내는 밤의 잠처럼. 의식과 무의식, 꿈과 생시를 넘나들다가 나는 그만 골치가 너무 아파서 두통약을 몇 알씩 집어삼킨다.

밤이면 졸음이 고문처럼 몰려온다. 어젯밤에도 28달러나 착오를 내서 내 돈으로 채워 넣어야 했다. 다람쥐처럼 맑은 눈을 하고 수면제를 까먹던 새벽들이 바로 몇 년 전인데…….

학교며 새 일자리를 알아보고 다니느라 잠을 이삼 일 생략했던 때문이리라. 운전석에 앉아 시속 백 마일로 달리다가도 어느새 깜빡 졸고 있다. 번쩍 정신을 차려보지만 오 분 후면 또 깜빡 졸고 만다. 그런데도 침대에만 누우면 잠들지를 못하니 환장할 노릇인 것이다.

엘드리치가 죽기 직전에 그랬다지.

……In spite it all, I am going to sleep.

다 집어치우고 잠이나 자야겠다고. 11. 7. 土

118
우상

W 대학에 갔다가 명희 누나를 만났다.

고등학교 선배인 명희 누나는 어쩌면 십 몇 년 전의 그때와 조금도 달라진 것이 없었다. W 대학 커리큘럼에 대한 내 질문에는 제대로 응수해 주지도 않고 3층의 경제학 강의실로 나를 데리고 갔다.

"저 남자 어때? 경제학 교수야."

백인치고는 작은 키의 보통 중년 남자였다.

"근사하지, 멋있지? 내가 너무너무 좋아하는 사람이야. 하루라도 저 사람을 못 보면 난 아무 일도 못해."

"그래서 이 학교에 오 년 동안이나 적을 두고 있는 거유? 더구나 누난 미술이 전공이잖아."

"저 사람 때문에 일부러 경제학을 택했어."

명희 누나는 혼자서 운전을 하고 가다가도 그 교수만 생각하면 그저 눈물이 흘러내린다고 했다.

"미스터 김이 알면 화내겠는데?"

미스터 김은 명희 누나의 남편이다. 그는 부동산 브로커로 일하면서 아내의 학비를 대고 있다.

"미스터 김한테도 저 선생님 이야기를 했어. 그래서 미스터 김도 학교에 와서 그 사람을 봤는데 말이야, 정말 내가 반할

남자라고 그랬어." 11. 10. 火

119
칭찬

 9가에서 신문을 사려고 잠깐 차를 세웠는데 옴팍 쪼그라든 백인 할머니가 다가와서 말을 걸었다. 자기는 3가의 슈퍼마켓까지 가는데 그쪽으로 가는 길이면 태워 달라는 소리였다.

 물론이죠, 할머니.

 그 할머니는 내가 코리언인 것을 단번에 알아맞히고 나서, 같은 교회에 나오는 한국 할머니 한 분과 자신이 얼마나 친하게 지내는지에 대하여 한시도 쉬지 않고 설명했기 때문에 나는 고맙다는 인사를 하지 않을 수가 없었다.

 그 할머니는 차에서 내리기 전에 내게 악수를 청했다. 그리곤 꼬깃꼬깃한 1달러짜리 지폐 두 장을 내게 내밀었다.

 내가 고개를 가로젓자 할머니가 나를 칭찬해 주었다.

 "네 손이 따뜻하길래 나는 네가 좋은 사람이라는 걸 알았어."

 저녁때 만난 상덕이에게 그 할머니의 이야기를 했더니, 상덕이는 모르는 사람을 절대로 차에 태워주지 말아야 한다고 충고해 주었다. 그러다가 몽땅 털린 한국 사람들이 숱하다고 했다.

나는 상대가 꼬부랑 할머니였다는 점을 말했지만 그래도 역시 태우지 않았던 편이 현명하다고 했다. 왜냐하면 그 할머니를 태우고 가는 도중에 사고라도 났다면 모든 치료비를 내가 부담해야 한다는 것이었다.

나는 딴생각을 하고 있었다. 할머니가 내밀던 2달러를 내가 받아줬었다고 해도 그 할머니는 내게 이렇게 말해 주었을 것 같다는.

손이 따뜻한 걸 보니 너는 참 좋은 사람이구나.　11. 10. 火

120
선택

위경련인 것 같다. 배가 몹시 아프다가 괜찮다가 그런다. 그런데 묘한 일은 막 심한 통증이 덮쳐올 때마다 살고 있구나— 하는 생각이 스쳐가는 것이다. 살고 싶은가 보다.

여러 가지로 걱정이다.

마땅한 일자리가 나타나지 않으니 걱정이고 또 취직이 되면 학교 문제가 남으니 걱정이다. 공부를 시작하면 나 자신밖에 생각할 줄 모르는 나쁜 놈이 될 것이고 공부를 안 하면 미국에 놀러 간 나쁜 놈이 될 것이다. 한국에 돌아가도 여기에 남아도 나는 어쨌거나 역시 실패작인 것만 같다.

그런 심정을 털어놓지 않았는데도 태호는 내 입장을 이해하고 있는 것처럼 나를 위로해 주었다. 곧 길이 보일 거라고.

미국에서 의과대학을 졸업한 태호에게도 자기대로의 망설임이 있다고 했다. 한국에서 갓 건너온 태호의 아내는 태호가 미군 군의관으로 입대하기를 원한다고 했다. 그래서 한국에 나가 근무하기를 바란다는 거였다. 그러자면 전문의 과정을 중도에서 그만두어야 할 뿐만 아니라 의사로서의 기반을 잡는 데에도 손해를 감수해야 할 입장이라는 것이었다.

태호는 말했다.

"미군 군의관으로 한국에 나가면 한국에서 캐딜락을 타고 다니는 재미는 있을 거야. 남들은 버스를 타고 다니는 나라에서 캐딜락이나 벤츠를 몰고 다니는 그런 재미 말이야."

내가 아무 말 하지 않았는데도, 태호는 그런 생각이 속물적이라는 걸 스스로 잘 알고 있다고 했다. 그러니 태호는 꽤 똑똑한 편이다.

문제는, 거기까지는 깨달을 줄 아는 많은 사람들이 그럼에도 불구하고 그쪽을 택한다는 점이다.

허영이란 어쩌면 우리가 그토록 절실하게 추구하고 있는 것들의 진짜 얼굴인지도 모르겠다는 말이다. 11. 11. 水

121
아우

군복을 입은 후 처음으로 집에 다녀왔다는 누리의 편지를 읽는다.

'형과 형수의 편지를 받은 것이 10월 23일, 그러니까 내 생일날의 이브였어. 드럽게도 재수 좋은 날이었지. 그날은 형의 편지 이외에도 세 통의 편지와 또 두 권의 책을 함께 받았거든. 이렇게 많은 걸 한꺼번에 받아본 것은 난생처음이야.

게다가 내 생일날은 정말 원더풀이었어. 그날 아침 사령부에서 탁구대회가 있었는데 우리 부대의 대표로 나간 내가 우승컵을 먹은 거야. 결승전에서는 정말 극적인 역전승을 거뒀어. 마지막 세트에서 14:19로 지고 있다가 뒤집어버렸단 말이야. 사령관과 우리 부대장이 관전하는 앞에서.

사실은 내 강한 노스탤지어의 승리였어. 이기면 집에 보내주겠다고 부대장이 미리 약속했었거든. 그래서 나는 군대에서 맞는 첫 생일날 밤에 트로피보다 더 자랑스러운 특별휴가증을 쥐고 서울행 막차를 탈 수가 있었어. 내 평생의 어떤 생일선물도 나를 그때만큼 흥분시키지는 못할 거야.

집은 언제나 그렇듯이 폐허 같았어. 돌계단은 울긋불긋한 낙엽들로 덮여 있었고 사방을 둘러보아도 사람이라고는 보이지가 않았어. 형은 내 말을 충분히 이해할 거야. 그 집이 눈물

겹도록 아름다운 폐허였다는 말을. 산꼭대기에 홀로 선 그 황량한 집을 나는 그때 내가 너무나 깊이 사랑하고 있다는 걸 처음으로 느낄 정도였다니까.

큰형네는 얼마 전에 아파트로 이사해 나갔대. 동화에서처럼, 산꼭대기 오두막엔 노부부만이 외롭게 살고 있었지.

아버지는 여전히 불같은 의욕으로 스스로에게 헌신하고 계셨어. 아버지를 보면 말이야, 내가 당신의 아들이라는 생각이 들질 않아. 위인전을 읽을 때처럼 거리감이 느껴지는 거야. 나는 너무나 성실하게 갈 길을 가는 한 거인을, 결코 좌절할 줄 모르는 한 영웅을 아버지에게서 보는 거야.

어머니는—아버지도 마찬가지였지만—무척 적적하신 것 같았어. 나를 보고 어찌나 반기시는지, 나는 내가 먼저 울어버릴까 봐 무척이나 긴장해야 했었지.

큰형 방을 서재로 꾸며놓았는데 참으로 아늑했어. 정말이지 그 방을 두고 떠나올 때는 지랄 같았어. 그 속에 푹 파묻혀서 죽을 때까지라도 읽고 공부하고 쓰고 싶어지더란 말이야. 그 어둡고 조용한, 조금씩 찬바람이 맴도는 방에서.

이곳은 별다른 일이 없어. 전쟁하지 않을 때의 군대를 형은 잘 알잖아. 문득문득 외로워질 뿐이지 뭐. 잘자, 형.

형수님, 글 주셔서 고맙습니다. 그곳 생활은 꿈속 같으리라 생각됩니다. 약간은 잘 풀리지 않는 꿈 말입니다. 꿈속에서는 어른들이 소꿉장난을 해도 하나도 어색하지가 않지요. 그건

편지통을 열었는데 텅 비어 있어서 우울했으며, 그리고 가기 싫은 주유소의 밤일 때문에 우울했을 뿐만 아니라, 무엇보다도 도무지 보이지 않는 우리의 장래 때문에 우울하였다.

하나의 은총일 테지요. 힘내세요. 안녕.'

 오늘은 교포 신문사와 잡지사를 돌면서 이력서를 내보았다. 나도 이제는 이력서를 쓰는 데에는 이력이 붙었다.

11. 13. 金

122
'치펜데일'

 태호네 조씨네와 함께 '치펜데일'이라는 이름의 술집에 갔다.

 오늘은 토요일, 여자들이 진흙탕 속에서 레슬링을 벌인다는 날, 치펜데일이 남자들에게 문호를 개방하는 유일한 요일이다. 다른 요일에는 남자 누드쇼가 있는데 여자 손님만을 받는다고 했다. 술집 가운데 진흙에 물을 부어서 만든 특설 링이 보였다. 씨름판만한 넓이의 링이었는데, 2달러씩을 더 내야 한다는 링사이드는 벌써 매진이었다.

 레슬링이 벌어지기 전에 선수들의 소개가 있었다. 비키니 수영복 차림의 늘씬한 아가씨들이 일곱 명이나 나란히 섰고 사회자가 선수들의 이름과 나이, 직업 등을 차례로 소개했다.

 "미스 엘리자베스, 스물한 살, 간호원……"

 18세기 불문학을 전공한다는 여대생도 있었고 비서도 있었다.

선수소개를 마친 사회자가 이 아가씨들의 입술값을 발표했다.

"여러분은 누구나가 단돈 1달러로 이 미녀들과 키스를 할 수가 있습니다."

벌거벗은 두 여자가 진흙탕 속에서 뒤엉켜 싸우기 시작했다. 관중들은 괴성을 내질렀고 휘파람을 불어댔고 틈나는 대로 벌컥벌컥 술을 들이마셨다. 나머지 여자들, 팬티와 브래지어만 걸친 다섯 명의 말 같은 아가씨들이 관중석의 여기저기를 누비고 다니면서 1달러씩을 받고 입술을 팔고 있었다.

그런데 우리는 그저 조용하기만 한 구경꾼이었다. 나는 다 잊고 흥겹게 놀고 나면, 누구에게인지 막연하게 죄송한 느낌이 드는 버릇 때문에 조용했는데, 어쩌면 한국에서 온 내 또래들은 모두가 나 같은 심정일지도 모를 일이었다.

몇 번인가 여자들끼리의 레슬링 경기가 끝나자 사회자가 한 아가씨를 옆에 세우고 관중석을 향해 물었다.

"이 아가씨와 한번 레슬링으로 붙어볼 사람 있습니까?"

우르르 지원자들이 나서자 사회자가 가로막았다.

"공짜로는 안 됩니다. 얼마를 내시겠습니까?"

그래서 경매가 시작됐는데 결국엔 250달러를 부른 중년 신사에게 대전권이 주어졌다. 소박하게 생긴 얼굴에 근시 안경을 걸친 잔뜩 똥배가 튀어나온 백인이었다. 그가 술집에서 빌려 입은 수영복을 걸치고 싱싱한 아가씨와 엉켜 뒹구는 꼴이란…….

간통죄라는 것이 성립되지 않는 이 나라에서, 1달러를 가지고 미녀들의 입술을 떳떳하게 살 수 있는 캘리포니아에서, 굳이 매춘 행위만은 죽자고 단속하는 이유가 무얼까. 배꼽 아래는 안 된다는 귀여운 항변과 무엇이 다른가 말이다.   11. 14. 土

123
야망

우울한 하루였다.

어느 것 하나 제대로 되는 일이 없다고 소리 죽여 울던 엊저녁의 미나 때문에 우울했고 ×신문사에서 온 일자리가 없다는 통보 때문에 우울했고 어른들의 상투성과 뻔뻔함 때문에 우울했고 순이의 엉뚱한 무례함과 그 아이에게로 향한 나의 어쭙잖은 연민 때문에 우울했으며 가난뱅이인 나에게 돈을 꿔 달라고 전화한 장씨 때문에 우울했으며 조카인 찰해의 생일이 내일모레라는 미나의 귀띔 때문에 우울했으며 편지통을 열었는데 텅 비어 있어서 우울했으며, 그리고 가기 싫은 주유소의 밤일 때문에 우울했을 뿐만 아니라, 무엇보다도 도무지 보이지 않는 우리의 장래 때문에 우울하였다.   11. 16. 月

124
케이스 스터디

불치의 병에 걸린 한 아이가 막 죽어가고 있었다. 그런데 그 아이가 수술을 받을 경우 석 달쯤을 더 살 수 있다고 했다. 아이의 어머니는 5만 달러를 들여 아이가 수술을 받게 했으며, 덕분에 아이는 석 달쯤을 더 살다가 죽었다고 했다.

태호는 내게 그 어머니를 어떻게 생각하느냐고 물었다.

"그 어머니를 욕할 사람은 아무도 없어."

자기 가까이에 있는 것부터 사랑하고 또 그 대가를 치르는 것은 대부분의 사람들에게 있어 너무나 당연한 일일 거라고 나는 대답했다.

병든 아이를 석 달쯤 덜 살게 하고 그 5만 달러를 비아프라의 아이들을 위해서 썼을 경우에 대해서도 나는 말했다. 만약 그랬다면, 대부분의 사람들이 그 어머니의 행동을 당연하게 여기지는 않을지라도, 어쨌든 그 어머니를 욕하지는 않았을 거라고 덧붙였다.

만약 그랬다면, 몇몇 사람들이나마 그 어머니의 결정에 깊이 감동했을 거라는 말을 덧붙이지는 않았다.

언젠가, 태호와 나는 내가 기르는 한 마리의 강아지와 비아프라의 굶주려 죽어가는 수만의 아이들 중에서 어느 쪽이 더 중요한가에 대하여 결론 없는 논쟁을 벌였던 것이다. 11. 17. 火

125
새 세상

드디어 보름 전에 맞춘 미나의 콘택트렌즈가 나왔다.

새 렌즈를 끼고 병원을 나선 미나는 야 하고 탄성을 질렀다. 거리가 완전히 새롭게 보인다고 했다. 이제야 진짜 미국이 보이기 시작한다면서 미나는 잔뜩 흥분해 있다. 얼마나 잘 안 보였었으면 이렇게 좋아할까. 내 눈을 빼줄 수도 없고.

집에 돌아온 미나가 방을 둘러보다가 상을 찡그렸다.

"이제 보니까 우리 방이 굉장히 더럽구나." 11. 18. 水

126
왜

주유소에 갔더니, 근무 교대를 위해 나를 기다리고 있던 미세스 조가 하소연을 늘어놓았다.

집에 있는 남편에게 전화를 했는데 마침 시어머니가 전화를 받더라고 했다. 그래서 '애기아빠 좀 바꿔주세요' 그랬는데 '왜?'라고 하시더라는 거였다.

아내가 남편에게 전화를 하는데 도대체 '왜'라는 질문이 왜 필요하느냐는 이야기였다.

"그 말이 그렇게도 기분 나쁘던가요, 왜죠?"

미세스 조는 나까지를 자기 시어머니와 똑같은 족속이라고 생각했는지 더 이상 말을 않고 휑 돌아가버렸다.

고부간의 갈등에는 묘약도 없다지……. 왜?　11. 19. 木

보이지 않는 이자벨라 호수

나체의 입상들이 늘어선 화랑의 한가운데에 섰을 적에는 나 혼자 옷을 입고 목욕탕에 들어선 듯한 착각 때문에 잠깐 민망했지만, 미켈란젤로며 라파엘로의 원화 앞에서도 뜨거운 감동이 일지 않아서 부끄러웠지만, 어쨌거나 그것들은 매우 훌륭해 보였다. 예술에 관한 한 진보라는 말을 적용시키기 어렵겠다는 생각이 들 지경이었으니까.

127
가문

'폴게티 뮤지엄'은 말리부 해안의 언덕 위에서 태평양의 풍파를 내려다보고 있었다.

"순전히 이 박물관을 보기 위해서 일부러 한국에서부터 날아왔단 말입니다. 한국은 저 바다의 맨 끝에 있는 나라라구요."

예약이 안 된 사람들은 받아들일 수가 없다고, 박물관의 늙은 수위가 우리를 점잖게 사양했지만, 우리는 수위의 품위를 약점으로 삼아 유창한 거짓말로 정문을 무사히 통과하였다.

석유재벌 폴게티가 개인 재산으로 꾸몄다는 박물관, 사설 미술 박물관으로는 세계에서 가장 많은 로마 시대의 조각품을 소장하고 있는 곳이라고 했다.

물론 우리가 무슨 별나게 예술을 감상하겠다고 거길 찾아간 것은 아니었다. 그저 바다가 보이는 곳에 간 것이었다. 그런데 뮤지엄이라는 간판이 보였고, 수풀이 우거진 그 입구가 근사해서 들어가 본 것이다. 입장료도 주차비도 무료라기에 거짓말을 해본 것이다.

나체의 입상들이 늘어선 화랑의 한가운데에 섰을 적에는 나 혼자 옷을 입고 목욕탕에 들어선 듯한 착각 때문에 잠깐 민망했지만, 미켈란젤로며 라파엘로의 원화 앞에서도 뜨거운 감동이 일지 않아서 부끄러웠지만, 어쨌거나 그것들은 매우 훌륭해 보였다. 예술에 관한 한 진보라는 말을 적용시키기 어렵겠다는 생각이 들 지경이었으니까.

덴마크 화가들이 펜으로 그린 흑백의 풍경화들은 어찌나 소박하고 평화로워 보이는지 슬쩍 한 장쯤 훔쳐오고 싶었고, 로코코 시대의 프랑스 황실 가구들은 온통 유치한 무늬들이 빈틈없이 새겨져 있음에도 불구하고 전체로 보면 아주 우아해 보이는 게 신기했다.

이것들을 모두 수집하기 위해서 폴게티는 얼만큼의 달러를 지불했을까. 몇 년 전인가 폴게티의 손자가 유괴당했을 때, 폴게티 2세는 아들의 몸값을 내라는 유괴범들의 요구를 묵살했다. 유괴범들이 폴게티 3세의 한쪽 귀를 잘라 보냈을 때에도 폴게티 2세는 전혀 동요하지 않았다.

그래서 폴게티 3세는 로마 시대의 조각처럼, 귀가 한쪽밖에 없다. 정신까지 이상해진 그는 정신병원에 갇혀서 살고 있다고 한다.

폴게티 3세는 최근, 자신의 생활비를 대주지 않는다는 이유로 아버지 폴게티 2세를 고소했고, 매스컴은 연일 그들 부자의 싸움을 흥미진진하게 보도하고 있다.

그런 뉴스를 들으면서, 폴게티 박물관의 그 점잖은 수위는 무슨 생각을 할까. 11. 20. 金

128
밤 호수

목적지는 요세미티 국립공원 남단의 이자벨라 호수. 준민이와 그놈의 약혼녀 수희가 한 차에 탔고, 우리 차의 뒷좌석에는 태호네 부부를 실었다.

정오가 다 되어 출발했기 때문에 호수 근처에 이르렀을 즈음엔 벌써 어스름이었다. 그리고 비, 나는 그저 비를 내려주는 하늘이 고맙고 고마워서 감사헌금이라도 드리고 싶은 심정이었다. 태호네의 불평일랑 귓전으로 흘리고.

처음에 들른 호텔에 마침 2인용 방 세 개가 비어 있다고 했지만 준민이가 얼굴을 붉히면서 펄쩍 뛰었다. 자기네는 아직 부부가 아니라는 거였다. 미래의 장모에게 단단히 약속을 하고 떠나왔다는 거였다.

우리는 다른 호텔로 가서 거실과 두 개의 침실이 붙어 있는 스위트를 빌렸다. 맥주를 마시며 참새와 식인종 이야기로 한참을 웃다 보니 어느새 비가 그쳐 있었다.

다 같이 한밤중의 호숫가에 나가보았다. 달은 없었고 고요하였다. 까만 밤이었기에, 몇 개의 별들이 가까스로 내뿜는 별빛들이 총총하였다.

어둠 속에서 바람에 부대끼는 호숫물 소리가 들렸다. 안 보일 듯이 안 보일 듯이 보이는, 여린 별빛을 반사하고 있는 호수의 수면……. 우리들은 그저, 그곳이 어렵게 찾아온 목적지였기에 떨면서도 거기에 서 있었으며, 정적이 너무나 깊어서 모두 갑자기 침묵했나 보다.

미국에 와서 겪은 지난 몇 달간의 혼돈이, 내 젊은 날의 한동안을 주눅 들게 했던 파문들에 대한 원망이 퍼뜩 스쳐가고 있었다. 그것들은 전혀 내가 원했던 바가 아니었다. 나는 산 속 깊이 숨은 호수처럼, 그렇게 조용히 잔잔하게 살고 싶었다. 나는 이를 악물고 눈에 핏줄을 세우며 살고 싶지 않았다. 나는 아무도 미워하지 않고 싶었다.

왜 그래요? 하고 미나가 물었다.

내가 아무리 부인을 해도 소용이 없었다. 내 눈에서 분명히 물기를 보았다며, 미나는 제멋대로 걱정이었다. 11. 26. 木

129
절제

엊저녁엔 준민이도 약혼녀 수희도 깊이 잠들지 못하는 것 같았다.

침실 하나에 태호네 부부가 들고, 또다른 침실에 준민이네와 우리 부부가 함께 들었다.

침대 위엔 미나와 수희, 그 아래의 바닥에 준민이와 내가 누웠는데, 침대의 위와 아래에 누운 약혼녀와 약혼자는 도저히 쉽게 잠들 수가 없었나 보다. 이리저리 뒤척이다가 베개를 뒤집어 베어보기도 하고, 잠 못 드는 상대방의 기척이 들리면 오히려 위로의 말을 건네기도 하면서, 준민이와 수희는 그렇게 밤을 꼴깍 새워버린 모양이다.

아직 안 자? 춥지 않아?

그런 말들.

그런 안타까움, 그런 절제야말로 바로 애정을 괴게 만드는 기술이라는 것을 준민이가 알까. 그랬기에, 벌써부터 현명했던 조상들이 스스로 그런 굴레를 만들어 뒤집어썼고 또 강요하고 있다는 것을 수희가 알까 모를까.

안타까운 시절은 좋은 시절이다. 욕망을 다 마셔버리고 나면 갈증은 사라지지만, 바로 그 갈증이야말로 은은한 그리움을 선명하고 뚜렷한 애정으로 변화시켜 주는 현미경인 것이다.

LA에 돌아와서는 내가 모두를 싸구려 중국집에 데리고 가서 저녁을 샀다. 싸구려를 먹더라도 결코 내 돈이 싸구려인 것은 아니었지만, 내가 워낙 많은 신세를 지고 있는 친구들인지라 요만큼도 아깝지 않았다. 모두들 시장했던 탓에 잘 먹어주는 것이 고마웠다.

비는 참 좋다.　11. 27. 金

130
고백

자정이 넘은 주유소에 준민이가 맥주를 사 들고 찾아왔다. 결혼을 한 달 앞둔 마당에 피앙세와 문제가 생긴 거였다.

수희의 추궁에, 준민이는 자기가 숫총각이 아니라는 사실을 고백하고야 말았다는 거였다. 그런데 착하고 순진하기만 한 준민이의 피앙세는 너무나 큰 충격을 받은 것 같다는 이야기였다.

준민이는 거짓말을 할 수가 없었다. 7년 전인가에 딱 한 번 '과거'가 있었기 때문에.

나는 수희가 너무하는 것 같다고, 여자의 엄살에 괜히 기죽을 필요가 없다고 말해 주었다.

준민이는 오히려 약혼녀를 변호했다.

"모든 건 내가 깨끗하지 못했기 때문에 생긴 문제야. 죄는 내가 지은 건데 수희를 탓할 수는 없어."

나는 준민이를 쪼다라고 놀리지는 않았다.

"너는 무죄야. 너는 너의 종교 때문에 죄도 없이 죄인이 된 거야."

"아니야. 다행히 하나님을 믿고 있기 때문에 나는 용서를 받을 수 있는 거야. 넌 몰라."

"그렇다면 뭐가 문제지?"

"…… 난 파혼당할지도 몰라."

신에게는 용서받을 자신이 있지만 수희에게는 용서받을 자신이 없다는 소리처럼 들렸다.

"걱정하지 마. 며칠만 조용히 있으면 틀림없이 수희가 먼저 전화할 거야. 마치 아무 일도 없었던 것처럼. 물론 너도 태연하게 굴어야 돼. 죄를 느낀다느니 용서해 달라느니 하는 따위의 말을 절대로 입 밖에 내서는 안 돼. 평생을 시달리고 싶지 않다면 말이야."

"정말 괜찮을까……."

그러더니 준민이는 또 한 번 7년 전의 그 후회스러운 밤을 원망했다.

"그날은 너무 취해버렸거든. 게다가 명식이와 기정이 같은 놈들이 가자는 대로 따라갔으니 내가 어떻게 무사할 수가 있었겠니, 젠장." 11. 29. 日

131
작문

 글이 도통 진전되지 않는다. 글을 쓰면서 아무도 나만큼 힘겨워하지는 않을 거라는 생각이 든다. 애당초 나는 글 따위를 가까이 하지 말았어야 옳았다.
 아무리 고쳐 써봐도 나아지지가 않는다. 지우고 쓰고 지우고 쓰다 보면 똥딴지 같은 이미지가 결론으로 남아버린다.
 '하늘에서 엿본 당신들의 꿈'이라는 소제목에 집착한 탓도 있지만, 특히 별 이야기―광년이라는 거리의 단위가 지닌 속도와 시간에 대한―는 놓치기가 싫었기 때문에, 또 생텍쥐페리의 길에 대한 인용부분이 너무 훈장투였기 때문에 글을 망치고 만 것 같다.
 사람을 속이는 것은 사기요, 신까지를 완전히 속여내야 예술이라던데…….
 예술이라……, 어떤 때의 내가 나를 웃긴다. 12. 1. 火

132
추담

 윤상이를 유괴해서 살해한 주씨라는 체육선생 때문에 한국이 떠들썩한 모양이다. 주는 여학교에 근무할 때 여학생들을 여럿 농락했는데 그중 한 여학생과 공모해서 윤상이를 유괴했다는 것이다.

한국신문은 온통 이 사건의 관련기사로 가득하다. 학부형과 선생님들의 소감, 문교부 관계자들의 견해도 실려 있다. 도저히 있을 수 없는 일이 눈앞에 벌어졌다는 것이고, 주는 인간도 아니라는 것이고, 그러니 기가 막혀서 할 말이 없다는 소리들이다.

그러나 기실 이런 일은 충분히 있을 수 있는 일이다. 새삼스레 놀랄 까닭이 없는 것이다. 인간이 얼마나 추악해질 수 있는가를 알고 싶다면 역사를 몇 장만이라도 다시 읽어볼 일이다.

주는 인간이 아니다 라고 말해서 우리가 착해지는 것인가. 있을 수 없는 일이 발생했으므로 경악했다 라고 말해서 무엇이 개선된다는 말인가.

중요한 것은 우리들 인간 속에 잠재하고 있는 모든 것을 있는 그대로 인정하는 일이다. 그런 우리 인간들이 또 한편으로는 얼마든지 선하고 한없이 아름다울 수도 있다는 사실을 아는 것이다. 그것을 알게 하는 것이 교육의 가장 큰 몫이 아닐까.

포르노 영화를 찍기 위해서 열 살도 안 된 아이들을 카메라 앞에서 실제로 살해한다는 미국에, 스물다섯 살짜리 딸과 또 한 명의 정부를 한 침대에서 품고 뒹굴었다는 백만장자가 재판을 받고 있는 이 나라에, 국제구호기금에 매달 20달러씩을 말없이 송금하는 수만의 노동자가 함께 살고 있는 것이다. 불치의 병으로 죽어가는 어린 소녀가 '마지막이 될 크리스마스에 카드나 많이 받아보았으면 좋겠다'라고 한 말이 전해지자, 그 소녀에게 수십만 통의 카드가 쇄도하는 일이 이 미국에서 벌어지는 것이다.

신문 한구석에 주를 체포한 형사의 이야기가 미담으로 실려 있다. 그는 과로 끝에 쓰러져 병원에 입원중이라고 했다. 이 사건은 대통령께서 친히 관심을 보이셨던 사건이라는 것이다. 내 생각에는, 이건 미담이 아니고 추담이다.

그 형사가 알맞게 일해서 쓰러지지 않고 범인을 잡아냈어야 미담이다.

나를 울렸던 유일한 영화 〈형사 마디간〉이 생각난다.

12. 2. 水

133
한숨

미나와 함께 우리의 장래에 대하여 이야기하였다. 우선 다음 학기까지는 내가 밤일을 하는 것으로 버티어보기로 하였다.

그것이 되려 절약인 것 같아 학비는 아끼지 않기로 했으나,

내일에 대해 말하다 보니 우리는 둘 다 맥이 빠져버렸다.

함부로 장래를 말하지 않을 일이다.   12. 4. 金

134
거지

버스 정류장의 긴 의자에 앉아 휴식중인 거지에게 성냥이 있느냐고 물었다가 훈계만 듣고 말았다.

"이 친구야, 난 거지라구. 거지가 뭔지 몰라? 난 아무것도 가진 게 없단 말이야."

그런데 내가 담배 한 개비를 내밀었더니, 거지는 주머니에서 성냥을 꺼내 불을 당기고 담배연기를 맛있게 토해냈다. 그리곤 세수를 안 해서 시꺼먼 얼굴에 장난스러운 웃음을 띠면서 이렇게 변명했다.

"사실 난 뭐든지 될수록 아껴야 하거든."

내가 나빴다. 그가 그까짓 성냥 하나 소유하고 있음을 부끄러워하게 만들다니.   12. 7. 月

수백 년을 피압박 민족으로 지내면서, 분할당한 국토의 여기저기에서 잡초처럼 끈질기게 독립을 추구하면서, 그들은 공동운명체로서의 '조국'을 실감했는지 모른다.

135

신비

"Congratulations!"

의사는 임신일 가능성이 95퍼센트 이상이라고 그런다. 미나가 조용한 그러나 아주 행복한 미소를 지으면서 내 손을 꼬옥 쥐었다.

병원 문을 나서면서 미나가 속삭였다.

"사실은 너무너무나 우리의 아기를 갖고 싶었어. 이번에도 아니라면 난 콱 죽어버렸을 거라구요."

나는 그 5퍼센트라는 확률 때문에 걱정이다. 미나가 콱 죽어버릴까 봐 걱정인 것이 아니라 5퍼센트의 경우 내가 다시 채워주어야 할 미나의 95퍼센트 때문에 걱정이다. 뿐만 아니라 나도 섭섭할 것이기 때문에 걱정이다.

새벽이었는데 미나가 주유소로 전화를 주었다.

"여보야, 우리 아기 생각 때문에 잠이 안 와. 그래서 이름을 생각해 봤거든. 아들이면 김다빈, 손님이 많다 이거야. 그리구 딸이면 다미, 어때요? 당신도 아기 이름을 좀 생각해 봤어요?"

정말 어떻게 생겼을까. 나를 아빠라고 부르고 미나를 엄마라고 부를 우리의 아기는.   12. 9. 水

136

지적

요즘엔 전에 없이 자주 두통에 시달린다. 수면부족과 지나친 흡연, 이 두 가지가 가장 큰 원인일 게다.

오후 2시가 지나서야 겨우 잠이 들었는데 미나가 3시에 나를 흔들어 깨웠다. 고기를 했으니 먹고 기운을 내라는 거였다.

나는 완전히 녹초였다. 몸이 녹은 초처럼 풀어져서 도저히 일어날 수가 없었다. 잠을 조금이라도 더 자고 라면을 먹는 편이 낫겠다고 한 말이 미나를 화나게 만든 모양이다. 나는 늘 남의 성의를 무시하고 내 입장만을 생각하는 이기주의자라고 했다.

장모가 내 생일선물로 보내준 점퍼를 내가 잘 입지 않는다는 것에서부터 해서, 미나는 그동안에 쌓인 불만들을 줄줄이 늘어놓기 시작했다.

나는 미나의 투정을 다 듣고 나서 미나에게 사과하였다. 병신처럼 굴어서 미안해, 매사에 쪼다처럼 놀아서 미안해, 하지만 나라는 놈이 본시에 이렇게 생겨먹은 걸 어쩌니. 어차피 이 몸을 그대의 낭군으로 삼은 바에야 이제와서 탓한들 어쩌겠니.

"당신은 병신이나 쪼다가 아니란 말이에요."

미나가 팩 소리를 질렀다. 그리곤 내가 병신이 아니라는 주제로 긴 강의를 시작했다.

아, 나는 그저 진통제로도 듣지 않는 두통이나 앓으면서 얼떨결에 한세상 모르는 척하고 살고 싶은데 미나가 콕콕콕 나를 찌르는 것이다. 내가 결코 쪼다가 아니라고 말해서 나를 돌이켜보게 만드는 것이다. 그래서 내가 진짜 쪼다인 것을 새삼 깨닫게 하는 것이다.　12. 11. 金

137
입덧

될 대로 되라지 하고 외식을 하러 나섰다. 입덧을 심하게 하는 미나가 며칠 전부터 냉면이 먹고 싶다고 했기 때문이다.

한국식당을 향해서 가고 있는데 미나는 생각이 변했다고 했다. 냉면은 싫고 피자가 먹고 싶어졌다는 거였다.

차를 돌려 피자 집으로 가는 동안에 이번에는 먹고 싶은 것이 스파게티로 바뀌었다. 나는 아무거나 빨리 먹고 주유소에 일하러 가야 할 시간이었지만, 미나는 이제 피자를 생각만 해도 구역질이 날 것 같다는 거였다.

겨우 스파게티 집에서 잘 먹고 나왔는데, 미나는 스파게티를 주차장에다 도로 다 토해버리고 말았다. 차의 기름냄새가 갑자기 못 견디게 만들었다고 했다.

주차장 한구석에 쪼그려 앉은 미나의 등을 두드려주면서 나는 망할 놈의 그 기름냄새를 마구 미워하였다. 달리 미나를 도와줄 길이 없었으니까.

미나는 몸이 편치 않으니까 자꾸만 엄마 생각이 난다고 하였다. 남편은 대신할 수 없는 엄마만의 몫이 따로 있는 거라면서.

그러나 엄마 아니라 할머니의 할머니까지 곁에 있었다 할지라도 그 상황에서는 뾰족한 수가 없었을 것이다. 기름냄새를 미워하면서 미나의 등을 두드려주는 일 이외에는 다른 방도를 찾지 못했을 것이다. 정말이다.

아빠가 되는 것도 보통 일은 아니다.　12. 12. 土

138
대책

하루에 다섯 시간 운전하고 열한 시간 일하고, 그리고 다른 무얼 할 수 있단 말인가.

미나네 학교에서 서둘러 집에 돌아온 것이 오후 5시 40분, 라면을 끓여 먹고 번개처럼 학교로 달려갔더니 겨우 제시간이다. 수업이 끝나기 직전에 살며시 강의실을 빠져나와 시속 120마일로 밟고 날아왔지만 주유소에 도착하니 11시에서 5분

지각, 학교 숙제를 대강 훑어보고 나니 새벽 5시…….

미칠 노릇이다. 잠을 줄여야겠다. 만만한 게 잠이다.

12. 14. 月

139
군대

폴란드에서 불행한 사태가 일어났다. 군부가 강권을 발동해서 계엄을 선포했고, 삼천여 명의 요인이 체포됐다고 한다. 일부 공장들을 점거하고 있는 노조와 군대가 대치 상태에 있다는 것이다.

노조 측의 요구가 지나쳤다는 견해도 있다. 조직의 하부구조가 필연적으로 갖는 강경 성향을 바웬사 등의 노조지도부가 조직 내에서 기술적으로 소화시키지 못했다는 지적이다.

그러나 우리로 하여금 어떤 기대를 걸게 하는 이야기도 들린다. 폴란드의 군을 뒤에서 조종하고 있는 공산당이나 소련이 선뜻 폴란드군에게 발포명령을 내리지 못하고 있다는 것이다. 왜냐하면 자국민에게 총구를 겨누라는 명령을 내렸을 경우, 폴란드인들의 유별난 민족성으로 볼 때, 폴란드인으로 편성된 폴란드 군대는 오히려 공산당이나 소련을 향해 총구를 돌릴지도 모르기 때문이란다. 물론 여기에는 폴란드 군인의 25퍼센트가 노조원이라는 이유도 있다. 그렇게 때문에 요인 체포시에도 일반 군부대를 투입하지 못하고 특수 보안부대를 동원해야 했다는 것이다. 그들조차 요인을 체포할 당시 무척 공손한 태도를 보였다고 전해진다.

그렇다. 오랫동안 열강의 틈바구니에서 찌들어온 폴란드인들의 별난 애국심은 유명하다. 수백 년을 피압박 민족으로 지내면서, 분할당한 국토의 여기저기에서 잡초처럼 끈질기게 독립을 추구하면서, 그들은 공동운명체로서의 '조국'을 실감했는지 모른다.

그 땅을 떠나면서 내 나라의 흙을 상자에 담았던 쇼팽의 나라, 프랑스에 묻히던 퀴리 부인의 관 위에 제일 먼저 폴란드의 흙 한 줌을 뿌려주어야 했을 만큼 그녀가 내내 못 잊어 하던 조국 폴란드—그 나라의 군대는 무조건 명령에 죽고 사는 군대가 아니라 내 동족을 위하는 명령에만 죽고 사는 군대일지도 모른다는 이야기였다.

나는 차라리 공산당이나 소련이 폴란드 군대에게 그들의 부모 형제를 향해 발포하라는 명령을 내려보았으면 좋겠다. 그랬을 때, 폴란드 군대가 그 명령을 어기고 오히려 공산당이나 소련을 향해 총을 쏴댄다면 얼마나 신나는 일이겠는가. 그 얼마나 멋지고 통쾌하고, 그리고 우리나라 군대에게도 모범이 될 만한 일이겠는가. 12. 16. 水

새야 어디로 가니

월요일 아침이 되면, 나는 미국에 온 이후로 또 하나의 기록을 세우게 되는 셈이다. 어젯밤부터 해서 총 예순 시간을 잠자지 않고 지낸 기록. 해야 할 일들이 끝이 없으니 이런 쓸데없는 기록도 세우게 되고 그런다.

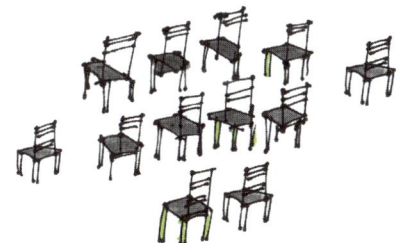

140
책상

여기는 나의 밤직장 주유소. 책상을 옮겨놓고 오느라 하마터면 지각을 할 뻔했다.

어젯밤엔 손님이 끊긴 틈틈이에 책상의 설계도를 그리면서 시간을 보냈다. 그리고 오늘 아침, 퇴근길에 제재소에 들러 나무를 샀다. 나는 내가 디자인한 책상을 갖게 된다는 사실 때문에 약간 흥분해 있었다. 그래서 책상을 만드는 동안에는 하나도 졸리지가 않았다.

도면대로 나무판자를 자르고 못질하고 이음쇠를 대고……. 대강 오전중에만 작업을 하고 오후에는 잠을 자둘 작정이었다. 토요일인 오늘 밤부터는 서른네 시간을 계속해서 일해야 하니까 몇 시간만이라도 잠을 자두어야겠다고 생각했다.

그런데 책상이 서서히 형태를 갖추어가기 시작하는 걸 보고는 도저히 잠을 잘 수가 없었다. 책상의 위 판에다가 진흙을 바르고 모래종이로 빡빡 문질러대니까 나뭇결이 선명하게 드러났다. 그 위에다 참나무 기름을 붓고 손바닥으로 천천히 부벼댔다. 따뜻한 손바닥으로 오래오래 정성들여 문질러야 한다고 그랬다. 그래야 나무가 참나무 기름을 듬뿍 먹고 은은한 빛을 발하게 된다는 거였다. 번쩍거리는 니스는 칠하지 않기로 했다.

빨리 집으로 돌아가서 내 책상 앞에 앉아보고 싶다. 이제부터는 숙제를 침대에 엎드려서 하지 않아도 되는 것이다. 나는 그 책상에서 편지도 쓰고 일기도 쓰고, 그리고 십 년 후의 일까지도 계획을 세울 것이다. 얼마나 신나는 일인가.

그러나 나는 앞으로 서른네 시간을 일하고 나서야 퇴근할 수가 있다. 월요일 아침이 돼서야 이 방탄유리로 막힌 사무실을 벗어날 수가 있는 것이다.

월요일 아침이 되면, 나는 미국에 온 이후로 또 하나의 기록을 세우게 되는 셈이다. 어젯밤부터 해서 총 예순 시간을 잠자지 않고 지낸 기록. 해야 할 일들이 끝이 없으니 이런 쓸데없는 기록도 세우게 되고 그런다.

1. 무엇보다도 먼저 영어를 마스터하는 일이 급선무임.
2. 금쪽 같은 돈을 바치고 등록한 학교의 공부도 부지런히

따라갈 것. 학교 숙제를 기한 내에 제출할 것.
3. 「미국일기」 연재를 거르지 말 것.
4. 하루에 한 시간 이상씩은 꼭 독서할 것.
5. 멀쩡한 날이 없는 고물 자동차지만 화내지 말고 꾸준히 손볼 것.
6. 순서가 틀렸다. 이것이 가장 절실한 문제다. 방세와 식비를 버는 일에 최선을 다할 것.

내 인생이 나무라면 좋겠다. 이렇게 자르고 저렇게 맞추면 그 꼴이 드러나는 나무판자라면 좋겠다. 책상이 될지 금고가 될지 아직은 모른다. 어쨌든 나는 거기에 니스나 페인트를 칠하지는 않겠다. 그냥 진흙을 문대어 그 무늬나 선명히 드러나도록 할 테다.

몸이 고되니까 신경질만 솟는다. 나는 건들거리며 헬렐레대며 여유작작하게 살고 싶은데 어쩌자고 눈이 자꾸만 충혈돼 버리는지 모르겠다. 가미카제 특공대원처럼.

우리 한길이는 해낼 것이다—라고 어머니는 편지에 썼지만, 아, 나는 졸지 않고, 돈 계산을 착오 내지 않고, 월요일 아침까지 잘 견디어낼 수 있을 것인가. 12. 19. 土

141
셈

우연히 손에 잡힌 칸초네 음반 표지에서 본 〈번호 붙은 슬픔〉이라는 노래 제목이 생각난다.

감상의 극치에 해당하는 '슬픔'이라는 말을, 합리성과 능률주의를 대표하는 '번호'라는 낱말이 수식하고 있는 재미있는 노래 제목이었다.

사랑하는 이들이 하나 둘 내 곁에서 떠나버리더라는, 그런 내용의 가사일 것이다. 다시 새 연인과 사랑을 시작했는데 그 사람도 떠났다는, 그 다음 사람도 떠나버렸다는, 그런 이야기일 것이다. 남김없이 주면서 사랑했는데, 그들이 남겨주고 간 것은 '번호 붙은 슬픔'뿐이더라는, 그런 유치한 넋두리일 것이다.

카드 몇 장을 쓰려고 주소록을 살펴보았더니, 그 칸 하나하나마다에 인쇄돼 있는 일련번호가 눈에 띄었다.

카드를 쓰기 전에 나는 우선 주소록을 정리해야 했다. 올 한 해 동안에 잃어버린 이름들을 주소록에서 지워내야 했다. 돌아가신 어른, 요절해 버린 친구, 종적을 감추고 숨어버린 친구들, 그리고…….

내게 실망하고 등을 돌린 사람들은 지우지 않기로 했다.

그들의 이름을 주소록에서 지워내는 일은 그야말로 '번호

붉은 슬픔'이었던 것이다.

하지만 주소록의 중간 중간이 빗금으로 상처가 났다고 해서 그때마다 매번 새 주소록을 마련할 수야 없지 않은가. 매년 12월의 한 저녁이 아픈 것은, 한 해가 또 저문다는 아쉬움 때문만이 아니라, 바로 그 한 해 동안에 잃어버린 이름들을 확인하는 작업이 따라야 하는 까닭이다.

물론 이 한 해 동안에 새로 알게 된 이름들도 적지 않다. 피곤하고 우울할 때면 찾아가 기대고 싶어지는 사람들, 혹은 그들이 나를 필요로 할 때 왈칵 안아주고 싶은 사람들, 그런 고마운 이름들이 주소록의 말미에 적혀 있는 것이다.

81년에 잃어버린 이름이 여섯, 얻은 이름이 열하나.

그렇지만 그게 어디 셈으로 위안될 만한 일인가. 12. 20. 日

최씨네

주유소 주인 최씨는 참으로 뻔뻔한 사내다. 그리고 그의 아내 미세스 최는 최씨의 유능한 내조자이다.

그들은 입버릇처럼 나를 친동생처럼 여기고 있다고 말한다. 저 70년대 박 대통령이 기업주들에게 훈시하던 말, 종업원을 친동생이나 친자식처럼만 여기라던 말씀을 최씨 부부는 지금까지도 새기고 있는 모양이다.

하지만 왜 하필이면 종업원을 친동생이나 친자식처럼만 여기려 드는가. 모든 업주들이 종업원들을 친형이나 친부모처럼만 여긴다면 모든 노사문제가 단번에 해결될 것이다.

나를 친동생처럼 여긴다는 최씨 부부는 지난 반년 동안, 정확히 말해 26주 동안, 내게 주급을 단 한 번도 제때에 지급해주지 않았다. 내가 구걸하듯이 초라한 목소리로 두세 번을 간청해야만 그제서야 선심 쓰듯이 몇 장의 지폐를 던져주기가 일쑤였다.

오늘 밤의 일만 해도 그랬다.

최씨 부부는 벌써 두 주일이 지나도록 내 주급에 대해서 감감무소식이었다. 근무 교대 시간 관계로 최씨 부부와 얼굴을 직접 마주하지 못했던 나는, 몇 번인가 메모로 임금의 지불을 요구했었다.

나는 오늘 아침에 퇴근하면서도 최씨에게 메모를 남겨놓았다.

'주인님, 돈이 급히 필요합니다. 지난 두 주일분의 보수를 임 씨에게 맡겨두고 돌아가시면 고맙겠습니다. 김.'

그런데 최씨는 오늘도 돈을 남겨놓지 않고 돌아가버렸다고 했다.

그래서 나는 최씨네 집에 전화를 걸었던 것이다. 밤 10시가 지나서였으니 조금 늦은 시간이기는 했지만 나는 당장 아파트 월세가 밀려 있는 판국이었다.

미세스 최가 전화를 받았다. 최씨는 외출중이라고 했다. 나는 미세스 최에게 내가 남겨놓았던 메모들을 보셨느냐고 물었다. 그러자 그녀는 앙칼진 목소리로 엉뚱한 반응을 보였다.

"우리가 미스터 김 돈을 떼먹고 도망이라도 갈까 봐 그래?"

나는 사정을 했다.

"그럴 리가 있겠습니까. 워낙 제 사정이 급해서 그럽니다. 저 혹시, 오늘 밤에 입금되는 돈 가운데에서 두 주일분의 제 주급을 가져가도 괜찮겠습니까?"

"미스터 김 미쳤어? 나 그런 말 듣기 싫어요."

그리곤 찰칵 전화가 끊겼다. 창밖을 보니 처량한 달밤이었.

최씨로부터 전화가 걸려온 것은 새벽 2시쯤이었다.

"이봐, 우리 집에 전화해서 돈을 달라고 했다며?"

"그랬습니다."

"그따위 소리나 하라고 우리 집 전화번호를 알려준 거 아니야. 일하기 싫다는 거야 뭐야."

공갈 기운을 잔뜩 품은, 최씨 특유의 카랑한 목소리였다.

"제때에 줄 돈을 줬다면 이런 일이 없었을 거 아닙니까. 하여간 내 주급이나 빨리 해결해 주십시오."

그러자 최씨가 악을 쓰기 시작했다. 대한민국 해병대의 탈영병이라는 전과를 훈장처럼 내세우기 좋아하는 최씨가 내게 겁을 주기 시작했다.

"너 주둥아리 다 놀렸니. 오늘 밤에 한번 죽어볼래? 너 그렇게 나오면 내가 당장 뛰어나간다."

"나와. 당장 뛰어나와, 이 개새끼야. 니가 안 나오면 내가 가겠다."

나는 순간적으로 살의를 느꼈다. 이 답답한 미국살이에서 참아온 울화를 최씨 너에게 몽땅 풀어주마.

롱비치에 사는 최씨가 정확하게 이십오 분 만에 주유소로 나왔다. 최씨가 사무실의 자물쇠를 따고 안으로 들어섰고, 나도 의자에서 일어나 그와 마주 섰다. 손님도 없었고 행인도 없었다. 최씨와 나는 두 발자국쯤의 간격을 두고 서로를 노려보았다. 최씨는 두 손을 바지 주머니에 꽂고 있었다. 그건 임전태세를 갖추고 있지 않다는 표시였다.

"날 죽이겠다고 달려온 거요?"

내가 먼저 시비를 걸었다.

최씨는 어깨를 한 번 들썩거리고 나서 주절거렸다.

"이거 봐, 왜 이래. 난 말야, 당신을 친동생처럼 생각해 왔다구. 그리고 너도 알다시피 난 의리로 죽고 사는 놈이야."

나는 거기까지만 듣고 창구로 돌아와 의자에 앉았다. 그리곤 최씨의 말을 중간에서 끊고 쏘아붙였다.

"너절한 얘기는 치우고 나온 김에 돈이나 계산해 주쇼. 그리구 일을 그만두라면 당장 돌아가겠수다. 마음대로 처분하쇼."

최씨가 지폐 몇 장을 책상 위에다 던졌다. 최씨는 '의리상'

나를 해고하지는 않겠다고 말했다.

"내가 조금만 더 가까운 곳에 살았다면 말야, 오늘 밤에 우리 둘 중의 하나는 송장을 치워야 했을 거야. 다행히 운전하고 오는 동안 성질이 많이 죽더라구. 미스터 김, 내 말 알아들어?"

최씨는 이렇게 토를 달고 집으로 돌아갔다. 새벽길을 일부러 달려 나와서 종업원의 밀린 임금을 계산해 주고 돌아가는 고마운 사람.

젠장 다시 말하지만, 내게 필요했던 건 형이 아니라 먹고살 만큼의 돈이었다. 내가 원했던 것은 형님이 베풀어주는 자비가 아니라 일한 만큼의 정당한 대가였다. 12. 22. 火

결단

쥬쥬를 내다버렸다.

우리에게 진짜 아이가 생겼기 때문이다. 쥬쥬의 냄새가 미나의 입덧을 자꾸 자극했기 때문이다. 마당도 없는 우리 아파트에서는 쥬쥬의 장래를 보장해 줄 수 없었기 때문이다. 쥬쥬가 매니저에게 발각되는 날이면 쥬쥬도 우리도 아파트에서 쫓겨나게 생겼기 때문이다. 이런 식으로 미나와 내가 서로를 설득시키는 데에 꼬박 이틀 밤을 보냈다.

우선 쥬쥬를 깨끗이 목욕시켰다. 그리고 'Thank You!'라고 인쇄된 카드를 쥬쥬의 목에 매달아주었다. 그 카드의 안에는 영어로 이렇게 적었다.

'이 예쁜 아기고양이의 이름은 쥬쥬입니다. 어쩔 수 없는 사정이 생겨서 우리의 쥬쥬를 당신에게 크리스마스 선물로 드립니다. 발톱을 자르거나 불임수술을 시키지는 마시고 부디 잘 키워주세요. 메리 크리스마스 앤드 해피 뉴 이어!'

우리는 쥬쥬를 차에 태우고 LA에서 가장 부자동네라는 비버리힐스로 갔다. 부잣집들 중에서도 더 좋은 집을 찾기 위해서는 한참을 헤매야 했다. 게다가 차들이 많이 지나다니지 않는 한적한 곳이어야 했다. 혹시라도 쥬쥬가 차에 치이지 않도록.

마침내 마땅한 저택을 찾아냈다. 나는 그 집 현관 앞에 고양이용 먹이 봉지를 내려놓았고, 그리고 쥬쥬를 내려놓았다. 영문을 모르고 주위를 두리번거리던 쥬쥬가 먹이에 달려드는 것을 보고 나는 재빨리 차로 돌아와 액셀을 밟았다. 차창 너머로 쥬쥬 쪽을 보고 있던 미나가 고개를 푹 떨구었다. 쥬쥬야, 부잣집에서 잘 먹고 호강하거라. 안녕.

나는 쥬쥬를 훈련시킨답시고 못살게 군 것이 후회스러웠다. 아마도 그런 종류의 자책감은 오래오래 내 마음에 남을 것이다.

우리는 집에 도착할 때까지 아무 말도 하지 않았다. 나는 미나가 울어버릴까 봐 태연한 척했지만 아파트 방문을 열었을 때는 왈칵 허전했다. 발코니에 남아 있는 쥬쥬의 전용변소가 눈에 띌까 봐 커튼도 열지 않았다.   12. 23. 水

144
메리 크리스마스

한낮이었는데 나는 한참 신나게 잠들어 있었는데, 미나가 나를 흔들어 깨우고는 수화기를 건네주었다. 서울의 장모로부터 걸려온 전화라고 했다.

나는 반쯤은 계속 잠에 빠진 상태로 무조건 예 예 하고 대답해 버렸다. 그것도 내가 잠들어 있었던 걸 감추기 위하여 일부러 큰 소리로 또렷하게.

그런데 잠에서 완전히 깨어나 가만히 생각해 보니 큰일이었다. 고생 많지? 하는 장모의 말씀에도 나는 씩씩하게 예 예 하고 대답을 했던 것 같다.

장모님이 어떻게 생각했을까. 웃기는 사위도 다 있구나 하고 마셨기를 바랄 수밖에.

매사에 꼼꼼하신 나의 장모는 서울과 LA의 시간 차를 잘 따져보고 나서 우리에게 전화하셨을 것이다. 서울이 밤이면 여기는 낮이다. 여기가 밤 10시면 서울은 대낮 3시이다. 빈틈

없으신 나의 장모는 우리의 잠을 깨우지 않으려고 새벽 일찍 일어나 전화를 하셨을 것이다. 당신께서 새벽잠이 많음에도 불구하고 장모는 우리가 한낮에 전화를 받을 수 있도록 하기 위해서 당신의 새벽잠을 설치셔야 했으리라.

그런데 매사에 말썽꾸러기 사위인 나는 하필이면 밤에 일하고 낮에 잠을 잤던 것이다. 몸은 선진국에 와 있어도, 나는 선진국의 시민들과 함께 잠들고 깨어나지를 못하고, 여전히 개발도상국의 시간에 맞추어 잠들고 깨어나고 있었던 것이다. 그렇게 진도가 더딘 나에게는 장모의 사려 깊은 계산이 제대로 맞아떨어지지 못한 거였다. 마치 가위바위보를 할 때 머리가 좋은 쪽의 예측이 번번이 빗나가버리는 것처럼.

장모님, 고생 많지? 하는 인사말에 예, 하고 대답한 것 죄송합니다. 우리는 사실 잘 지내고 있습니다. 그러니 걱정 마시고 메리 크리스마스를 보내세요.

이브에는 상덕이네 집에 갔다. 준민이도 약혼녀 수회를 데리고 왔다.

상덕이와 준민이, 그리고 나, 이렇게 셋은 LA에 살고 있는 고교 동창생의 전부다. 각자의 짝꿍이 된 여자가 셋. 그래서 모두 여섯. 우리는 캐롤도 없는 거실에서 조용히 맥주를 마셨다.

상덕이는 미국생활이 그런대로 견딜 만하다고 했다. 주말이면 마누라와 아들놈을 새로 산 6기통짜리 차에 싣고 비치에 나가서 고기를 구워 먹고 오는 것이 낙이라고 했다. 다른 건 몰라도, 인구 천만이 북적대는 서울에서는 도저히 갑갑해서 못 살겠더라고, 몇 년 만에 한국을 다녀온 상덕이네 부부가 자신 있게 그랬다.

비행기 부속품 공장에서 일하는 준민이는 무언가 창조적인 일을 해보고 싶다고 했다. 매일매일 작업 지시표에 의하여 똑같은 일을 반복해야 하는 생활이 너무나 재미없다는 거였다. 준민이는 전에부터 연장 디자인 공부가 하고 싶다고 그랬었다.

나는 상덕이와 준민이에게 주유소의 밤일이 마음에 든다고 말했다. 손님이 뜸한 한밤중에는 책을 볼 시간도 생기니 그게 어디냐고 자랑했다. 또 학교공부도 재미있으며 미나도 행복해하기 때문에 미국 생활이 드럽게 신난다고 말해 주었다.

메리 크리스마스 이브여야 했으므로. 12. 24. 木

145
어른

태호의 아내 혜선이 딸 태미를 낳았다. 순산이라고 했다. 미나와 내가 병실에 들어섰을 때에는, 초산을 무난히 치른 산모가 벌써 생긋 웃고 있었다. 자기 자신이 자랑스럽고 대견한 듯이. 미나가, 친구인 혜선의 헝클어진 머리를 빗어주었다.

신생아실의 유리창 너머로 천에 싸인 갓난아기의 빨간 얼굴을 보았다. 미나는 아기가 아빠를 닮았다고 하고 나는 엄마를 쏙 빼놓은 것 같다고 그러고 있었는데, 알고 보니 그 아기는 태미가 아니었다.

잠시 후에 간호원이 진짜 태미를 안고 나왔다. 태미는 주먹만한 얼굴에 잔뜩 상을 찡그리면서 앵앵 소리를 내서 울었다. 아빠인 태호도 우리도 갓난아기가 씩씩하게 우는 것이 신통해서 그저 벙글벙글 웃어댔다.

미나는 집에 돌아오자마자 까닭도 없이 울음을 터뜨렸다. 출산의 부담감이 느껴져서였을까. 미나는 부러워서였다고 말했다. 모를 일이다.

아까 갓난아기가 우는 것을 보면서 우리는 그저 웃기만 했었다. 갓난아기가 우는 것은 걱정이 되지 않는다. 그런데 어른이 울면 걱정이 된다.

왜냐하면, 어른이란 울음을 참고 있는 사람들의 이름인 까닭이다. 12. 25. 金

146
편린

재미교포에게 시집가서 팔자 고친 것으로 소문났던 여자들을 올림픽가 부근에서 마주치게 되는 것은 그리 유쾌한 일이 아니다.

한국식품점에 갔다가 희숙이라는 아가씨를 만났다. 아니 그녀는 이미 아가씨가 아니었다. 일상사에 찌든 평범한 주부였으며 아기 엄마였다.

"저 혹시 찬용 씨의……."

나를 먼저 알아본 것은 그녀 쪽이었다. 풋고추를 고르고 있었는데 한 아낙네가 곁에서 머뭇거리다가 입을 열었던 것이다.

맞아요, 저는 찬용이의 학교 선뱁니다. 아, 이제야 알겠습니다. 희숙 씨라고 했었지요. 찬용이는 요즈음 부산에 내려가 있다지요, 아마. 지금도 간혹 서로 연락이 있으신가요? 그렇겠지요. 옛 친구들과 일일이 소식을 주고받는다는 건 참 어렵더군요. 하여간 반갑습니다. 네? 아, 찬용이는 아직 총각신세를 못 면한 모양입니다. 아시겠지만 워낙에 주변머리가 없는 친구라서요. 또 뵙게 되겠지요. 자 그럼…….

나는 풋고추를 되는 대로 담아들고 식품점을 나섰다. 그녀는 내 대학 후배인 찬용이의 애인이었다. 재학중에 입대했던 찬용이가 마지막 휴가를 나왔을 때, 우리 셋은 명동에서 함께 소주를 마신 적이 있었다.

그때 그녀는 이미 대학을 졸업한 직장여성이었다.

찬용이는 그날 말도 없이 소주만 들이켰다. 녀석은 취기가 오르자 내게 엉뚱한 하소연을 늘어놓았다. 술잔을 벽에 던져서 깨고 싶다는 거였다. 딱 하나만이라도 좋으니 유리잔이 와

장창 부서지는 걸 봐야겠다고 우겨댔다. 내가 안면이 있는 술집 주인과 교섭해서 겨우 허락을 얻어냈고, 찬용이는 당당하게 벽을 향해 술잔을 날려보냈다. 그때 찬용이의 곁에 앉아 녀석의 하는 짓을 지켜보던 여자가 짓던 복잡한 표정.

식품점에서 만난 여자가 내게 찬용이의 소식을 물으면서 짓던 표정이 그랬다. 12. 27. 日

147
제야

오늘 밤에는 특별히, 미나와 함께 주유소에 나왔다. 미나는 굳이 나하고 함께 제야를 보내야겠다고 고집을 부렸던 것이다.

나는 미나가 태호네 집 파티에 가서 재미있게 놀아주기를 원했다. 태호는 태호대로, 미나가 혼자서 쓸쓸한 제야를 맞게 될까 봐 며칠 전부터 신경을 써주었던 것이다.

그러나 나의 바보 같은 미나는 말했다. 방탄유리 속에 혼자 쭈그리고 앉아서 제야를 보내는 당신을 생각하면 내가 어디에 간들 신이 나겠어요?

"십 초 후면 새해가 시작돼요."

주유소의 사무실 한구석에서 텔레비전을 보고 있던 미나가 나를 향해 소리쳤다. 아나운서가 카운트다운을 시작한 모양

너는 무언가.

무엇하는 놈이며, 무엇이 되고자 하는 놈이며, 그러기 위해서 어떤 노력을 얼마나 기울이고 있는 놈인가. 이렇게 하염없이 넋 없이 몇 푼의 생활비나 겨우 벌어먹고 살면 그만인가. 너는 왜 그렇게 사니. 언제고 곧 멈춰버릴 듯이 꾸역꾸역 굴러가는 네 중고차처럼 사는 한길아…….

이었다.

에잇······ 세븐······ 식스······ 파이브······

내게는 도무지 제야고 뭐고가 전혀 의식되지 않았다.

포······ 스리······ 투······ 원······

텔레비전 속에서의 환성과 함께 창밖 거리의 여기저기에서 요란한 총소리가 들렸다.

이 지겹고 힘겨운 한 해가 끝나는 것을 축하하는 것이냐, 희망에 찬 새해를 반기는 것이냐.

새벽부터 비가 내리기 시작하였다. 미나는 머리가 아프다며 간이침대에 누워 미간을 찌푸리고 있다. 나는 방탄유리에 부딪고 굴러 떨어지는 빗방울들을 물끄러미 바라보고 있었다. 나는 빗물을 보며 유행가에서처럼 슬퍼했다.

상덕이에게는 비치에 가는 낙이라도 있다지만 요즈음의 나에겐 어떤 일도 낙으로 여겨지지가 않는다. 그저 졸리고 화가 나고 매사가 원통할 뿐이다. 나는 나를 요지경 요꼬라지로 만들어놓은 사람들을 원망했다. 나를 못살게 구는 사람들과 나를 비웃는 사람들과 나를 약올리는 사람들을 원망하다가, 맨 마지막에는 차라리 나를 책망하기로 하였다.

너는 무언가.

무엇하는 놈이며, 무엇이 되고자 하는 놈이며, 그러기 위해서 어떤 노력을 얼마나 기울이고 있는 놈인가. 이렇게 하염없이 넋 없이 몇 푼의 생활비나 겨우 벌어먹고 살면 그만인가.

너는 왜 그렇게 사니. 언제고 곧 멈춰버릴 듯이 꾸역꾸역 굴러가는 네 중고차처럼 사는 한길아……. 12. 31. 木

148
설날

새해 아침 퇴근길의 비. 주룩주룩 새해의 첫 아침부터 청승맞게 비가 온다는 것은 참으로 유쾌한 일이었다. 나는 새해 아침부터 깊은 잠에 빠져들었다.

깨어 보니, 까치 까치 설날은 그저께고요 우리 우리 설날은 어저께였다. 1982. 1. 1. 金

149
파티

미나는 미국에 온 이후로 점점 바보가 돼가는 것 같다는 말을 자주 한다. 도대체 우리에게는 사회생활이라는 게 없다는 거였다. 사실 극히 제한된 몇몇 사람들과의 극히 한정된 교제가 우리가 갖는 대인관계의 전부였다. 오라는 곳 없고 부를 이 없는 미국 생활이 우리가 모르는 사이에 우리를 괴짜로 만들어가고 있는 것은 아닐까, 우리는 이따금 걱정스러웠던 것이다.

그랬기에, 우리를 초대해 준 이 선생에게 감사하고 감사하면서 우리는 장장 오십 마일을 단숨에 달려갔던 것이다.

그런데 이 선생님의 파티는 엉망이었다. 십여 명의 한국 사람들이 모였지만, 나는 처음부터 도망쳐 나오고 싶기만 했다.

이 선생이 눈치를 챘는지 내게 변명하듯이 속삭였다.

"저 젊은 친구들은 초대하지도 않았는데 쳐들어온 거란 말이야."

한 친구가 나서서 사람들을 동그랗게 앉혀놓더니 자기가 사회를 보겠다고 했다. 그리곤 개인 간의 잡담—이라고 했다—을 금지시키고, 앉은 차례대로 노래를 한 곡씩 부르게 했다. 노래하기를 사양하는 사람은 '분위기를 맞출 줄도 알아야 한다'는 타이름을 이 사람 저 사람으로부터 들어야 했다. 그렇다고 사람들이 노래에 귀를 기울이는 것도 아니었다. 겨우 노래가 시작되면 그제서야 기다렸다는 듯이 제각기 큰 소리로 떠들어대기 시작하는 것이다.

아마 이런 식의 파티는 우리나라 사람들끼리 모인 곳 말고는 어디에서도 찾아볼 수 없을 것이다. 통일과 협조, 질서 같은 단어들이 자연스럽게 튀어나왔고, '대를 위해서는 소가 희생돼야 한다'는 말이 다른 모든 반론들을 압도해 버렸다.

제기랄, 통일이란 남북통일이라고 할 때나 좋은 것이다. 협

조는 무거운 돌을 들어 올리거나 적과 싸울 때에나 필요한 것이다.

'앞으로 나란히'를 하고 똑바로 열을 맞춘 상태만이 질서가 아니라, 저마다 가장 편한 자세를 하고 있는 모양도 그것대로의 질서인 것이다. 더구나 비록 '소'일망정 이 자리에서 희생되어야 할 이유가 어디에 있는가, 모두가 놀고 즐기려고 여기에 온 사람들이다. 희생당하기 위해서 파티에 나올 사람이 어디에 있겠느냐는 말이다.

거창하게 비약해 버렸다.

나는 단지 노래하기가 싫었을 뿐이다. 그 자리에 모인 낯선 사람들이 내 노래를 듣고 싶어할 리가 없었을 뿐만 아니라, 내 노래가 결코 대를 위하여 치르는 희생이 될 리도 만무한데, 내가 왜 거기서 부르기 싫은 노래를 억지로 불러야 하는가 말이다. 그러지 않아도 싫은 일들을 충분히 해야만 하는 세상인데. 1. 2. 土

150
적응

한국 중고교생들의 교복이 없어진다고 한다. 머리카락의 길이에도 아량이 베풀어질 거라고 한다. 반가운 소식이다.

의식적으로 '길러대는' 것이 아니라, 가만히 놔두면 저절로 '자라나는' 머리카락의 길이와 꼴에 대하여 가해졌던 단속이 해제된다는 말이다. 쓸데없는 일들 중의 하나가 사라진다는 이야기다. 잘한 일이다.

그런데 선생님들이 걱정이다.

제복들 가운데에 사복이라는 특권을 입고 서 계시던 선생님들, 죄수처럼 빡빡대가리를 한 학생들 앞에서 흘러내리는 머리를 쓸어올리던 선생님들, 그런 이질성으로 권위와 위엄을 유지하던 분들이 과연 이 변화무쌍한 시대를 제대로 따라가실 수가 있을까.

특히 가위를 들고 교문 앞에 서서 위세를 떨치던 체육선생님들은 어떻게 이 난국을 타개해 나가실까. 사람이 존재 의미를 갑자기 잃게 되면 우울증에 빠지기가 쉽다는데……. 아니야, 체육선생님들은 씩씩하니까 잘 견디어내시겠지 뭐.

1. 4. 月

151
새야

오늘부로 주유소 일을 그만두기로 했다. 낮에 주유소로 가서 최씨와 만나 모든 셈을 마무리 지었다. 그리고 악수도 했다.

잔뜩 망설이다가 대안도 없이 내린 결정이었다. 건강에 자신이 없어졌기 때문이다. 밤일이 만성적인 두통을 가져왔고 속을 망가뜨렸다. 게다가 지난주부터는 얼굴의 근육이 내 의지와 상관없이 제멋대로 경련을 일으켰다. 그래서 나는 겁이 났던 것이다.

어쩌다가 하늘을 보게 되었는지 모르겠다. V자형으로 정렬한 여러 무리의 새 떼들이 나긋나긋 하늘을 날고 있었다. 나는 차를 길가에 세우고 새들을 보았다. 묘한 기분이었다.

학교 근처를 돌면서 먹을 것을 팔 만한 가게를 찾고 있던 중이었다. 아무거나 적당히 배를 채우고 속히 강의실로 돌아가야 할 형편이었다.

새들은 그림책에서 본 것과 똑같이, 나란히 열을 맞추어 날아가고 있었다. 막 해가 지고 있던 참이었다. 산과 하늘의 경계선이 흐려져 가던 즈음이었다. 하늘 한편에서는 노을이 스러져가던 무렵이었고, 빨강 파랑 신호등 불빛들이 유난히 예뻐 보이기 시작하던 어스름이었다.

새들은 꺼져가는 하늘 속을 날면서도 서두르지 않았다. 뒤에 처진 한 마리의 새만이 바쁜 날갯짓으로 무리를 쫓고 있었다.

나는 텅 빈 머리를 하고 하늘이 텅 빌 때까지 바라보고 있었다. 한순간 주위가 너무나 조용해진 것처럼 느껴졌다. 묘한 기분이었다. 기쁜 것 같기도 했고 슬픈 것 같기도 했다. 어떻게도 설명할 수가 없다. 새들이 열 지어서 날아갔고, 해질녘이었고, 나는 배가 고팠을 뿐이다.

어머니가 보고 싶었다. 갑자기 나는 지독히도 외로웠고 허전하였다. 1. 6. 水

굴뚝 청소부의 꿈

십 년 동안이나 잘 준수해 온 '답장 안 떼어먹기 원칙'에 대해 오늘은 여러 가지로 회의가 인다. 애당초 내가 답장을 꼭 쓰기로 작정한 것은 스스로 오만해지지 않기 위해서였다.

152
돌진

학교 공부를 따라가기에도 벅차지만 할 수 없다. 돈도 시간도 아깝지만 어쩔 도리가 없다. 그 망할 놈의 영어 때문에 답답하고 억울해서 견딜 수가 없는 것이다. 한시라도 빨리 그 영어라는 놈을 잡아먹어야겠더란 말이다.

DMEC라는 간판이 붙은 '돈 맥글린 영어전문대학'에 한 학기를 신청했다. 석 달치 수업료가 275달러라고 했다. 그런데 막상 돈을 내자니 너무나 아까웠다. 그래서 나는 '에누리'를 시도한 거였다.

우선 창구에 앉은 아가씨에게 체어맨을 좀 뵙고 싶다고 운을 뗐다. 아랫사람들이야 수업료를 깎아주고 싶어도 권한이 없을 거였다. 반 시간쯤을 기다린 끝에야 면담이 가능하다는 전갈을 받았다.

나는 체어맨의 사무실로 안내되었다. 사무실 한가운데에 넓은 책상 하나가 놓여 있었고, 거기 등받이가 높은 가죽 의자에 체어맨이 앉아 있었다. 그런데 체어맨은 우먼이었다. 영화배우처럼 생긴 사십 대의 멋진 금발 여인이 다리를 꼬고 앉은 자세로 나를 맞으며 내게 앉기를 권했다.

나는 용건을 간단하게 말했다. 영어를 배우려고 왔는데 수업료가 너무 비싸다고 아뢰었다.

"난 그렇게 많은 돈을 낼 형편이 못 돼. 좀 깎아줘."

체어우먼은 내 말을 듣더니 깜짝 놀라는 표정을 지었다. 그녀는 기가 막혀서 할 말이 없다는 듯이 어깨를 한 번 들썩거리고 나서 이렇게 응수했다.

"너희 나라에선 어떤지 모르겠지만, 미국에서 수업료를 깎는다는 건 불가능한 일이야."

"아니야, 깎아줘야만 해. 왜냐하면 내겐 재학증명서니 무슨 학생증 같은 것들이 필요가 없기 때문이야. 그러니 그런 것들을 만드는 수수료라도 깎아주어야만 해. 난 밤에 또다른 학교에 다니고 있거든."

금발의 아줌마가 내 영어를 제대로 알아들었는지 그건 모르겠다. 어쨌든 그녀는 나를 매우 딱하다는 듯이 바라보고 있었다.

갑자기 그녀가 깔깔깔 웃어 젖히면서 중얼거렸다. 오케이, 아이브 노 초이스—즉 내게 졌다는 소리였다. 원시인에게는 못 당하겠다는 어투였다.

"좋아, 50달러를 깎아줄게. 하지만 절대로 다른 학생들에게 말해서는 안 돼. 오케이?"

나는 225달러짜리 수표를 끊어 체어우먼의 책상 위에 던져 놓고 일어섰다. 그 방을 그냥 나서기가 억울해서 한마디 꼬리를 달았다.

"수업료를 깎아줘서 고마워. 어쨌든 이거 하나는 알아둬. 코리아에는 사실 수업료를 깎아주거나 하는 따위의 학교는 없어. 또 보자."

영어학교를 나서면서 기분이 영 빵점이었다. 50달러를 절약하기는 했지만 이게 대체 무슨 꼬라지람. 1. 8. 金

153
행복

미나의 입덧이 많이 가라앉았다.

본인의 말로는 입덧하는 재미가 없어졌기 때문이라고 한다. 열심히 입덧을 해봐야 걱정해 주는 사람이 없으니, 무어가 먹고 싶으냐고 물어봐 주는 이가 없으니, 아무 소용이 없다는 거였다.

그래서 우리는 저녁때, 미나가 좋아하는 냉면을 먹으러 갔다. 미나는 냉면 한 사발을 국물까지 깨끗이 비우고 나서 생글생글 웃었다.

"내가 입덧 계속하면 우리 매일 외식할 거야?" 1. 9. 土

154
원칙

오늘은 편지 쓰는 날.

지난 한 달 동안에 받은 열여덟 통의 편지에 대해 짧은 답장들을 썼다.

한 달에 딱 하루만 편지 쓰기로 한 것은 미국에 와서 새로 정한 원칙이다. 편지를 받아보는 대로 답장을 쓰다 보니 매일의 틈나는 시간을 온통 편지만 쓰다가 소비해 버렸기 때문이다.

하여간 나는 아직까지 남의 편지를 받고 답장을 떼어먹은 적은 한 번도 없다. 이건 내가 스무 살 때 세운 원칙이다.

이 원칙을 어기지 않기 위해서 나는 때때로 쓰기 싫은 편지도 쓴다. 특히 요즈음 서울의 어머니에게 쓰는 편지가 그렇다. 전하고 싶을 만한 기쁜 소식이 요만큼도 없으면서 계속

써대는 것이다. 조금만 더 기다려보세요, 어머니. 매번 이렇게 써야 하는 건 정말이지 고역이다.

십 년 동안이나 잘 준수해 온 '답장 안 떼어먹기 원칙'에 대해 오늘은 여러 가지로 회의가 인다. 애당초 내가 답장을 꼭 쓰기로 작정한 것은 스스로 오만해지지 않기 위해서였다. 그래서 나는 쓰기 싫은 편지도 썼다. 그런데 그걸 받아본 사람이 또 내게 할 수 없이 답장을 쓴다면, 그러면 우리는 서로에게 잔뜩 빚만 쌓아가게 되는 셈일 터이다. 나 자신에게 변명으로 삼기 위하여 쓰는 성의 없는 편지가 여러 사람을 괴롭히게 되는 건 아닐까.

그런 생각을 하다 보니 편지지를 대하기가 겁난다. 받아보는 이들에게 실례를 범하게 될까 봐 두렵다. 쓰기 싫은 편지를 긁적이면서는 나 자신이 싫어지고……

'나는 원칙을 가진 모든 인간들을 미워한다―던, 앙드레 지드가 『배덕자』에서 하던 말이 오늘따라 생생하게 떠오르는 것은 어쩐 일인가. 지드는 말했다. 그런 인간들에게서는 털끝만큼도 진지성을 기대할 수가 없거든.' 1. 10. 日

155
사나이

매사에 옹졸하지 않고 호탕하게 여유를 보이는 사나이들의 마누라들이 어째서 한결같이 좀스럽고 궁상맞고 꾀죄죄하게 보이는지 나는 이제야 알겠다.

미나와 나는 두 사람 모두 현실에 아부하면서 살고 싶지가 않다. 일상의 끈적끈적한 늪에 풍덩 빠져들고 싶지가 않다. 우리는 고고하고 우아하게 살고 싶었다. 그러다 보니 우리는 줄창 어이없는 손해를 보게 되고는 했었다.

그래서 내가 먼저 약아빠지기 시작했다. 멀쩡한 채로 손해 보고 있기가 싫었기 때문에 나는 눈에 불을 켜고 따져보기 시작했다. 미나는 그런 나를 좋아하지 않는다. 그렇게 하찮은 일에, 구질구질하고 의미도 없고 아름답지도 못한 일에 안달을 떠는 내가 미나는 속물 같아서 싫은가 보다.

나는 나 자신에게도 면목이 없고 내가 멋있기를 바라는 미나에게도 죄송하다. 1. 15. 숲

156
세월

미나는 사진들을 또 보고 다시 본다. 서울의 처가에서 보내온 사진들이다. 미나는 자기의 아빠가 엄마와 어깨동무하고 찍은 사진이 너무 좋다며, 우리의 결혼사진이 든 액자 위에다 떡하니 붙여놓았다. 그랬더니 액자 속의 결혼사진이 우습게 돼버렸다. 웨딩드레스 차림의 미나와 검정 양복을 입은 나의 하반신만이 보이고, 상반신은 우리 대신 장인과 장모가 다정한 포즈를 취하고 계시는 것이다.

그 웃기는 사진을 보면서 바보 같은 생각을 했다. 장인 장모의 나이가 된 우리 부부가 사이좋게 어깨동무하고 있는 사진을 미리 저 액자 속에 끼워 넣을 수 있으면 좋겠다는.

세월이란 많은 걸 엉뚱하게 변화시키기도 하니까.   1. 19. 火

157
청춘

"맥주가 있어. 올 테야?"

"기운 내 임마, 목소리가 왜 그래. 긴장은 신부 쪽에서 하는 거라구. 곧 갈게, 기다려."

결혼식을 이틀 앞둔 준민이의 전화였다.

녀석은 신방을 꾸미려고 새로 얻은 아파트의 텅 빈 거실에 혼자 앉아서 맥주를 들이켜고 있었다. 킹사이즈 침대와 화장대를 오늘 낮에 새로 들여왔다고 했지만 아파트가 휑 뚫린 느낌을 주는 건 여전하였다. 방 둘에 넓은 거실이 딸린 아파트를 메우기에는 준민이가 가진 것이 턱도 없이 부족했던 것이다.

며칠 만에 보는 준민이의 눈도 휑 뚫려 있었다.

"피곤해서 그래. 공장 일을 조금 무리했나 봐."

녀석은 결혼을 앞두고 매일 열두 시간씩을 일했던 것이다. 몇 푼이라도 더 벌어보겠다고 오버타임 근무를 자청했던 것이다. 게다가 결혼이라는 그 말썽 많은 행사를 목전에 두고 얼마나 마음고생에 시달렸으랴.

결혼을 앞둔 남녀란, 당신의 품 안에서 도망쳐 가는 자식에 대한 양가 부모들의 히스테리를 얼마씩은 감수해야 하기 마련이다. 양쪽 가문이 제각기 아버지의 아버지의 아버지까지를 등에 업고 벌이는 팽팽한 줄다리기에서, 신랑 신부는 으레 박쥐 같은 역할을 맡아야 하기가 일쑤인 것이다.

"결혼한다는 게 다 그렇게 복잡한 거야. 자 맥주나 실컷 마시고 푹 고꾸라지라구. 이제 식만 치르면 다 끝나는데 뭘 그래."

준민이는 아니라고 했다. 결혼식이야 아무래도 괜찮다고 말했다. 녀석은 쉽게 대책이 서지 않는 막막한 내일 때문에 잠을 이룰 수가 없다는 거였다.

"난 말이야, 폐인처럼 된 노인들을 보면 정말이지 미국생활이 무서워지더라."

준민이는 엉뚱한 이야기를 뱉어놓고 부엌으로 가더니 맥주 한 꾸러미를 또 들고 나왔다. 그리고 혀 꼬부라진 소리를 계속했다.

너도 거리에서 미국 노인들을 봤을 거야. 손발을 부들부들 떨면서 엉금엉금 기는 듯이 걷는 노인들 말이야. 어떤 노인들은 횡단보도 신호등의 파란불이 켜져 있는 동안에 겨우 서너 발자국밖에 움직이지를 못하지. 미국에 처음 와서는 노인들 중에 웬 병신들이 이렇게 많은가 했어. 얼굴들을 보면 쭈그러진 정도가 아니라 아예 찌그러져 있더란 말이야. 그런데 그게 아니래. 그냥 멀쩡한 사람들이 늙어서 그렇게 된 거래. 참 이상한 일이더라. 덩치도 좋고 먹기도 잘 먹는 미국 사람들이 왜 그렇게 못쓰게 돼버리는지 모르겠더라.

내가 공장에서 일하면서 보니까 얘네들은 정말 기운이 철철 넘쳐흐르는 거야. 윗놈들이 워낙 다그치기도 하지만 하여간 드럽게도 씩씩하게들 일을 하더라구. 나하고 같은 작업반에 찰리라는 쉰다섯 살 먹은 영감이 있었는데 말이야, 글쎄 이 영감이 내가 들어 올리지 못하는 물건들을 척척 들어 올리는 거야. 이건 도무지 영영 지칠 줄을 모르는 족속들 같았어.

너 내 말을 이해하겠어? 아무리 튼튼해 봐야 미국 놈들도 결국은 사람인데 골병이 들지 않을 리가 있겠니. 그렇게 팔팔

하던 사람들이 어느 날 갑자기 팍 폐인처럼 돼버리더라 이거야. 멋진 차를 사고 집을 사고 여행을 떠나기 위해서 개미처럼 꿀벌처럼 죽도록 일하고 죽도록 놀러 다녔기 때문이야. 얼마 전에 우연히 찰리 영감을 거리에서 만났는데—찰리 영감은 이 년 전에 공장을 그만뒀거든—글쎄 찰리 영감도 어느새 그 흉칙한 노인들처럼 돼 있더란 말이야.

"그후로 공장에서 나이 든 영감들만 보면 아찔해지는 거 있지. 정말이지 난 공장에서 늙어가기는 싫다 이거야. 알겠니? 내가 왜 잠을 못 자는지 알겠지?"

그래, 너는 늘 오 년 후쯤에 가서나 결혼을 생각해 보겠다고 공언했었다. 불과 두 달 전까지만 해도 그랬다. 왜냐하면 너는 연장 디자인 공부를 꼭 끝마치고 싶었기 때문이다. 그래, 너는 공장 일을 그만두고 학교에 다니기 위해 돈을 모았다. 그런데 너는 그 돈으로 결혼반지를 사버렸지. 너는 두 달 전에 수희를 만났고, 그리고 수희를 놓칠 수가 없었던 거야.

"그렇다고 와이프를 일 내보내면서 나만 학교에 다닐 수는 없지 않겠니."

그래, 너는 이제 공장 일을 그만둘 수 없으며 연장 디자인을 배우지 못하게 된 거야.

나는 취해서 떨어진 준민이를 킹사이즈의 새 침대 속에 파묻어주고 돌아왔다. 집에 돌아와서는, 녀석의 결혼선물로 사다 놓은 부엌용기 세트에 포장을 하고, 거기에 이렇게 쓴 카드 한 장을 추가했다.

'결혼 진심으로 축하한다.

―바이 더 웨이, '부지런한 꿀벌은 고민할 겨를도 없다'는 격언만큼 인간성을 모욕하는 말이 또 있을까. 그건 강제노동 수용소의 벽에나 써 붙일 구호야. '부지런한 개가 더운 똥을 먹는다'는 금언과 함께. 한길로부터.' 1. 20. 木

158
눈

'아내들이여, 자기 남편에게 복종하기를 주께 하듯 하라. 이는 남편이 아내의 머리 됨이 그리스도께서 교회의 머리 됨 과 같음이니 그가 친히 몸의 구주시니라. 남편들아, 아내 사 랑하기를 그리스도께서 교회를 사랑하시고 위하여 자신을 주 심같이 하라.'

목사님이 성혼을 선언했다.

그 앞에 섰던 준민이와 수희의 뒷모습이 이제 남편과 아내 의 얼굴로 하객들을 향해 돌아섰다. 박수 소리…….

조촐하고 소박한 결혼식이었다.

어디선가 차출되어 온 캐딜락이 웨딩드레스 속의 여자와 턱시도 속의 남자를 싣고 떠났다. 캐딜락은 꽃과 빈 깡통을 달고 'JUST MARRIED'라는 글자와 약간의 수줍음, 그리고 신혼 여행길에 오르는 신랑에게 친구들이 질러댄 짓궂은 소리들을 싣고 떠났다. 화이팅! 이기고 돌아와. 모르는 문제가 나오면 전화해. 흥분하지 말구 차근차근하게 풀어.

"우리도 눈 구경이나 할까."

태호의 갑작스러운 제안이었다. 우리는 그때 준민이네가 오늘 밤에 머물 요세미티 공원이 눈으로 뒤덮여 있을 거라는 이야기를 하고 있던 참이었다.

"그거 아주 훌륭한 생각이네요."

태호의 아내인 혜선과 나의 아내인 미나가 거의 동시에 대꾸했다.

태호네 차의 뒷자석에 우리 부부가 합승했고, 차는 산을 향해 달리기 시작했다. 얘, 니 결혼식 날 난리 쳤던 것 기억나니? 계집애야, 저는 어땠구……. 차 속에서 여자들이 결혼식 날의 추억들을 늘어놓았다.

모든 마누라들이 주인공이었던 영원한 동화, 모든 마누라들이 생시보다도 더 생생하게 기억하고 있는 꿈결, 빌려 입은 웨딩드레스와 신부용 특수화장으로 화려하게 단장했던 하루, 잔뜩 공주님처럼 부풀었던 날, 그리고 그날 이후의 잔인한 생시들…….

자동차로 한 시간쯤 산길을 오르자 거기에 눈이 쌓여 있었다. 신기한 일이었다. 저 아래에선 반팔 차림으로들 살고 있

우리는 캐빈 안에 들어가서 코코아를 마셨다. 입술을 동그랗게 오므리고, 뜨거운 코코아를 호호 불어가면서 마셨다. 따뜻한 잔을 시린 두 손으로 감싸 쥐고 있자니 마음에까지 온기가 전해져 오는 느낌이었다.

는데, 불과 한 시간 거리의 산등성이는 온통 눈으로 뒤덮여 있는 거였다.

우리는 스키장 근처의 캐빈 앞에 차를 세우고 눈 위를 걸어 보았다. 무게도 없고 열기도 없고 색도 없는 눈, 미국에 와서 처음으로 만져보는 눈이었다. 나는 눈을 뭉쳐서 사방팔방으로 마구 팔매질해 댔다. 눈사람을 만든다고 법석을 떨던 여자들은 끝내 눈사람 만들기를 포기하고야 말았다. 모두들 입김을 하얗게 내뿜고 있다.

우리는 캐빈 안에 들어가서 코코아를 마셨다. 입술을 동그랗게 오므리고, 뜨거운 코코아를 호호 불어가면서 마셨다. 따뜻한 잔을 시린 두 손으로 감싸 쥐고 있자니 마음에까지 온기가 전해져 오는 느낌이었다.

미나가 홀의 한구석에 놓인 피아노 앞에 앉아서 건반을 두드리기 시작했다. 아주 고물 피아노였다. 건반이 몇 개인가 이가 빠진 데다가 뚜껑도 없는 피아노였다. 그런데 거기서 〈굴뚝 청소부〉의 경쾌한 가락이 쏟아져 나왔다.

딴따라란 딴따라란 딴따아라란……

메리 포핀스 아줌마가 하늘에서 우산을 타고 내려오고 있는 중이었다.

Chim chiminey chim chiminey chim chmcheree

The sweeper is happy as happy can be

홀 안에 있던 스키어들 몇 명이 우리와 함께 〈굴뚝 청소부〉를 따라 불렀다. 창밖에는 눈이 쌓이고 있었고 홀 안은 포근했고 고물 피아노는 제 능력을 다해서 흥겹고 있었다.

건반을 두드리는 미나의 양볼이 빠알갛다. 나와 함께 눈 속에서 뒹굴며 놀았던 처녀 때처럼.

그때가 벌써 언제였을까. 1. 23. 土

159

갈등

학교에서 돌아오던 밤길이었다. 버몬트로와 4가의 교차지점인 대로 상이었다. 나는 좌회전을 하려고 차의 핸들을 틀다 말고 급브레이크를 밟았다. 얼핏 반대편에서 질주해 오는 자전거가 보였기 때문이다.

그런데 때는 이미 늦었다. 자전거는 핸들을 틀지도 않고 브레이크도 잡지 않고 곧바로 달려와서 내 차 앞부분의 옆구리를 들이박았던 것이다. 자전거에 탔던 남자가 아스팔트 위에 쓰러졌다.

나는 정신을 가다듬고 차에서 내렸다. 그리곤 아스팔트 위에 웅크리고 누워 있는 남자를 부축해서 일으켜 세웠다. 멕시칸 청년이었는데, 그는 한쪽 다리를 다쳤는지 절뚝절뚝거렸다.

"우선 내 차에 타. 빨리 병원부터 가보자."

그런데 멕시칸 청년은 영어를 한마디도 알아듣지 못하는 것 같았다. 그는 스페니시로 내게 무어라고 말했지만 내가 알아들을 리 만무였다.

"그를 제자리에 눕혀놓아야 해."

어느새 우리를 둘러싼 구경꾼 중에서 스페인계의 중년 사내가 나서서 내게 말했다.

중년 사내는 멕시칸 청년에게 스페니시로 무언가를 설명하더니, 청년을 내게서 빼앗아다가 아스팔트 한가운데에 다시 눕혀놓는 것이었다.

내가 중년 사내에게 소리 질렀다.

"왜 그를 거기에 다시 눕히는 거야. 그를 빨리 병원에 데리고 가야 해."

중년 사내가 말했다.

"곧 앰뷸런스와 경찰이 올 거야. 그들이 해결할 테니까 걱정 마."

나는 덜컥 겁이 났다.

"헤이 맨, 이 길은 자전거가 다닐 수 없는 곳이야. 게다가 저 친구의 자전거엔 불도 달려 있지 않아. 그리고 나는 차를 세웠어. 내 차를 들이박은 건 저 친구란 말야."

"어쨌든 다친 건 네가 아니라 저 친구야."

중년 사내와 내가 실랑이를 벌이고 있는데, 앰뷸런스가 요란한 소리를 내며 달려와서 우리 앞에 멎었다. 앰뷸런스에서 내린 남자 간호사들이 멕시칸 청년을 일으켜 세우고 앰뷸런스에 실으려 했지만 청년이 설레설레 고개를 가로저었다. 멕시칸 청년은 갑자기 무어라고 악을 쓰기 시작했는데, 대강 절대로 앰뷸런스에는 타지 않겠다는 소리인 것 같았다. 왜냐하면 남자 간호사들은 경찰복과 흡사한 제복을 입고 있었으니까.

앰뷸런스의 책임자인 듯한 사내가 나와 멕시칸 청년을 불러 세워놓고 말했다.

"우리에겐 원하지 않는 사람을 강제로 앰뷸런스에 태울 권리가 없어. 그러니 우린 그냥 돌아가겠어. 조금만 있으면 폴리스가 와서 해결해 줄 거야. 오우케이?"

"폴리스?"

멕시칸 청년이 폴리스라는 단어를 알아듣고는 얼굴색이 변했다.

앰뷸런스가 돌아가버리자, 멕시칸 청년은 구경꾼들이 없는 구석진 곳으로 나를 데리고 갔다. 그는 스페니시로 무어라고 중얼거리며 망가진 자전거를 가리키기도 했고, 또 손가락을 폈다 접었다 하면서 숫자를 표시해 보이기도 했다.

"이 친구는 자전거를 고칠 돈으로 30달러만 주면 자기는 그냥 가겠다는 거야."

예의 중년 사내가 다가와서 청년의 말을 영어로 옮겨주었다. 그리곤 자기의 소감까지 덧붙였다.

"넌 참 운이 좋은 거야."

나도 소리질렀다.

"내 차를 들이박은 건 저 친구야. 돈을 받아야 하는 건 오히려 내 쪽이야."

"한국 분이시죠?"

한국말이 등 뒤에서 들렸다. 구경꾼들 틈에 섞여 있던 우리 교포인 것 같았다. 반가운 일이었다.

"네, 그런데 전 정말 잘못이 없었던 것 같습니다."

"알아요. 하여간 빨리 30달러를 저 멕시칸 청년에게 내주십시오. 다행히 저 친구가 불법체류잔가 보니까요."

나는 할 수 없이 비상금을 몽땅 털어 멕시칸 청년에게 건네주었다.

눈동자를 이리저리 굴리며 서 있던 멕시칸 청년은 재빨리 지폐를 주머니에 꾸겨 넣고 자리를 떴다. 그는 망가진 자전거를 끌고 다리를 절뚝이면서 어둠 속으로 사라져버렸다. 폴리스가 올까 봐 신속하게 다리를 절뚝이면서 사라져버렸다.

나는 인도에 풀썩 주저앉아서 그 청년의 뒷모습이 보이지 않게 될 때까지 연방 담배를 피워대고 있었다. 그래도 저 청년을 쫓아가서 병원에 데리고 가야 하는 게 아닐까 하고 망설이면서도 나는 그냥 거기에 앉아 있기만 하였다.

멕시칸 청년의 몸에 어디 후유증이라도 없었으면 좋겠다.

내가 준 돈으로, 망가진 자전거도 잘 고칠 수 있으면 좋겠다.

이런 날은 거울을 보기가 싫어진다. 1. 25. 月

160
발악

신문의 구인란을 아무리 훑어보아도 나를 구해줄 난은 보이지 않는다. 어쩌다 만만해 보이는 곳에 전화를 해보면 대뜸 경력이 있느냐고 묻는다. 하다못해 창고에서 짐을 나르는 막일이나 청소일까지도 경력이 없다고 하면 그걸로 끝장이다.

미국에서는 어떤 직종을 막론하고 실제로 그 분야에서 일해 본 경력이 없는 한 취업이 거의 불가능하다고들 그런다. 미국에서 일자리를 얻기 위해서는 익스피리언스, 그저 익스피리언스가 있어야 하는 것이다. 글쎄 미국 놈들은 결혼 상대자를 고를 때에도 결혼 경력이 없는 여자들은 퇴짜를 놓을 거라는 생각이 들 지경인 것이다. 하여간 무얼 해먹든지 간에 우선 그 계통의 경력을 쌓아야 한다는 결론인데, 도대체 어디서 그 맨 첫 경력을 쌓아야 하느냐 말이다.

교포가 경영하는 인쇄소에서 도안사를 모집한다기에 이력서를 써 들고 직접 찾아가보았다. 한 시간쯤 기다린 끝에 인쇄소 사장님과의 소위 인터뷰가 시작되었다.

사장님은 내 인생 서른 해를 요약한 이력서를 약 일 분 동안 검토하고 나서 입을 여셨다.

"정외과를 나왔다면 도안하고는 거리가 멀군요."

"하지만 도안에는 경력이 있습니다."

내 말은 순 거짓말이었다.

"하기야 일만 잘해낸다면 상관없겠지요. 한글 레터링을 할 줄 압니까?"

"잘은 못합니다만 그런대로 뭐……."

8절지 도화지 한 장과 눈금도 없는 삼각자 하나와 지우개도 안 달린 연필과 털이 고르지 못한 붓 한 자루, 그리고 마개 근처에 잔뜩 잉크가 눌어붙은 제도용 잉크 한 병이 내게 주어졌다. '남가주 한인 주소록'이라고, 한글 레터링을 해보라는 즉석 실기 시험이었다.

나는 군대에서 서류철 겉장에 글씨 쓰던 실력을 총동원해서 두 시간 동안 비지땀을 흘렸다. 중간에 몇 번인가 다 던져버리고 뛰쳐나오고 싶었지만, 처지를 생각하면 그럴 수도 없는 노릇이었다.

"나중에 전화로 결과를 알려주시겠대요."

완성된 내 작품을 가지고 사장실에 들어갔다 나온 여직원이 내게 하던 말이다.

"알겠습니다. 하여간 고맙습니다."

나는 우선 그곳에서 빠져나갈 수 있게 된 사실이 오히려 고마웠다.

  내 이력서에는 우리 집 전화번호를 적지 않았다고, 차마 그렇게 말할 용기는 없었다.　1. 27. 水

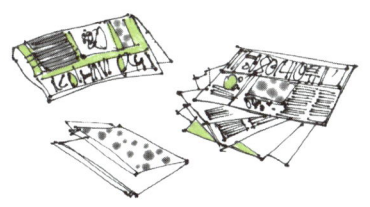

잃어버린 사람들

나는 한낮의 아지랑이와 그 화사한 젊은이들의 물결 틈바구니에서 수세미 같은 머리 꼬라지를 한 내가 걸어 나오는 걸 보았다. 푹 처진 어깨에 군용 야전 점퍼를 걸치고 길바닥에 시선을 준 채 탈레탈레 교문을 드나들던 나의 대학시절이 그 건강한 아이들 속에 섞여서 아물거렸다.

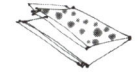

161

대학로

UCLA(LA 소재 캘리포니아 주립대학) 앞의 대학가 웨스트우드에서 반나절을 보내면서 오랜만에 유쾌하였다.

웨스트우드는 LA에서 가장 싱싱하게 살아 있는 동네다. 가장 밝고 생기가 넘치는 동네다. 할리우드 역시 살아 있는 거리지만 거기엔 싱싱함이 없다. 어딘가 음습하고 싸구려 같은 냄새가 난다. 비버리힐스는 밝고 품위를 갖춘 동네지만 거기엔 생기가 빠져 있다.

그런데 웨스트우드에는 모든 것이 다 있는 것이다. 책방과 카페와 옷가게가 있고, 낭만이 있고 예술이 있고 꿈이 있고, 좌절당한 꿈을 함께 슬퍼할 술집의 원탁이 있고, 그리고 무엇

잃어버린 사람들

보다도 젊은이들이 득실대는 것이다.

그랬다. 사람이 자기 자신 때문이 아니라, 완전한 타인들의 어떤 일상을 훔쳐보면서도 기분이 좋아질 수 있다는 사실은 얼마나 큰 신의 축복이랴. 그거야말로 인간에게 남은 가장 소중한 가능성일지도 모른다는 생각이 들었다.

나는 7년 전에 발간된 어떤 소설책을 찾으려고 웨스트우드 거리의 책방들을 여기저기 돌아다녔다. 책방들이 어찌나 크고 멋있는지, 책방 사람들이 어찌나 친절한지, 나는 끝내 그 책을 구하지는 못했지만 오히려 유쾌하였다.

책방마다에 컴퓨터가 설치돼 있어서 원하는 책 이름을 대면 즉시 그 책에 대한 정보를 알 수 있는 건 매우 부러운 일이었다. 한 자상한 점원은 내가 찾는 소설책을 펴낸 출판사의 주소와 전화번호를 메모해 주며, 내가 직접 그 책을 출판사에 주문할 경우 책을 받아보는 데에 두 주일쯤이 걸릴 거라는 설명까지 덧붙여 주었다.

나는 커피를 사 들고 길가에 앉아서 거리를 오가는 학생들을 구경하였다. 원색의 옷들을 입고도 유치해 보이지 않을 줄 아는 만큼씩 멋쟁이들이 바쁘게 혹은 한가롭게 제 갈 길을 오가고 있었다. 그들은 웃으면서 노래하면서 아이스크림을 핥아 먹으면서 재잘거리면서 내 앞으로 밀려오고 있었다.

나는 한낮의 아지랑이와 그 화사한 젊은이들의 물결 틈바구니에서 수세미 같은 머리 꼬라지를 한 내가 걸어 나오는 걸

보았다. 축 처진 어깨에 군용 야전 점퍼를 걸치고 길바닥에 시선을 준 채 털레털레 교문을 드나들던 나의 대학시절이 그 건강한 아이들 속에 섞여서 아물거렸다. 1. 29. 숲

162
결혼

데이트란 한 남자와 한 여자가 만나서 군것질하러 함께 싸다니는 거라나. 그리고 결혼이란 한 남자와 한 여자가 한솥의 숭늉을 나눠 마시며 살겠다는 약속이라나.

군것질 상대와 숭늉 나눠 마실 상대를 확연히 구분하는 것은 과연 똑똑한 짓인가.

교포들의 어떤 결혼들을 보며 품게 되는 또 하나의 의문이 있다.

'결혼이란 사랑의 무덤'이라는 말을 알면서도 사랑을 달리 식힐 길이 없어서 결혼하는 사람들보다, 낯선 이와의 결혼으로 오히려 '결혼을 사랑의 요람으로' 삼겠다는 사람들이 과연 더 현명한 것인가.

혼기에 이른 남녀들이 신붓감이나 신랑감을 구하러 한국에 나간다는 말을 자주 듣게 된다. LA의 교포들 사이에서는 조금도 어색하지 않게 오가는 말들이다. 이런 식으로 해서 맺어

진 속성 부부들이 내 주위에도 상상외로 많은 것에 놀라지 않을 수가 없었다.

물론 이곳 교포사회에도 총각들과 처녀들이 있다. 그들은 사춘기 즈음부터 서로 비교적 활달한 교제를 갖는다고 했다. 여기가 미국인 만큼 손잡고 뽀뽀하는 진도도 무척 빨리 나가는 편이라고들 했다.

그런데 막상 승늉 나눠 마실 상대를 택할 때가 되면 교포총각들 쪽에서 교포처녀들을 기피하는 경향이 있다는 거였다. 총각들은 많은 경우 군것질 상대였던 현지 처녀들을 마다하고 한국에서 신붓감을 구해온다는 거였다. 한국의 처녀들이 그래도 아직은 비교적 프레시할 거라고 믿으면서.

해외동포로서 고국의 처녀들 가운데에서 신붓감을 골라오는 일을 마치 애국행위인 것처럼 여기는 총각도 보았다. 재미교포로서 한국에 나가면 대체로 자기보다 수준 높은 신부 후보감들을 놓고 선택권을 행사할 수 있다고 자랑스럽게 말하는 총각들도 있었다. 게다가 운이 좋으면 지참금까지 얹어 온다고 했다. '미국 영주권'이라는 프리미엄 덕분에.

문제가 문제를 낳는다. 교포 처녀들의 신랑감이 절대적으로 부족현상을 빚는 것이다. 그러지 않아도 병역관계 등으로 교포총각들의 수가 무척이나 딸리는 터에 그 귀한 총각들마저 신붓감을 한국에서 픽업해 오는 판국이니 교포처녀들의 심정은 어떠하랴.

국제결혼이라는 해결책을 택하는 여자들도 있지만 그 성공률은 처참할 정도로 저조하다고 한다. 그러니 상당수의 교포 처녀들 역시 신랑감을 한국에서 긴급 입수해 오기 마련인가 보았다. 하지만 이런 결혼의 성공률도 40퍼센트 미만에 불과하다고 어떤 통계는 말한다. 다시 말하면 교포 처녀가 한국에서 남편감을 수입해 오는 경우 이혼율이 60퍼센트를 상회한다는 이야기다.

한국에 배필을 구하러 나가는 교포남녀가 공히 그렇거니와, 대부분 몇 주 아니면 한두 달 동안에 배우자의 선정작업을 마무리 지어야 하는 게 보통이라고 한다. 내가 만난 한 부부는 남자가 한국에 나갔다가 우연히 단 하루 만에 지금의 와이프를 고른 거라면서 부부가 함께 활짝 웃었다. 마치 영화나 소설 속의 주인공들이기나 한 것처럼.

이런 일들은 기실 하나의 필연적인 사회현상이랄 수도 있다. 그래서인가 이곳 교포사회에서는 이런 식의 속성결혼들이 너무나 당연하게 너무나 공공연하게 행해진다. 그리고 이런 식으로 맺어진 속성부부들이 파경을 맞았다고 해도 누구 하나 놀라지 않는 것 같다. 어차피 그런 정도의 위험부담은 애당초 감수하고 시작했을 거라는 듯이. 아무것도 아닌 두 사람이 만났다가 다시 아무것도 아닌 관계로 환원됐으니 본전치기라는 듯이.

그리곤 말한다.

'여긴 미국인걸요 뭐.'

그렇다고 속성 부부들 모두가 불행하다는 이야기는 절대로 아니다. 사랑한다고 사랑한다고 뜨겁게 요란스럽게 법석을 떨다가 결혼한 부부들과 똑같이, 싸우고 질투하고 바가지를 긁고 긁히고 하면서 재미있게 다정하게 잘들 살기도 하는 것이다. 속성부부들 역시 조금도 어색해하지 않고 아들딸 펑펑 잘 낳고 열심히 사랑하면서 살기도 하는 것이다.

배씨네 부부가 그 대표적인 케이스였다.

미세스 배는 미국에 이민 온 지 11년이 된다고 했고, 미스터 배는 4년 전에 한국에서 픽업되어 온 남편이었다. 그들은 그동안에 아들 둘을 낳았으며, 어떤 부부보다 금실 좋고 의좋은 잉꼬부부였다. 오직 미스터 배가 술이 취하면 서울에 장거리전화를 걸어 하염없이 전화기를 붙잡고 있는 것만 빼면, 미세스 배는 남편에게 아무 불만이 없다고 늘 말했었다.

솔직히 말하자면, 배씨네 부부가 사이좋게 잘 사는 걸 보고 처음 얼마 동안은 배가 아팠다. 마치 무슨 직원을 채용하듯이 몇 개의 선정기준만을 가지고 속성으로 배우자를 선택한 사람들은 마땅히 금방 파탄을 맞아야 할 거라고 나는 생각했었다. 또 거기에 기꺼이 응모해서 미국에까지 뽑혀 온 사람들도 마땅히 불행해져야 할 거라고 나는 믿었었다. 아니 적어도 서로의 사랑 때문에 단 한 번도 눈물을 흘려보지 않은 남녀가 결혼한다는 것은 너무나 뻔뻔한 짓이며, 그런 속성부부들이

다른 부부들처럼 행복하게 산다는 건 너무나 불공평하다고 나는 생각했었다.

그런데 차츰 배씨네 부부와 친해지면서 생각이 조금씩 바뀌기 시작했다. 그들은 착한 사람들이었고, 우리 부부의 모범이 될 만큼 매우 건실한 부부였다. 그들은 결코 거짓말쟁이나 껍데기가 아니었다. 그들은 서로를 사랑하기 위해 노력했으며 화목한 가정을 이루기 위해 대가를 치르는 데에도 인색하지 않았다. 미스터 배는 아내의 명예에 관계된 소문 때문에 친구들과 절교하기를 망설이지 않았다. 미세스 배는 미국 땅에 피붙이가 단 한 사람도 없는 남편의 외로움을 덜어주기 위해 세심한 배려를 아끼지 않았다. 이를테면 맞벌이로 넉넉지 않은 살림에도 미스터 배가 삼 년 반 만에 서울에 다녀올 수 있도록 여비를 마련해 주기도 했던 것이다.

그래서 나는 곰곰이 따져본 결과 내 잘못된 선입견을 수정하기 시작했던 것이다.

나는 우선 결혼식장에서 주례 선생님들이 하시는 말씀에 유의했다. 주례 선생님들은 신랑 신부에게 '서로 얼마 동안이나 사랑해 왔느뇨?' 하고 묻지는 않는 것이다. 혹은 '서로가 지금 사랑하고 있느뇨?' 하고도 절대로 묻지 않는 것이다. 주례 선생님들은 다만 '서로가 앞으로(검은 머리가 파뿌리처럼 될 때까지) 사랑하며 살겠느뇨?' 하고 물을 뿐인 것이다.

나는 또 아담과 이브의 결혼도 생각해 보았다. 유일한 남자였고 여자였던 그들은 너무나 자연스럽게 너무나 당연하게, 아무 잡념 없이 서로를 사랑했던 것이다. 그러고 보면 한 남자나 여자가 기실 필요로 하는 것은 그저 한 여자나 남자일 뿐일지도 모를 일이었다. 이제 와서 대체 우리가 무어길래 '이 여자는 아니야', '나는 이 남자를 사랑할 수 없어'라고 말하며 건방지게 고개를 저을 수 있단 말인가.

나는 은행나무를 바라보면서도 생각했다. 무조건 자기와 가장 가까이에 있는 이성과 짝이 되는 은행나무를 보면서도 생각했다. 우리가 대체 무어길래 사랑은 국경도 넘는 거라며 울고 불고 할 수 있겠느냐는 말이다.

내가 가장 사랑하고 있는 부모 형제를 보더라도 그랬다. 그들은 모두 내가 선택한 사람들이 아니었다. 그들은 내게 주어진 사람들이지만 나는 그들을 더없이 사랑하고 있는 거였다. 어느 날 골목 모퉁이에서 맞부딪친 사람일지라도 마음만 먹으면 내게 가장 소중한 사람이 될 수 있을지도 모를 일이었다. 결혼이란 마침 눈에 띄는 빈 택시를 타는 것과 같다고 누군가 그랬듯이.

그런데 오늘 낮, 미스터 배가 일하던 세탁소에 들렀다가 전해 들은 말이 나를 또 혼란에 빠뜨려버린다.

"배씨는 이혼하고 뉴욕으로 갔어요. 아이들은 부인 쪽에서 맡았다지요, 아마." 1. 31. 日

163
위장술

내 클래스메이트인 미스터 강과 미스 강 남매가 우리 집에서 밤늦게까지 이야기하다가 돌아갔다.

미스터 강은 자동차 정비공으로 일하면서 학교에 다니다가 최근엔 공부를 따라가기가 힘겨워 정비일을 그만두었다고 했다. 누나인 미스 강도 수업 진도를 따라가느라 유치원의 보모일을 그만두어야 했다고 그런다. 남매가 같은 수업을 듣는 것이다. 그들 남매는 직장을 가지고 학교에 다닌다는 게 얼마나 어려운 일인지를 내게 여러 가지로 설명해 주었다.

그래서 나도 사실은 밤일을 하면서 학교에 다닌 거였다고 말해 주었다. 보름 전까지만 해도 밤 10시부터 아침 9시까지 매일 열한 시간씩 주유소에서 일했다는 내 말을 그들 남매는 믿으려 하지 않았다. 내가 주유소에서 밤일 하는 모양을 그들은 도저히 상상할 수가 없다는 거였다.

미스터 강은, 늘 웃고 장난치며 쓸데없는 농담이나 지껄여 대는 나의 여유작작한 태도를 부러워했노라고 말했다. 미스 강은 나를 신세 좋은 유학생족쯤으로 알고 속으로 미워했노라고 실토했다.

"바둥거리며 사는 거야 누구나 다 마찬가지지요."

미스 강은 그래도 내 말이 믿기지 않는지 아예 미나에게 확

잃어버린 사람들

인하려 들었다.

"지금도 또 농담하고 계신 것 맞지예. 미세스 김이요, 미스터 김 말씀이 참말입니꺼?"

내가 사는 모양이 남들에게는 몹시 느긋하게 보이는 모양이다. 그래서 남들이 나를 도와주지는 않고 오히려 내게 무언가를 구하려 들기만 했었나 보다. 이제부터는 적당히 드러내면서 살 줄도 알아야겠다. 남들에게 늘 한가롭게 보이기 위해서 나는 사실 저 혼자 얼마나 바빠야 했던가, 젠장. 2. 1. 月

164
욕심

오늘 아침에도 늦잠을 잤다. 밤일의 후유증, 새벽 5시에 잠들고 아침 10시에 일어나는 일과의 반복.

그리고 지금은 또 새벽 3시. 불을 끄고 누워 이리저리 뒤척이다가 다시 벌떡 일어나 앉기를 되풀이한다. 내일부터는 무조건 아침 7시에 일어나야지. 며칠 동안은 무리가 가더라도 습관을 고쳐야겠다. 정상적으로 살고 싶은데 그게 쉽지가 않다.

정상적으로 살고 싶다는 말은 뜨겁게 살고 싶다는 말이다. 나를 몽땅 쏟아 부을 수 있는 용광로 같은 그릇을 갖고 싶다는 말이다. 무언가에 화끈하게 미쳐서 살고 싶다는 말이다.

무언가에 미쳐서 살지 않는 삶은 비정상적인 삶이다.

그리고 돈도 조금은 벌어야겠다. 웃으며 살기 위해서, 돈 때문에 화내지는 않기 위해서 필요한 만큼만, 딱 그만큼만 돈도 벌어야겠다.

그렇지만 이런 생각은 얼마나도 철없고 사치스러운 것이랴.

나는 늘 자신을 소박한 놈이라고, 욕심 없는 놈이라고 자부해 왔었다. 내가 갖고 싶어한 것은 작은 집일 뿐이었다. 아니 넓은 방이 하나만 있으면 되었다. 뜰이야 없어도 좋다고 생각했었다.

거기에 내가 죽도록 사랑하는 여자가 한 명만 있으면 될 거였다. 내가 아무리 방을 어질러놓아도 잔소리하지 않는 여자가, 내가 아무리 나태해도 무조건 나를 좋아하는 여자가 딱 하나만 있으면 될 것이었다. 그리고 좋은 음악이 있으면 그뿐이었다. 먹는 거야 굶지 않을 정도만 있으면 불만하지 않을 작정이었다. 그리고 친구들이 찾아오면 나눠 마실 몇 병의 좋은 술과 베개와 이불과—꿈을 만드는 연장이니까—그리고 이제 나를 미치도록 몰두시키는 어떤 일거리만 있으면 만사가 좋을 것이었다.

하지만 지금은 용광로가 아니라도 좋다. 나를 불사르도록 할 만큼 의미 있는 일이 아니라도 좋다. 이전의 내가 원치 않았고 이전의 내가 비웃어대던 그 무엇이라도 좋다. 일자리라면, 우선 먹고사는 데 필요한 만큼의 보수를 주겠다면 나는

나는 늘 자신을 소박한 놈이라고, 욕심 없는 놈이라고 자부해 왔었다. 내가 갖고 싶어한 것은 작은 집일 뿐이었다. 아니 넓은 방이 하나만 있으면 되었다. 뜰이야 없어도 좋다고 생각했었다.

얼굴에 하얀 분칠을 한 광대라도 될 것이다. 코끝에 빨간 연지라도 바를 것이다.

십 년을 하루처럼, 공중변소 입구에 웅크리고 앉아서 동전을 헤아리던 영감처럼 기꺼이 그렇게라도 늙어가겠다.

2. 5. 金

165
악당들

정초에 돌풍이와 쭈뻬가 각각 마누라와 아이를 인솔하고 서울의 우리 집에 세배를 다녀갔다고 한다. 내게 편지 한 장 없는 그 게을러터진 놈들이 어떻게 그런 기특한 생각을 해냈을까. 놈들은 또 만 원씩을 갹출해서 종만이 어머니에게 5만 원을 갖다 드렸다고 한다. 종만이는 두 해 전에 자살했다.

어릴 때부터 함께 몰려다니며 갖가지 못된 짓들을 저질렀던 우리는 종만이까지 모두 일곱 놈이었다. 그래서 우리는 자칭 '세븐 스톤즈'였다.

금은방 집 아들이었던 명학이가 'Seven Stones'라고 새겨진 목걸이 일곱 개를 만들어와서 하나씩 나눠주었다. 변절자는 이제 생명이 위태로워질 판국이었다. 열다섯 살 시절이었다.

'세븐 스톤즈'의 어머니들은 저마다 당신의 아들을 제외한 여섯 친구들을 탐탁하게 여기지 않으셨다. 나쁜 친구들 때문에 당신의 착한 아들마저 망쳐버렸다며 나머지 여섯 놈들을 탓하기가 일쑤셨다. 그 점에서는 일곱 어머니가 거의 한결같으셨던 것 같다.

어머니는 내 대신 세배를 드리러 간 친구들 때문에 몹시 기분이 좋으셨다고 한다. 어른이 된 악당들의 세배를 받고 여간 흡족하지가 않으셨던 모양이다.

종만이의 어머니는 당신 아들의 친구들을 보고 눈물을 흘리시더라고 했다. 2. 8. 月

166
아내

미나와 같은 학교에 다니는 한 남학생이 지난주부터 아침마다 미나를 데리러 온다. 자기 자동차로 미나를 매일 학교까지 태워다주기로 했다는 고마운 친구다.

나는 그 남학생을 아직 한 번도 보지 못했다. 다만 매일 아침 8시 정각이면 어김없이 인터폰을 통해 들려오는 억양이 고른 목소리를 알아들을 뿐이다.

차를 대기시켰습니다.

시간이 되면 녹음기에서 자동적으로 흘러나오는 것처럼 언제나 똑같은 한마디, 똑같은 어투다.

　차를 대기시켰습니다.

　내가 미나에게 그 남학생이 꽤 재미있는 친구인 것 같다고 했더니, 미나는 아니라고 그런다. 미나는 그 남학생이 바보스러울 정도로 순진하고 숙맥이라고 그런다. 학교까지 함께 가는 동안에 대개 서로가 한마디도 말을 하지 않는다고 그런다. 미나는 나를 안심시키려고 그러는지 '그 사람은 어쩌면 정말 바보인지도 몰라요'라고 그런다. 마치 자기는 똑똑한 남편하고 사는 여자인 것처럼.

　미나야, 내가 직접 너를 학교까지 데려다주지 못해서 미안해. 그리구 여보야, 당신은 내가 불안해할까 봐 걱정하지 않아도 괜찮아.　2. 9. 火

167
상실

　점심시간에는 클래스메이트들과 함께 근처의 바닷가로 가서 햄버거를 먹었다. 처음 가본 해변이었는데 물새들이 많아서 마음에 들었다. '뉴포트 비치'라고 했는데 바람이 차가워서 마음에 들었다.

　모두들 모래사장에 주저앉아서 하염없이 파도만 바라보고

있었다. 요즈음엔 학교 분위기가 전과 같지 않다. 종강이 다 가오니까 모두들 일자리를 찾아다니는 모양이었지만 열여섯 명 클래스메이트 중에서 자리를 구한 건 두 명뿐이었다.

물가에선 맨발의 젊은이들 몇이 파도를 희롱하며 놀고 있었다. 파도가 돌아서면 살며시 바다로 다가섰다가 파도가 밀려오면 쪼르르 파도를 피해 뒷걸음질 치는 장난, 그렇게 노는 모양이 연애 심리와 닮았다고 주위 사람들에게 이야기했더니 미스 강이 깔깔대고 웃으며 대꾸했다.

"어디예, 현대판 연애는 오히려 파도가 밀려오면 풍덩 파도 속으로 뛰어드는 거 아니겠어예."

그럴듯한 말이었다.

그런데 파도 속에 몸을 담그고 있다가 밖으로 나오면 바닷바람이 차가울 것이다. 추워서 입술이 떨릴 것이다. 그러니 재빨리 또다시 풍덩 파도를 향해 뛰어들어야만 할 것이다. 둘이 있다가 혼자가 되면 더욱 외로울 것이다. 추워서 견디기가 어려울 것이다.

미스 강은 바다를 꽤나 좋아한다고 했다. 그래서 늦은 밤에도 혼자 바닷가에 앉아 있기를 잘한다고 했다. 그녀는 일곱 살 난 딸아이와 둘이 살고 있다고 했다.

"그렇게 바다가 좋으면 차라리 바닷가로 이사하시지 그래요."
"그랬다가 바다마저 싫증이 나면 어쩔라구예." 2. 11. 木

168
화풀이

바이올리니스트 미스터 신의 생일잔치에 다녀왔다.

턱수염을 근사하게 기른 신 선생은 언제나 파이프 담배를 입에 물고 있는 멋쟁이다. 그는 미나가 일하던 옷가게의 주인 아저씨이기도 했다.

신 선생네 집에 모인 사람들은 거의가 음악하는 분들이었는데 모두가 착한 사람들인 것 같았다.

"어떤 시골총각이 장가를 들었는데 말입니다, 첫날밤에 말입니다. 신부가 누워 있는 이불 속으로 기어들어가면서 그 신랑이 뭐라구 했는지 아십니까? 모르겠지요? 아는 사람 없지요? '실례합니다' 그랬대요. 계면쩍게 뒤통수를 긁어가면서, 실례합니다 라구 그랬대요."

한 사람이 그런 이야기를 했는데 이십여 명쯤 되는 사람들 모두가 몸을 흔들어가며 웃고 또 웃어 젖혔다. 나는 사람들이 웃는 모양이 하도 재미있어서 뒤늦게 웃기 시작해서 맨 마지막까지 웃어댔다.

"음악하는 사람들은 깊은 말을 못해요. 사람이 단순하지 않으면 음악을 할 수 없으니까요."

내 옆자리에 앉았던 신사분이 내게 이렇게 말했는데, 그는 자신을 작곡가라고 소개했다.

술이 거나하게 취하자 온통 음악 이야기뿐이었다. 말하는 내용으로 보아 그들 대부분이 미국에 이민을 온 이후로는 음악을 잊고 사는 듯했다.

고 선생이라는 분은 그 자리에 없는 김 누군가를 개새끼라고 지칭하며 연신 악을 쓰고 있었는데, 사연인즉 그 개새끼는 고 선생이 오랜만에 지휘봉을 휘둘렀던 교회 성가발표회를 나쁘게 평하고 다닌다는 거였다. 고 선생은 사람들이 자신의 말에 귀를 기울이지 않음에도 불구하고 파티가 끝날 때까지 줄곧 그 개새끼를 규탄해 댔다. 그런데 그 고 선생에게는 조금도 악의 같은 것이 엿보이지 않아서 오히려 웃음이 나올 지경이었다.

고 선생의 상기된 얼굴 표정을 바라보고 있던 나에게 신 선생이 양해를 구하듯이 속삭였다.

"여기서야 사실 다들 그저 재미로 음악을 하는 거에 지나지 않거든요. 그런데 그걸 가지구 잘했다 못했다 하고 평하는 사람 때문에 문제가 생긴 겁니다. 하기야 그 김이라는 사람은 또 한국에서 음악평론가였다니 무슨 말이든 뱉어놔야 속이 풀렸겠지만요."

파티 중간에 피아노 삼중주와 클래식 기타 독주가 있기도 했지만 술 취한 청중들의 태도는 한마디로 엉망이었다. 어쨌든 연주가 끝나고 나면 모두가 죽어라고 박수를 쳐주는 건 참으로 용한 일이었다.

미국 땅에서 발붙일 곳 없는 교포 음악가들끼리가 모여 서로가 아직도 여전히 음악가임을 인정해 주고 확신시켜 주는 파티는 아무리 흥겨워도 한구석이 쓸쓸했다. 그건 황색 피부를 한 베토벤의 제자들이 벌이는 한판의 우울한 살풀이 같은 거였다. 2. 14. 日

169
선생님

영선이의 편지를 받고 급히 답장을 썼다. 매달 말일에 하루만 편지 쓰기로 한 규칙을 스스로 어기는 짓이었지만 그 아이를 생각하면 그때까지 기다리게 할 수는 없었다.

정직하게 말하자면 나는 영선이라는 아이의 얼굴을 기억하지 못한다. 내가 어쭙잖은 훈장짓을 하던 짧은 동안, 영선이는 나를 선생님이라고 부르던 아이들 중의 하나일 터였다. 그 아이가 내게 실망하고 토라져버린 것이다.

영선이가 내게 보낸 지난번 편지는 열일곱 살 먹은 한국의 계집아이가 쓴 가장 평범한 것이었다. 이런저런 심정을 이렇게 저렇게 맴돌며 쓴 앙징스러운 글이었다. 색편지지의 말미에는 아주 작은 글씨로 '선생님께 사랑을'이라고, 그 옆에는 'To Sir with Love'라고 씌어 있었다.

지난달 말일에 이 편지의 답장을 쓰면서 나는 이렇게 지껄여 버렸다.

'건강하고 떳떳하게 웃고 우는 네 또래의 미국 아이들을 보다가, 기껏 선생이나 대상으로 해서 사랑을 배워가기 시작해야 하는 너희들을 생각하면 괜스레 나까지도 분하고 억울한 느낌이 들게 되는구나.'

바로 이 부분이 영선이를 화가 나게 만든 모양이었다.

오늘 받은 영선이의 편지는 대뜸 이렇게 시작된다.

'저는 선생님을 조금도 좋아하지 않으니까 염려 마세요. 저는 선생님을 사랑한다고 말한 적이 없어요. 'To Sir with Love'라는 건 제가 좋아하는 노래 제목을 그냥 써본 거예요. 제 순수한 마음을 선생님이 그런 식으로 받아들이실 줄은 정말 몰랐습니다.'

아차 이거 큰일 났구나 하고 나는 서둘러 답장을 쓰려고 했는데, 그 아이의 화를 하루라도 빨리 풀어줘야겠다고 생각했는데, 그런데 막상 편지지를 펴놓고 보니 변명처럼 될까 봐 달리 뾰족하게 쓸 말도 없었다.

나는 우선 '우리가 어떤 한 사람에 대하여 차츰 알게 된다는 것은 종종 그 사람에 대한 오해를 더 많이 갖게 되는 것'이라는, 어떤 소설에서 본 글귀를 인용해 놓고, 영선이의 실망이 순전히 오해에서 비롯된 것임을 설명하려 들었다.

하여간 영선이를 달래보려고 말도 안 되는 소리들을 마구 주절거리다 보니 한편으로는 나를 이 곤경에 빠뜨린 그 아이가 괘씸하기도 한 것이어서 나는 끝에다 이렇게 못질해 버렸다.

'어쨌거나 나는 적어도 너희들의 나에 대한 호의를 감정상의 오만함으로 갚으려고 들 만큼 무식하지는 않단다. 안녕.'

그 아이가 내 심정을 알아줄까.

나와 영선이의 관계가 다시 원만해지기를 기대하는 것이 아니다. 그 아이의 상처 입은 예쁜 자존심을 회복시켜 주기 위하여 굳이 서둘러 답장을 쓴 내 태도가 과연 선생다운 짓이었으면 좋겠다.

아이들에 대한 한, 나를 믿을 만한 선생님으로 생각하고 있는 아이들에 대한 한, 끝까지 진짜 선생님인 척하면서 살고 싶다. 2. 16. 火

170
방황

오랜만에 넥타이를 매고 나섰는데 면접에서 미역국을 먹어서 허전했고, 더위를 무릅쓰고 간 학교에서는 에어컨이 고장 나 있어서 신경질이 돋았었다.

저녁땐 또록또록 빗물이 창유리를 때리길래 미나와 함께 드라이브를 나섰다. 프리웨이에 들어서면서 내가 물었다.

"⋯⋯근데 어디로 가지?"

"삐잉 돌아서 다시 집으로 가는 거지 뭐." 2. 19. 金

171
구멍

 허리띠를 늘렸다. 허리띠에 못을 대고 망치질해서 새로 뚫은 그 구멍은 나의 게으름과 체념과 무감각의 앙금인 것 같아 끔찍스러웠다. 아무것도 이루는 것 없이 피곤하기만 한 하루하루…….
 내 뱃속에는 무엇이 들어 있을까. 무료와 역겨움과 울화만을 품고 어찌 이 아까운 세월을 까먹으며 살 것이냐. 토해내고 싶다. 모조리 토해내고 싶다.
 아, 나는 이렇게 배만 내밀고 죄송하게 산다. 2. 24. 水

172
유 국장

 한국일보 LA 지사에서 편집부 직원을 뽑는다는 광고를 냈기에 또 한 번 넥타이로 목을 졸랐다.
 유현수라는 편집국장이 내 이력서를 다 보았는지 책상 위에 내려놓았다. 나는 그가 쓴 『KAL 타고 왔습니다』라는 제목의 수필집을 본 적이 있었다. 그는 내게 말하기 전에 잠시 망설이는 것 같았다.

"우리는 지금 사진식자 따붙일 아가씨를 뽑고 있어요. 그건 김형께서 할 만한 일이 아닙니다."

"사진식자라면 저도 만져본 경험이 있습니다."

"글을 써야지요. …… 저는 김형한테 식자 따붙이는 일을 시킬 수는 없습니다."

거절치고는 아주 점잖은 거절이었다.

나는 침을 한 번 꿀꺽 삼키고 나서 말했다.

"전에는 주유소에서 밤일도 해봤습니다. 사진식자를 가지고 편집하는 일이라면 저도 잘해낼 수 있을 겁니다."

그는 한 손으로 안경을 들썩이고 나서 두꺼운 안경알 너머로 나를 응시하다가 결론처럼 단호히 말했다.

"아닙니다. 그렇게 할 수 없습니다. 제가 따로 김형한테 맞는 적당한 일자리를 찾아보고 연락드리겠습니다."

신문사를 나서면서는 울고 싶은 심정이었다. 정말이지 그에게 내 뒷모습 보이는 게 지랄 같았다. 염병할, 기왕 딱지를 맞을 바에야 최소한 초라하게 구걸은 하지 말았어야 했다. 게다가 그는 '글을 써야지요' 하면서 나를 약올리기까지 했던 것이다. 그는 웃지도 않고 나를 조롱한 거였다.

나는 날이 밝아올 때까지 술을 마셨다.　2. 26. 金

173

낭보

생각지도 않던 전화였다.

"여긴 한국일보 샌프란시스코 지삽니다. 혹시 김한길 씨가 우리 신문사에서 기자로 근무할 수 있겠는지의 여부를 알고 싶습니다."

"특별히 못할 이유는 없습니다만……."

"그렇다면 일단 만나서 이야기하는 게 좋겠습니다. 샌프란시스코에 다녀가는 항공료는 여기서 부담하겠습니다. 언제쯤 올 수 있겠습니까. 우리로서는 빠를수록 좋겠습니다."

"그렇다면 제가 모레 오후에 가서 뵙겠습니다. 그런데 어떻게 저를……."

"아, LA 지사의 유 국장이 김한길 씨를 적극 추천하더군요. 유 국장하고는 잘 아십니까?"

"잘 모릅니다." 3. 1. 月

샌프란시스코에선 머리에 꽃을

세 시간을 내리 달렸는데도 길은 끝이 보이지 않았다. 구부러지지도 않고 오르내리지도 않고 그렇게 곧바로 사막 속에 한 줄기로 뚫린 프리웨이는 달려도 아무리 달려도 내내 제자리인 듯만 하였다.

174
샌프란시스코

샌프란시스코를 향해 출발한 것은 정오가 다 돼서였다.

어젯밤에는 학교에서 이번 학기의 마지막 강의를 들었다. 선생이 몹시 중요한 것이라고 강조를 해서 빼먹을 수도 없었다. 속히 집에 돌아오니 밤 11시 반이었다. 그때부터 꼬박 열두 시간을 책상에 앉아서 원고지 50장을 메꾸었다. 한국에 보내기로 한 원고를 끝마치고야 속 편히 떠날 수 있을 것이었다.

우체국에 가서 원수 같은 원고를 부쳐버리고, 자동차에 기름을 가득 채우고, 냉각수와 바퀴의 바람도 점검하고, 자 출발이다 하고 시계를 보니 낮 11시 50분이었다.

"그럼 이제부터 진짜 샌프란시스코로 떠나는 거지?"

운전석 옆자리에서 지도를 펴들고 앉은 미나는 벌써부터 안달이었다.

한국일보 샌프란시스코 지사에서는 내가 그곳에 다녀가는 비행기 요금을 부담하겠다고 했다. 하지만 마누라까지 데려오라는 소리는 절대로 하지 않았다. 그쪽에서 미나의 비행기 요금까지 내줄 리는 없었다. 그렇다고 미나가 샌프란시스코를 구경할 수 있는 이 좋은 기회를 놓칠 리는 만무였다. 그래서 우리는 자동차로 다녀오기로 작정한 거였다. 그러면 일인분 비행기 요금만 가지고도 차의 기름 값과 하룻밤 모텔비는 충당될 것이다.

5번 프리웨이를 따라 산줄기를 두 시간쯤 오르내려 LA를 완전히 빠져나오고 나니 아무것도 없는 벌판이다. 사막이라고 했지만 모래와 선인장만 있는 그런 사막은 아니었다. 말하자면 사막성 기후에 속하는 거친 땅의 연속이었다. 아무리 달려도 보이는 경치가 변하지 않았다. 그것이 소위 미국의 규모라는 거였다.

프리웨이의 최고 속도는 시속 55마일(88킬로미터)로 제한돼 있었지만 나는 계속 시속 80마일(128킬로미터)로 달려야 했다. 서둘러야 했던 것이다. 샌프란시스코 지사장과는 오늘 오후에 인터뷰를 갖기로 약속해 놓은 터였다. 그런데 잘못하면 어두워진 후에나 그곳에 도착할 것이었다. LA에서 샌프란시스코까지는 4백 마일, 즉 640킬로미터, 거의 부산에서 평양에 가는 만큼의 거리인 것을 나는 알지 못했다.

게다가 미나와의 약속도 지켜야 했다. 콜링가 근처의 샛길로 빠져 벚나무 숲에서 사진을 찍어주기로 했던 것이다. 그러자면 한 시간은 더 지체하게 될 것이다. 돌아올 때는 1번 도로를 따라 해변을 끼고 내려오기로 했으므로 천상 가는 길에 들러야만 할 것이었다.

미나는 한 손에 코카콜라 깡통을 든 채 콧노래를 흥얼거리고 있었다. 오랜만의 여행길에 기분상태가 매우 양호한 모양이다. 그래, 같이 오길 역시 잘했다 하고 나는 생각했다. 이제 내가 샌프란시스코에서 근무하게 된다면 우리는 당분간 헤어져 있어야 할 것이다. 그리고 이달 말의 첫번째 결혼기념일에도 우리는 따로 떨어져서 지내야 할 것이다.

그래서 나의 구직 인터뷰를 위한 이번 여행은 동시에 우리의 결혼 기념여행이기도 했다. 또 한편으로는 미나의 임신을 축하하는 기념여행이기도 했다. 미나는 임신한 후에 남편으로부터 아무 선물도 받지 못한 것을 약간은 섭섭하게 여기는 듯했으니까. 결국 내가 면접에서 퇴짜를 맞는다고 해도 우리는 한국일보 샌프란시스코 지사의 후원으로 '김한길·이미나의 결혼 한 돌 및 임신 축하 기념여행'을 즐기게 되는 셈이다.

세 시간을 내리 달렸는데도 길은 끝이 보이지 않았다. 구부러지지도 않고 오르내리지도 않고 그렇게 곧바로 사막 속에 한 줄기로 뚫린 프리웨이는 달려도 아무리 달려도 내내 제자리인 듯만 하였다. 미국은 크다, 미국은 넓고 미국은 텅텅 비어 있다는 생각이 들지 않을 도리가 없었다.

서울에서 부산까지만큼의 거리를 지나왔는데, 본 것이 있다면 목장 하나뿐이었다. 거기에도 사람은 보이지 않고 오직 소들만이, 할 일 없는 소들만이 벌판에 쫘악 널려 있을 뿐이었다. 팻말을 보니 그 수효는 자그마치 15만 마리라고 했다. 그 수효가 팻말에 페인트로 쓰인 것으로 보아, 그 소들이 매일 새끼를 치는 만큼씩 매일 도살장에 끌려가는가 보았다. 그래서 도살당하고 분해당하고 요리당하고 소스가 칠해져서, 그렇게 매일매일 캘리포니아 주민들의 명랑한 식탁에 놓일 것이다.

어쨌든 그 목장을 빼고는 아무것도 본 것이 없었다. 간혹 이정표를 지나칠 뿐이었다. 샌프란시스코 200마일…… 샌프란시스코 190마일…… 샌프란시스코 180마일…… 그러다가 간혹 휴게소를 지날 뿐이었다. 거기에는 변소와 식당과 주유소가 있을 뿐이었다.

시속 130킬로미터로 달리면서 지겨워한다는 것은 웃기는 일인지 모른다. 그러나 사실이 지겨웠다. 서울에서는 내가 탄 시내버스가 시속 50킬로미터로 달리기만 해도 신이 났었다. 시속 70킬로미터로 달리면 겁이 나서 잔뜩 긴장됐었다. 그러니 웃기는 건 내가 아니라 속도가 지닌 속성이었다. 웃기는 건 사막이었다.

속도란 거리를 시간으로 나누는 것이다. 그런데 이 광대한 사막 한가운데에서는 시간으로 나눌 거리라는 게 없었던 것이다. 사막에는 여기와 다른 저기라는 곳이 없었다. 다 똑같은 '여기'밖에 없는 사막에는 거리라는 게 있을 수가 없었다. 거리가 없으니 속도라는 걸 느낄 수가 없었다.

하기야 엄청난 속도로 돌고 있는 이 지구 위에서 지겨워죽겠는 사람들과 무엇이 다르랴. 하기야 오늘과 내일이 똑같이 반복되는 삶을 사는 사람들이라면 어떻게 이 세월이 지겹지가 않을까.

미나와 나는 샌프란시스코를 말하였다. 지겹지 않기 위해서, 우리가 움직이고 있음을 확인하기 위하여, 우리는 우리가 달려가고 있는 미지의 도시를 말하였다. 우리는 우리의 삶의 변화를 실감하고 싶었는데 5번 프리웨이는 너무나 변화가 없었다. 차창 밖 풍경으로 우리가 움직이고 있음을 확인하려는 짓은 포기해야 했다.

그래서 우리는 샌프란시스코를 말하였다. 샌프란시스코를 노래하였다.

If you are going to San Francisco

Be sure to wear some flowers on your hair

머리에 꽃을 꽂고 입성해야 한다는 낭만의 시에 대하여, 1960년대의 히피 문화를 불러일으킨 일단의 아웃사이더들이 모여 살던 도시에 대하여 우리는 이야기했다. 휘트먼과 알렌

긴스버그의 시를, 밥 딜런의 노래를, 그리고 스튜어트 올소프가 명명했던 이른바 '우드스톡 공화국'을 말하였다. 평화와 자유와 자연을 사랑한다고 소리치던 젊은이들, 능률보다는 가슴으로 대화를 나눌 수 있는 사회의 실현을 모색하고자 몸부림쳤던 젊은이들의 목소리에 대하여 말하였다. 미국이 이룩한 부와 번영을 거부하고 플라스틱 문화와 속물주의에 항거했던 그들의 이야기는 우리를 지겹지 않게 해주었다. 잠깐이나마 우리를 살맛 나게 만들어주었다.

"그런데 샌프란시스코는 미국에서도 제일 집값이 비싸대요."

미나가 불쑥 주부처럼 말했다.

"얼마나 좋은 곳이면 집값이 그렇게 비싸겠어."

미국의 파리라는 예술의 도시, 버클리와 스탠퍼드 같은 명문 대학들이 있다는 학문의 도시, 그리고 미국에서도 유일하게 아직까지 전차가 남아 있다는 곳, 실용성보다는 멋을 고집하고 있다는 곳, 가파른 언덕길을 오르내리는 전차에 마구 매달리고 뛰어내리는 사람들이 살고 있다는 곳······.

오후 4시였는데, 샌프란시스코는 아직도 110마일이나 저쪽에 있었다. 자칫하면 신문사 사람들이 모두 퇴근해 버린 뒤에나 그곳에 도착하게 될 것이었다. 그렇다고 콜링가의 벚나무 숲에서 사진을 찍어주기로 한, 미나와의 약속을 어길 수도 없는 일이었다.

"우리가 언제 또 이 길을 같이 오겠어요."

미나의 말씀도 사실 반쯤은 타당한 소리였다.

에라 모르겠다 하고 콜링가로 가는 샛길로 빠져 얼마를 가니 과연 근사한 벚나무 숲이 나왔다. 길 양쪽으로 끝도 없이 줄지어 늘어선 벚꽃들이 봄날 오후의 잔잔한 햇살을 받으며 잔뜩 예쁘게 피어 있었다. 벚나무들은 길가로만 늘어서 있는 게 아니었다. 하 넓은 벚나무 숲 가운데로 작은 찻길이 나 있는 거였다.

어마 어마 하며 연방 감탄하고 있는 미나를 차에서 내리게 하고 나는 운전석에 앉은 채로 재빨리 사진을 몇 장 찍었다. 그리곤 한탕 하고 튀는 갱들처럼, 우리는 다시 샌프란시스코를 향해 마구 달리기 시작했다.

임신복을 입은 미나가 화사한 벚꽃들 속에 파묻힌 모양은 정말이지 근사했다. 미나는 사진기 앞에서 비스듬히 옆으로 돌아선 포즈를 취했다. 배가 얼마나 불렀는지를 서울의 가족들에게 보여주고 싶다는 거였다. 그리고 이담에 우리의 아기가 크면, 네가 배 속에 있었을 때 엄마가 너를 데리고 이렇게 좋은 곳에 갔었다는 걸 이야기해 줘야겠다는 거였다.

우리가 샌프란시스코에 도착한 것은 어둠이 완전히 거리를 장악하고 난 뒤였다. 서둘러 신문사에 전화를 해보았다. 신호는 가는데 아무도 받지를 않았다. 벌써 다들 퇴근해 버린 모양이다. 큰일이었다. 갑자기 피로가 엄습해 왔다. 나는 시장했고 졸렸다. 차이나타운의 중국식당에서 대강 배를 채우고 나오니 밖은 이미 완전한 밤이었다.

차를 몰고 시내를 돌며 마땅한 숙소를 찾아보았다. 겨우 9시쯤이었는데 거리엔 사람들이 없다. 몇몇 거지 같은 사람들이 휑 뚫린 거리의 가로등 밑에 쪼그리고 앉아서 맥주를 들이켜고 있을 뿐이다. 미나는 어쩐지 무섭다고 그런다. 밤거리엔 강도들이 많다는데 도대체 사람도 없는 거리에서 누가 누구를 턴다는 것인지 알 수 없는 일이다.

우리는 처음으로 눈에 띈 모텔의 3층에 방을 잡았다. 미나와 나는 어깨동무를 하고 창가에 서서 텅 빈 밤거리를 내려다보았다.

아, 여기는 아는 이 없고 물어볼 이 없는 샌프란시스코였고, 우리는 머리에 꽃도 없이 달려온 지각생이었다.   3. 3. 水

태평양

샌프란시스코 지사장과의 면담은 그런대로 성공적이었다. 그는 무엇보다도 질문이 적어서 좋았다. 보수도 적당히 타협을 보았다.

"자, 그러면 이달 15일부터는 여기서 일할 수가 있겠습니까?"

그가 결론인 듯이 내게 물었지만, 나는 일단 LA로 돌아가서 변호사와 의논해 봐야 할 일이었다.

"이삼 일 안에 전화로 분명한 답변을 드리겠습니다."

"좋습니다. 자세한 업무 내용에 대해서는 편집부장이 설명해 줄 겁니다."

그것으로 고용주와의 인터뷰는 완전히 끝난 거였다.

편집부장이라는 분 역시 긴 말은 하지 않았다. 일주일에 두 번쯤은 퇴근이 늦을 거라는 정도가 말씀의 요점인 것 같았다.

"차를 타고 오셨나 본데, 하여간 이건 LA에서 여기까지의 왕복 항공요금입니다."

편집부장이 봉투 하나를 내게 건네주었다.

모텔에 들러 미나를 태우고 금문교로 향했다. 저녁에 있을 학교의 종강 파티에 참석하려면 속히 LA로 돌아가야 했지만, 미나는 금문교를 꼭 봐야겠다는 것이다. 미나의 말에 의한다면, 샌프란시스코에 왔다가 금문교도 보지 않고 돌아가는 것은 샌프란시스코에 대한 예의가 아니라는 거였다. 게다가 미나는 자신이 언제 또 샌프란시스코에 오게 될지 모르지 않느냐고 푸념이었다. 그건 맞는 소리였다. 내가 샌프란시스코에서 일을 하게 되면 우리 부부는 '작전상 일시 별거상태'에 놓일 것이었다. 미나는 우선 LA에서 학교 공부를 마저 끝내야 하고, 또 몇 달 있으면 우리의 아기가 태어날 것이다. 낯설고 돌보아줄 이 없는 샌프란시스코에서 아이를 낳느니, 미나는 이모들과 친구가 있는 LA에서 아이를 낳는 것이 좋을 것이다. 그래야 나도 마음이 놓일 것이다. 그러니 미나가 언제 다시 샌프란시스코에 오게 될지는 아무도 모를 일이었다.

그런데 나도 가능하다면 오늘 저녁의 종강 파티에 참석하고 싶었다. 다른 이유에서가 아니라, 내가 LA를 떠나오게 되면 학교 친구들을 다시는 만나볼 수 없으리라는 생각 때문이었다. 우스갯소리 이외에는 말다운 말을 나눠보지 못한 친구들이기는 했지만, 기실 모든 인간관계에서 우리가 그것 이상의 그 무엇을 바란단 말인가. 내가 멀리 떠날 것을 알지 못하는 그들 틈에 섞여 나는 마지막으로 또 한 번 쓸데없는 말들을 주고받고 싶었으며, 아니면 아예 그들에게 무시당한 채로 구석자리에나마 처박혀 있고 싶었다. 그들과 내가 한때 서로의 이름과 얼굴을 알고 지냈다는 것, 아주 간단하고 쉬운 몇몇 개의 낱말을 빌려 어쩌면 서로의 깊은 하소연을 거짓말처럼 털어놓았을지도 모른다는 것, 나는 그들의 얼굴 하나하나를 훔쳐보면서 그런 식의 흔해빠진 인연이나마 정리해 보고 싶었다.

금문교를 건넜다. 군데군데 다리의 허리를 휘감싼 안개 속을 뚫고 우리는 골든 게이트 브리지를 건넜다. 평일이었고 아직 오전중이었는데도 다리 끝 쪽의 관망대에서는 적지 않은 수의 관광객들이 금문교를 배경으로 번갈아 사진을 찍어대고 있었다. 주홍색으로 칠해진 우람한 철교, 그 아래로는 태평양이 흐르고 거기 요트의 하얀 돛들이 바다에 점점으로 박혀 있었다.

"왜 여기서 수백 명씩이나 자살했는지를 알 것 같아요. 저 안개에 파묻힌 다리 좀 봐."

미나가 그랬다.

금문교에서 몸을 날린 사람들은 바다로 떨어져 가면서 차츰 한 점으로 되었을 것이다. 점 하나가 퐁당 빠지면서 일으킨 파문은 아예 보이지도 않을 것이다.

다리 저편의 바닷가에 치솟은 빌딩의 숲을 보았다. 샌프란시스코—겨우 인구 60만의 소도시지만 해외 토픽감 뉴스가 끊이지 않는다는 요술 같은 땅.

그리고 알카트라즈 섬도 보았다. 바다 한가운데의 작은 무인도인 그곳에 사람들은 형무소를 지었다. 알카트라즈 감옥에서 탈주하는 데 성공한 사람은 아무도 없다고 그런다. 전설적인 갱 두목 알 카포네도 거기에 갇혀 죽어갔다고 그런다.

하지만 지금의 알카트라즈 섬엔 텅 빈 형무소 건물만이 남아 있을 뿐이다. 죄수며 간수들의 보급품을 공급하는 데 쓰이는 예산을 감당하기가 벅찼기 때문에 알카트라즈 감옥은 문을 닫아야 했다. 아니다, 문을 열어야 했다. 모든 죄수들은 육지의 다른 형무소로 이감되었다. 문을 활짝 열어젖힌 알카트라즈 감옥은 그때부터 죄수 대신 관광객들을 받아들이기 시작했다. 알카트라즈 섬은 그때부터 샌프란시스코에서 빼놓을 수 없는 관광 코스에 속하게 되었다고 한다.

빈 감옥을, 그 속에서 쪼그라들며 발광하던 거친 사내들의 흔적을 하나의 구경거리로 개발해 낸 기발한 사람들이 어째서 그곳을 동물원으로 활용할 생각은 하지 못했을까. 알 카포네가 죽어나간 감방에는 원숭이 한 쌍을, 흑인 인권지도자를 가두었던 감방에는 외로운 레오파드를 키우는 거다. 그리고 관광객들에게 입장료를 받는다면 예산도 절약되고 얼마나 좋겠는가. 쇠창살 너머로, 관광객들은 음산한 사연들이 가득한 빈 공간을 보는 대신에, 비스킷이라도 던져주며 웃을 수가 있으니 얼마나 좋겠는가.

고개를 돌리고 보니 막히는 것 없는 태평양이었다.

"저리로 쭈욱 넘어가면 나올 텐데 말이야, 씨."

미나가 수평선 너머로 시선을 둔 채 투덜거렸다.

태평양은 크고 넓고 깊고 길지만, 서울은 그렇게 멀리에 있을 거지만, 우리는 그 바다를 보면서 서울을 생각하지 않을 수가 없었다. 우리가 이 바다를 건너서 여기에 왔다는 생각 때문에, 이 바다가 우리 땅까지 연결돼 있다는 생각 때문에, 바닷가에 나오면 우리는 늘 서울과 그곳 사람들의 이야기를 꺼내고는 했다.

우리와 우리 땅을 가로막는 우람한 벽인 동시에 우리와 우리 땅을 이어주는 작은 개구멍 같은 것—우리에게 있어서의 태평양이란 그런 거였다.

LA로 돌아오는 지루한 프리웨이에서는 언제나처럼 미나가 내가 멀리 떠날 것을 알지 못하는 그들 틈에 섞여 나는 마지막으로 또 한 번 쓸데없는 말들을 주고받고 싶었으며, 아니면 아예 그들에게 무시당한 채로 구석자리에나마 처박혀 있고 싶었다.

쉴 사이 없이 소리를 내고 있었다.

"여보야, 미국에 온 한국사람들이 하필이면 왜 LA에 제일 많이 모여 사는지 알아요? 누가 그러는데 미국에서는 그래도 LA가 서울과 제일 가까운 곳이기 때문이래. 웃기지 않아? 한국에 있었을 때는 미국에 오고 싶어서 난리를 치던 사람들이 왜들 이렇게 궁상을 떠느냔 말이에요. 물론 우리도 포함해서요. 특히 당신은 더하구요."

아무래도 미나는, 운전대를 잡은 내가 졸지 못하게 하려고 그 이야기 속에 나까지를 끌어댔던 것이리라.　3. 4. 木

176
충고

"잘된 일이야. 법적으로는 아무 문제가 없어. 그렇지만 나는 네가 샌프란시스코에까지 갔다가 며칠 안 돼서 쫓겨날까봐 그게 걱정이야. 왜냐하면 너는 성질이 너무 급하거든. 너는 아마 그 신문사의 상관들한테도 대들 것이고, 그러면 그들이 곧 너를 해고시킬 거야."

용건을 마치고 나서, 잠브사리아 변호사는 웃으면서 이렇게 나를 염려해 주었다.

나도 따라 웃지 않을 수가 없었다. 잠브사리아 변호사의 뒷

벽에는 여전히 링컨 대통령의 초상화가 걸려 있었고, 그 초상화의 하단에는 여전히 그 표어가 붙어 있었던 것이다.

'변호사의 시간은 곧 돈이다.'

링컨이 변호사 출신이라는 것은 알지만, 그가 실제로 이렇게 말했는지는 모르겠다. 어쩌면, 싱거운 소리 잘하기로 유명했다는 링컨이 언젠가 농담으로 던진 말인지도 모른다. 아니 어쩌면, 링컨의 초상화와 그런 말씀을 자신의 사무실 벽에 떡하니 걸어놓은 잠브사리아 변호사의 심보야말로 농담 같은 것인지도 모르겠다.

하여간 내가 잠브사리아 변호사와 싸웠던 날은 유난히도 그 표어가 마음에 들지 않았다. 그때 그 표어만 내 눈에 띄지 않았더라면 나는 잠브사리아의 책상을 치며 고래고래 악을 쓰지는 않았을 것이다.

그날 나는 잠브사리아와 미리 약속했던 시간에 맞춰 그의 사무실에 찾아갔지만, 비서실의 소파에 앉아 한 시간이 넘도록 차례를 기다려야 했다. 그즈음의 나는 잠이 모자라서 미칠 지경이었으므로 한 시간을 생눈 뜨고 죽인다는 건 너무나 억울한 일이었다. 그런 후에 만난 잠브사리아가 나를 약 올리지만 않았어도 내가 그에게 쌍소리를 퍼붓지는 않았을 것이다.

그러나 잠브사리아는 나를 더욱 화나게 만들었다. 그는 한 시간 이상을 기다리다가 사무실에 들어선 나를 본체만체했을 뿐만 아니라, 그때부터 여기저기에 전화를 걸기 시작해서 내가 세 개비째의 담배를 부벼 끌 때까지도 전화질을 계속해 대고 있었던 것이다. 나도 바쁘다고, 내 용건은 3분이면 끝난다고, 내가 사정 조로 한 이야기에조차 잠브사리아는 제대로 귀를 기울이지 않았다.

'변호사의 시간은 곧 돈'이라는 표어가 내 눈에 띈 것이 그때쯤이었다. 그런데 변호사의 시간이 돈이라면 나의 시간도 돈이었다. 그런데 변호사의 시간은 곧 돈일 뿐일지 모르지만 나의 시간은 곧 나의 삶이었다. 하기야 그렇다. 변호사는 한 시간에 60달러를 벌고 나는 한 시간에 3달러를 번다. 잠브사리아가 한 시간에 버는 만큼을 벌기 위하여 나는 스무 시간을 일해야 한다. 하지만 그건 잠브사리아의 한 시간이 나의 한 시간보다 스무 배가 더 중요하다는 이야기는 절대로 아닐 거였다. 나에게의 3달러는 변호사의 60달러보다 얼마든지 더 중요할 수 있는 거였다. 또 나의 한 시간이 그 변호사의 한평생보다 더 소중해서는 안 될 이유가 어디에 있는가.

무엇보다도 나는, 내 시간과 인생이 잠브사리아에게 모욕당하고 있다는 느낌이 들자 더 이상 참을 수가 없었다.

"당장 전화를 끊지 않으면 널 죽여버리겠어. 이 창녀의 아들 같은 놈아."

잠브사리아가 황급히 수화기를 내려놓고 내게 사과하였다. 뛰어들어온 여비서는, 내가 사무실 밖에서 한 시간 이상이나 기다렸었다고 잠브사리아에게 보고했고, 잠브사리아는 내게 여러 가지로 변명을 늘어놓기 시작했다. 나는 내가 왜 흥분하게 됐는지를 잠브사리아에게 차분히 설명해 주지 못했다. 이미 그때의 내게 남은 건 분통뿐이었다.

"나 같은 놈은 아무렇게나 다뤄도 된다고 생각하지는 마. 내가 다른 변호사를 찾아가는 것으로 문제가 끝날 것으로 생각한다면 그건 오해야. 네가 나를 이 따위로 취급하겠다면 나는 절대로 너를 그대로 놔두지 않겠어. 알아들었어?"

"네 말을 대강은 이해하겠어. 제발 흥분하지 마. 나는 아무것도 오해하고 있지 않아. 너야말로 지금 오해 때문에 흥분하고 있는 거야."

그런 일이 있고 나서부터 잠브사리아는 나와의 약속시간을 한 번도 어기지 않았다. 간혹 나와 함께 있는 동안에 밖에서 전화가 걸려오면 잠브사리아는 상대방의 전화번호를 메모해 놓고 서둘러 전화를 끊어버리곤 했다.

그런데 잠브사리아는 오늘에야 자기대로의 불만을 나에 대한 충고처럼 털어놓은 것이다. 어쨌든 나는 잠브사리아의 말을 곰곰이 새겨들었다. 그건 내게 필요한 조언인 듯싶었다. 그리고 잠브사리아 역시 내 말을 진심으로 받아들여주기를 원하면서 이렇게 말해주었다.

"생각해 봐, 너를 필요로 해서 너를 찾아오는 사람들은 거의가 너보다 약한 사람들이야. 그들이 약하기 때문에, 너는 절대로 그들을 무시해서는 안 돼. 그리구 샌프란시스코 신문사의 벽에는 저런 엉터리 표어가 붙어 있지 않을 테니까 내가 해고당할 염려는 없을 거야. 아무튼 너의 충고는 정말 고마워, 미스터 잠브사리아." 3. 8. 月

홀로 시작하는 새벽

거기에서 나는, 낯선 사람들끼리 만나 차츰 서로 알아가는 과정에서 으레 오고가기 마련인 조금씩은 무례한 질문들을 아무렇지도 않은 척하며 숱하게 주고받아야 하리라. 그러다가 혼자가 되면 왈칵 피곤해질 것이다.

177
출정

LA를 출발한 것은 새벽녘이었다. 입대하던 날, 그럼 다녀오겠습니다 하고 집을 나서던 때처럼, 밝지도 어둡지도 않은 새벽이었다. 미나와 미나가 당분간 머물기로 한 큰이모네의 노부부가 나를 전송해 주었다.

샌프란시스코를 향해서, 내 고물 자동차는 꾸역꾸역 달려주었다. 차 지붕엔 책상을 분해해서 끈으로 동여맸고, 뒷자리엔 옷가지를 담은 트렁크와 잡동사니를 가득 때려실었다. 텅 빈 프리웨이를 하염없이 달리면서 지겨워하면서 나는 고물차의 운전석에 앉아 담배를 피웠고 꽁초를 창밖으로 내던졌으며 또다시 새 담배에 불을 당겼다.

남겨두고 온 미나 때문에 마음이 편치 않았다. 착하기만 하고 전혀 야물지 못한 미나, 혼자서 견디는 데에는 전혀 소질이 없는 미나, 미나는 배까지 부른 터에 혼자서 학교를 다녀야 할 것이고 혼자서 빨래를 하러 가야 할 것이고, 혼자서 여러 가지 문제와 의문들을 해결해야 할 것이고, 그리고 무서워하면서 나를 보고 싶어하면서 혼자서 잠들어야 할 것이고……

프리웨이를 달리면서 내내 기분이 유쾌하지 못했다. 내가 샌프란시스코에서 겪어야 할 생소한 생활 역시 어느 정도는 두려운 것이었다. 서울을 떠나와 미나와 단둘이 덤벼든 LA 생활도 쉬운 것이 아니었다. 그나마 LA에서는 친구들이며 지인들의 도움이 적지 않았다.

그런데 나는 이제 미나까지 떼어놓고, 아는 이 단 한 사람도 없는 미지의 도시에 홀로 뛰어들고 있는 거였다. 막가는 심사이기는 했어도, 당장 오늘 밤부터 먹고 잘 곳이 막연한 판이다.

거기에서 나는, 낯선 사람들끼리 만나 차츰 서로 알아가는 과정에서 으레 오고가기 마련인 조금씩은 무례한 질문들을 아무렇지도 않은 척하며 숱하게 주고받아야 하리라. 그러다가 혼자가 되면 왈칵 피곤해질 것이다. 3. 15. 月

178
출세

—김한길. 명. 기자.

한국일보 샌프란시스코 지사에서는 북부 캘리포니아 지역의 교포들을 대상으로 하는 한글판 일간지를 발간하는데, 나는 여기서 근무하게 된 것이다. 공장에 있는 윤전기는 16페이지짜리 신문을 한 시간에 1만 6천 부씩 찍어낸다고 했다.

오전 중엔 부장과 함께 몇 군데에 인사를 하러 다녔다. 주 샌프란시스코 한국 총영사를 뺀다면, 오늘 인사한 사람들은 모두 직함 맨 뒤에 장자가 붙은 사람들이었다. 한인회장, 한인이사장, 무역관장…….

부장은 사람들에게 'LA에서 새로 온 김한길 기잡니다' 하고 나를 소개했다. 그러면 나는 '잘 부탁합니다'라고만 하면 되는 거였다.

나는 그들에게, 내가 LA의 주유소에서 밤일을 하다가 왔다는 말은 하지 않았다. 햄버거 집에서 쿡헬퍼로 있었다는 말도 하지 않았다. 쿡헬퍼로 일하기 위해서는, 약혼식 때 맞춘 흰 와이셔츠에 기름을 잔뜩 묻혀야 했다는 사실도 물론 말하지 않았다.

왜냐하면 혹시나 그들이 잘못 알고, 내가 출세한 것으로 생각할까 봐. 3. 16. 火

179
시비

며칠째 신문 제작과정을 옆에서 구경만 하고 있다. 최근의 것은 소위 '경찰관의 김홍탁 폭행사건' 관련 기사가 가장 많은 지면을 차지하고 있다.

김홍탁이라면 보컬그룹 '히식스'의 리더로 〈초원〉이라는 노래를 불러 십여 년 전의 한국 가요계에서 날리던 인물이다. 그가 샌프란시스코에서 꽃집을 하며 살고 있다고 했다. 밤에는 기타를 들고 술집 무대에 서기도 하면서.

그런데 그가 골프장에서 네 명의 백인들에게 뭇매를 맞아 전치 삼주의 진단을 받았다는 것이다. 김씨 일행이 친 골프공이 옆 코스로 날아간 것이 시비의 발단이었다. 그런데 김씨에게 폭행을 가한 백인들은 샌프란시스코 경찰국 소속의 사복 경찰관들이었다는 것이다. 뿐만 아니라 경관들은 오히려 김씨가 무기를 들고 경찰관에게 대항했다고 주장하며 김씨를 구속해 버렸다는 것이다.

우리 신문은 지난 10일자에서 이 사건을 머리 기사로 다룬 이후 계속해서 상황을 추적했다. 사건 발생 당시 경관들은 술에 취한 상태에서 김씨를 구타했으며, '동양 놈들은 너희 나라로 돌아가라'는 등의 인종차별적 폭언을 퍼부었다는 점을 중시했다.

이어 샌프란시스코의 양대 신문 중의 하나인 《이그재미너》도

15일 이 사건을 1면 머리 기사로 다루면서, 상의를 벗어 젖히고 상처를 내보이는 김씨의 사진을 5단 크기로 실었다.

그 다음날인 16일에 열린 사건의 첫 예비청문회에서 담당 판사는 경찰이 제출한 보고서가 공정치 못한 인상을 준다고 지적하며 검찰에 재수사를 지시했다.

재판부의 재수사 지시가 일단은 김씨에게 유리하게 작용하는 것이 사실이라지만, 경찰이라는 막강한 집단과 맞붙어서 김씨가 이기기를 바라는 것은 무리일 거라고 변호사들은 말한다. 현실적으로 볼 때, 보상은 고사하고 김씨가 감옥살이나 면하게 되면 다행이라고 전문가들은 말한다. 안타깝고 처량한 얘기다.

난폭한 형사 '더티 하리'가 영화 속에서나마 샌프란시스코 경찰국(SFPD) 소속이었던 것은 우연이 아닌가 보다.

3. 17. 水

180
「포그혼」

신문 1면에 고정 칼럼난을 만들기로 했다. 칼럼의 이름을 「Fog Horn」으로 결정했고, 그 첫번째를 내가 이렇게 썼다. '어디로 가고 계십니까'라는 소제목을 달고.

'당신은 지금 어디로 가고 계십니까.'
물론 자신의 위치와 방향을 끊임없이 확인하며 정직하게 인식하는 작업은 결코 쉬운 일이 아니다. 그것은 대개의 경우 속 쓰린 것이리라.

이 난의 이름이 '포그혼'으로 결정되었을 때 문득 떠오르는 작품이 있었다. 유진 오닐의 희곡 『밤으로의 긴 여로』가 바로 그것이다.

저마다의 환상과 꿈속을 헤매며 사는 아일랜드의 한 가정을 그리면서 작가는 틈날 때마다 현실의식의 상징으로서 포그혼 소리를 들려준다. 등장인물 각자가 삶의 진로에 대하여 회의를 느끼며 침묵할 때 그 소리는 예외없이 그들의 귓가를 맴도는 것이다. 당신도 한 번쯤은 들어보았으리라. 안개 낀 바다의 선박들을 위해 울리는 그 둔중한 경적 소리를.

금문교 근처를 어정거려본 경험이 있는 당신은, 잿빛 하늘 아래 안개에 싸인 금문교를 지나쳐보기라도 했을 당신은, 아마도 그 낮고도 깊은 고동 소리를 기억하고 있을 것이다.

그리고 어쩌면, 그 구슬프고도 애잔한 소리가 당신에게 까닭 모를 한숨을 토해놓게 했을지도 모른다. 어디로 가고 있는지를 잊어버린 채 무작정 바쁜 걸음을 재촉하고 있던 자신을 돌이켜보게 하여 당신을 잠깐 우울하게 만들었는지도 모르겠다.

그렇다. 그 소리는 두꺼운 혼미 속에서 울려오는 하나의 경보이다. 물길 가는 대로 표류하는 목적지 없는 항해에 대한 경종이며, 스스로를 정리하는 데 게을렀던 모든 사람들을 향한 질책이다.

'당신은 지금 어디로 가고 계십니까.'

물론 자신의 위치와 방향을 끊임없이 확인하며 정직하게

인식하는 작업은 결코 쉬운 일이 아니다. 그것은 대개의 경우 속 쓰린 것이리라.

어디로 가든 우선은 살면서 가자—하고 중얼거리는 사람도 있을 것이다. 이 말은 특히 숨 가쁜 일상에 쫓겨 뛰어다녀야 하는 이민 생활의 우리에게 더욱 설득력 있게 들리기도 한다.

하지만 이 말은 오직 살기 위해서만 살고 말 사람들에게만 해당되는 소리이다. 한때나마 '무엇인가를 위해서' 살려고 마음먹어 본 적이 있는 사람에게라면 그런 말은 한낱 변명에 지나지 않을 것이다.

한낮으로 가는 길을 찾으려는 사람들, 물길을 역류하는 산 물고기와 같은 사람들, 느끼고 울고 웃을 줄 아는 많은 이들이 반겨주는 「포그혼」이 되었으면 한다.

잔뜩 폼을 잡고 써갈기기는 했지만, 사실 요즈음의 내 꼬락서니야말로 물길 가는 대로 표류하는 신세다. 지사장 댁에서 하루, 부장 댁에서 하루, 이렇게 더부살이로 지내자니 여간 죄송스러운 것이 아니다. 신고 온 짐들은 신문사 창고에 부려놓았는데 속옷이라도 갈아입으려면 여간 불편한 게 아니다.

낮에 LA로 장거리전화를 걸었다. 미나는 잘 있다고 그런다. 뱃속의 아기도 잘 있다고 그런다. 어떻게 있길래 잘 있다는 것인지……. 3. 19. 金

181

애니

 방을 구해서 짐을 옮겼다. 아파트가 아니라 단독주택의 방 한 칸을 빌려 쓰기로 한 것이다. 월 2백 달러.

 애니라는 다섯 살 난 꼬마 아가씨와 애니의 엄마와 애니 엄마의 동생인 아가씨 둘, 이렇게 여자만 넷이 살고 있는 집이라고 했다. 돈이 궁한 것은 아니지만 '그래도 집 안에 남자가 하나쯤은 있어야겠기에' 방을 세놓는 것이라고, 가장인 애니 엄마가 내게 말했다. 애니 엄마는 한국계 미국 시민권자이고, 애니는 금발에 갈색 눈동자를 한 인형같이 예쁜 꼬마다.

 밤이었는데, 나는 미나에게 편지를 쓰고 있었는데, 방문이 살짝 열리더니 애니의 얼굴이 반쪽만 나타났다가 사라졌다. 애니는 아까 짐을 나를 때부터 줄곧 내 뒤를 졸졸 따라다녔다.

 방문 앞에는 잠옷 차림의 애니가 한 손으로 인형을 안고 서 있었다. 나는 애니의 앞에 무릎을 쪼그리고 앉아서 그 아이의 눈을 들여다보았다. 속눈썹이 엄마의 것처럼 길다. 그런데 애니 엄마의 속눈썹은 가짜다.

 "애니는 아저씨가 무얼 하고 있나 보려구 온 거로구나, 그지?"

 애니는 말도 없이 고개만 끄덕끄덕 하였다. 긴 속눈썹을 깜빡이면서.

"애니는 아저씨가 이사 와서 좋으니?"

애니는 웃지도 않고 고개만 끄덕끄덕 하였다.

그때 아래층에서 애니 엄마가 애니를 찾는 소리가 들렸다.

"이거 너 가져."

나는 급한 대로 책상 위에 있던 색연필 한 자루를 집어서 애니에게 내밀었다. 애니는 고개를 가로저으며 색연필을 받지 않았다. 마치 무언가를 받으려고 여기에 온 것은 아니라는 듯이. 그리곤 계단을 내려가다 말고 나를 돌아보며 입을 열었다.

"아저씨 잘 자."

어쩌면 애니는 아빠의 얼굴을 한 번도 본 적이 없을지도 모르겠다는 생각이 들었다.

가능하다면 내일은 일찍 돌아와서 애니와 함께 놀아주어야겠다. 퇴근길에 과자도 한 봉지 사야지.   3. 21. 日

182
〈초원〉

'그는 정상급 연예인으로서의 높은 인기도를 남겨두고 한국을 떠나왔다.'

《이그재미너》는 지난 15일 김홍탁 씨가 골프장에서 백인 경찰관에게 구타당한 사건을 보도하면서 그를 이렇게 설명했다.

그는 60년대 말 〈초원〉〈초원의 사랑〉〈초원의 빛〉 등의 곡으로 이른바 보컬 바람을 한국 가요계에 불러일으킨 장본인이다. 72년 그가 한국을 떠나올 당시 그가 가요계에서 누리고 있던 위치란 이미 부동의 것이었다.

그랬던 그가 홀연히 한국을 떠나온 이유는 무언가. 그는 '음악 공부도 할 겸'이라고 서두를 꺼냈다.

하지만 당시 한국 연예계의 삭막한 풍토나 사회의 제약에서 느낀 답답함이야말로 그가 어느 날 갑자기 인기 정상의 자리를 팽개치고 훌훌 떠나기로 마음먹게 한 진짜 이유인 것 같다. '도대체가 장발 단속 같은 엉터리 수작이 어디 말이나 됩니까' 하고 그는 말한다.

그 시절 그가 비틀즈의 멤버 중에서 가장 탈세속적인 조지 해리슨이나 상식으로는 이해하기 어려운 끼의 화신 지미 헨드릭스에게 몰입하고 있었다는 점을 감안한다면 그의 탈향은 오히려 당연한 귀결인 듯도 하다. 하지 말라는 짓이 없고 참견할 놈이 없는 곳, 예컨대 그가 늘 노래해 온 〈초원〉을 찾아 떠나왔을 거란다면 지나친 비약일까.

그렇게 그가 한국을 떠나온 지 십 년이 되었다. 이제는 과연 그가 이곳에서 그 〈초원〉을 찾아내는 데 성공했는지를 물어볼 차례이다.

그는 '솔직히 말해서'라는 단서를 붙이고 나서 말했다.

"저는 그저 음악이나 하면서 살면 그뿐이라는 생각이었습니다. 한국이건 미국이건 하여간 사회라는 울타리는 제게 도무지 어울리지 않는 것이었습니다. 파벌이나 만들고, 하는 일 없이 말만 많은 교포 사회에는 더더욱 섞이고 싶지 않았습니다."

그런데 그가 경찰관들에게 폭행당한 사건이 보도되자 교포 사회에서는 즉각 그를 돕기 위한 '인권옹호위원회'가 구성되었다. 변호 비용에 보태쓰라며 여러 사람들이 성금을 보내오기도 했다. 그런 일들이 그에게는 몹시 의외였던 모양이다. 김홍탁 씨는 말한다.

"십 년 만에야 비로소 제가 잘못 생각해 왔다는 걸 깨달았습니다. 어쩌면 바로 여기가 초원이었는데 말입니다."

"초원이라니요?"

"아직도 사람끼리의 무언가가 남아 있는 곳이라면 거기가 초원이 아니고 어디겠습니까. 저도 이제는 무언가 교포사회를 위해서 할 수 있는 일들을 찾아봐야겠습니다." 3. 22. 月

183
사연들

눈물겨운 사연이 있다기에, 부장을 따라 팰러 앨토까지 달려갔다.

스탠퍼드 대학 근처의 허름하고 을씨년스러운 주택가였다. 거기 한 단층집의 반쪽이 이금옥 여인네가 살고 있는 셋집이었다.

문 변호사와 김 목사가 우리보다 먼저 와 있었는데, 그들이 앉은 자리 앞의 탁자에는 알사탕 몇 개가 놓여 있었다. 알사탕은 네 개 아니면 다섯 개쯤이었고, 그것들을 받치고 있는 플라스틱 쟁반은 수박을 두 통은 올려놓을 수 있을 만한 크기였다. 아니 어쩌면 그 쟁반은 그렇게 큰 것이 아니었는지도 모른다. 분명한 것은, 알사탕 다섯 개쯤을 놓기에는 몹시 큰 쟁반이었다는 사실이다.

이금옥 여인, 마흔여덟 살.

그녀는 한국인을 부모로 중국 땅 만주에서 태어났다. 만주에서 성장했고 결혼했으며 세 아이를 낳았다. 열 달 전, 그녀와 그녀의 가족은 홍콩을 통해 미국으로 이주해 왔다. 중국인 남편 유리친 씨와의 사이에 2남 1녀를 두었지만, 장남은 미국 입국 비자를 받지 못해 홍콩에 남았다. 그래서 지금은 남편과 두 아이까지 네 식구가 함께 이곳에 살고 있다. 중국 땅을 빠져나오는 것이나 미국 땅에 들어서는 것이 똑같이 어려운 일이었다.

이금옥 여인은 평안도 사투리 억양이 섞인 서투른 한국말로 말했다. 그나마 그녀의 양친이 간곡하게 권유해서 익힌 한국말이라고 했다. 한국 사람은 한국말을 할 줄 알아야 한다고, 그녀의 어머니는 입버릇처럼 말했단다.

그녀는 고르지 못한 목소리로 잠깐씩 쉬어가면서 그런 말들을 했다. 그녀는 환자였다. 두 주일 전 딸아이가 운전하는 자동차를 얻어 타고 가다가 고속도로에서 차가 전복되는 사고를 당했다. 그녀는 머리가 터져서 뇌를 상했고, 갈비뼈 두 대가 부러졌다. 돈이 있다면 혹은 보험이라도 있다면 그녀는 지금 병원의 중환자실에 누워 있어야 할 사람이었다. 그녀를 담당했던 의사는 친절하게도 앰뷸런스로 그녀를 집까지 실어다 주도록 지시했다.

여기까지 말하고, 이 여인은 곁에 앉은 남편 유씨를 올려다보면서 한숨을 쉬었다. '이것뿐이라면 오히려 행복이지요'라고 그녀는 말했다. 그녀는 다행이라는 낱말 대신 행복이라고 말한 것 같았다.

교통사고를 당한 바로 그 다음날, 그녀는 남편 유씨가 기관지암에 걸려 있다는 진단 결과를 전해들어야 했다. 유씨에게 남은 삶이란 길어야 팔 개월의 것이었다.

나는 얼른 유씨의 표정을 훔쳐보았다. 한국말을 알아듣는지 못하는 그는 사람들의 표정에서 무엇인가를 읽어보려는 듯이 눈동자를 이리저리 굴리고 있었다. 쉰일곱이라는 유리친 씨. 젊어서는 꽤 신경질적이었을 것 같은 섬세한 얼굴이다.

내가 이 여인에게 물었다.

"유리친 씨 자신이 앞으로 팔 개월밖에 살지 못한다는 사실을 알고 계십니까?"

"알고 있습네다."

이 여인이 덤덤하게 대답했다.

"남은 팔 개월 동안을 어떻게 보낼 것인지에 대해서도 두 분이 상의해 보셨습니까?"

"아니야요. 우리는 서로 아픈 것에 대해서는 말하지 않았습네다."

"그렇다면 이 자리에서 한번 여쭤봐 주시겠습니까. 남은 몇 달을 어떻게 보내실 것인지……."

이 여인은 잠시 망설이다가 내 질문을 남편에게 중국말로 옮겨주었다. 곧이어 유씨가 짧게 응답했다.

"지금 하는 공장 일을 계속하겠대요."

이 여인이나 유씨의 말투에 극적인 구석이라고는 요만큼도 없었다.

미국에 건너온 이후, 이들 부부는 실리콘밸리의 전자부품 생산공장에서 조립공으로 일해왔다. 이 여인은 월 5백 달러를, 유씨는 월 6백 달러씩을 받아 겨우 네 식구의 생계를 유지해 나갈 수 있었다. 그런데 부인은 갈비뼈가 부러졌고 뇌를 다쳤고, 남편은 팔 개월의 시한부 삶을 선고받은 것이다. 유 씨가 시선을 마룻바닥에 준 채 다시 무어라고 중얼중얼거렸고, 그 말을 이 여인이 풀이해 주었다.

"통증을 느끼는 건 아니니까 일하는 데에는 거의 불편이 없대요. 그런데 자기가 죽고 나서가 문제라는 거야요. 아이들은 아직 어린데 에미는 요꼬라지지요. 그리고 물어야 할 돈들도 걱정이래요. 제 병원비가 벌써 3천 달러라지요, 미국에 올 때의 비행기 값과 자동차 월부금도 남아 있지요……. 하여간에 이 사람은 공장 일을 계속하겠다고 그럽네다."

아무도 더 이상 말하지 않았고 묻지 않았다. 갑자기 한동안 조용했다. 침침한 분위기였다.

김 목사가 고개를 떨구며 침묵을 깼다.

"다 같이 기도하시겠습니다."

나는 기도하는 도중에 살짝 눈을 떴는데, 쟁반 위에는 네 개 아니면 다섯 개의 알사탕이 여전하였다.

그래서 어쨌다는 말인가. 나는 신문기사를 써야 하는 것이다. 누가 언제 어디서 무엇을 어떻게 왜…….

중국에서 온 교포 여인 이금옥 씨가, 지난 13일 하오 4시 50분께 101번 프리웨이에서, 교통사고를 당해 갈비뼈가 부러지는 등의 중상을 입었다. 왜? 재수가 없어서.

이 여인의 남편 유리친 씨는, 지난 14일 제너럴 호스피틀에서, 기관지암으로 팔 개월 이상의 생존이 불가능할 것이라는 진단 결과를 통보받았다. 왜? 재수가 없어서. 3. 23. 火

184

시위

  반핵 데모가 있다기에 다운타운에 나가보았다. 그런데 이건 데모가 아니라 아예 축제라고 말해야 옳았다. 핵산업에 크게 투자했다는 '듀퐁' 사와 '뱅크 오브 아메리카' 본점 건물 사이에서 벌어진 오늘의 데모는 평화적이다 못해 신나는 한판의 놀이마당이었다. 얼굴에 잔뜩 분칠을 한 사람, 자유의 여신상을 흉내 낸 옷차림에 은박지로 만든 왕관을 쓰고 횃불을 치켜든 여자, 군복에 울긋불긋한 페인트칠을 해서 입은 남자, 그런 방랑 악극 단원 같은 사람들 칠백여 명이 기타 소리에 맞추어 〈우리는 승리하리〉를 노래불렀다. '우리는 평화를 원한다'라는 구호를 소리질렀다. 그들은 웃어가면서 껑충껑충 춤을 추면서 콜라나 맥주를 벌컥벌컥 마셔가면서 구호를 외쳤고 노래를 불렀다.

  오늘의 데모를 이끈 미셸 브레이크 씨는 만족스러운 듯이 말한다.

  "우리는 반핵 시위라는 단순한 목적을 넘어 샌프란시스코

관광도 겸하고 있습니다. 왜냐하면 시위 참가자들 중의 많은 수가 세인트루이스나 산타 클로스처럼 먼 곳에서 온 사람들이기 때문입니다."

그는 또 다음 시위 때에는 더 많은 관광객들이 함께 반핵 구호를 외칠 수 있도록 구상중이라고 덧붙였다.

하기야 그렇다. 웃으면서 말해도, 이마에 띠를 두르고 악을 써도, 결국 그들의 주장이 똑같이 칠백 명의 여론으로 받아들여지는 나라에서는 굳이 애꿎은 손가락을 잘라가며 혈서를 쓸 이유가 어디에도 없을 것이다.   3. 24. 水

예수께서 가라사대

우리는 해변가 언덕의 공원 벤치에 앉아 초록색 바다를, 바닷가의 사람들을 내려다보았다. 수영복 차림으로 일광욕을 즐기는 사람들, 맨발을 파도에 적시며 어깨동무하고 걷는 남자와 여자들, 애완용 개에게 끌려다니며 산책하는 꼬부랑 노인들······.

185

파마머리

 어젯밤, 신문사 일을 끝내고 LA를 향해 미나를 향해 출발한 것이 밤 11시 반쯤이었다. 도중에 몇 번인가 고물차가 말썽을 부렸다. LA에 도착한 것이 오늘 아침 7시.

 미나는 현관 입구 쪽의 소파에 웅크리고 누워 있다가 나를 맞아주었다. 두 주일 만에 보는 미나의 얼굴이 낯설다. 그 사이에 머리를 짧게 자르고 파마를 했기 때문이다.

 "아기야, 아빠 오셨어. 자 인사해야지."

 미나가 자신의 부른 배에다 대고 속삭였다.

 "요즘엔 요녀석이 엄마 배를 발로 콕콕 찬다구요."

 미나는 웃고 있었지만 얼굴이 조금 부어 있는 것 같다. 나는 미나를 꼬옥 껴안았다.

"머릴 왜 이렇게 했어?"

"자기도 없는데, 길면 귀찮기만 하잖아. 그런데 당신 얼굴이 안됐어요."

우리의 말소리가 들렸는지 처이모와 이모부가 이층에서 내려오셨다.

"밤새 달려오느라고 수고가 많구만. 그래 신문사 일은 할 만하던가?"

이모부가 내 어깨를 토닥이며 안부를 묻는데 이모가 벌써 제동을 거셨다.

"아이고 김 서방 피곤할 텐데 말 시키지 마오. 잠부터 자야지 무슨 놈의 이야기요."

그러나 아마 이모가 먼저 내게 말을 걸었다면 이모부가 이모에게 똑같은 핀잔을 주셨을 것이 분명하다. 그분들은 언제나 그런 식으로 당신들이 조카사위에게 보내는 애정을 확인시켜 주곤 한다. 미국에 온 이후로 나는 그분들만큼 순수한 정을 지니고 사는 어른들을 아직까지 만나보지 못했다. 늘 말은 서로가 퉁명스럽게 하면서도, 그분들만큼 서로에게 깊은 관심을 기울이며 사는 노부부를 나는 지금까지 만나본 적이 없다.

내가 잠에서 깬 것이 오후 5시. 미나와 함께 이모네 부부를 모시고 한국식당에 다녀왔더니 밤 8시 반. 그런데 나는 LA 지사에 주고 가야 하는 원고를 오늘 밤에 끝내야 한다.

 젊은 아내를 씩씩하게 재우고, 다시 책상 앞에 앉은 지금은 새벽 2시. 3. 27. 土

186
얼마나 더

 라구나비치.

 LA와 샌디에고 중간쯤에 위치한 작은 해변도시, 미나와 둘이 거기에 갔었다. 보통날 가기에는 아까울 만큼 아름다운 해변이라기에 벼르기만 하고 있던 것이다. 신혼여행이나 결혼기념일 같은 때를 위해 남겨놓을 만한 곳이라는 말이 순전히 억지는 아니었다.

 우리는 해변가 언덕의 공원 벤치에 앉아 초록색 바다를, 바닷가의 사람들을 내려다보았다. 수영복 차림으로 일광욕을 즐기는 사람들, 맨발을 파도에 적시며 어깨동무하고 걷는 남자와 여자들, 애완용 개에게 끌려다니며 산책하는 꼬부랑 노인들······.

 "저기 좀 봐요. 아휴 확 깨물어주고 싶어."

 미나가 가리키는 곳에선, 이리저리 도망 다니는 아빠를 붙잡기 위해 세 살쯤 먹은 금발의 사내아이가 뒤뚱뒤뚱 뛰어다니며 깔깔거리고 있었다. 그 아버지와 아들의 주위를, 그들 부자의 부산함에 놀라 바닷새들이 퍼득퍼득 날아오르고 있었다.

공원의 잔디밭 한구석에는 십여 명의 히피들이 널브러져 있었다. 서넛은 기타를 치며 노래하고 있었고, 나머지는 잔디밭에 누워 있었다. 누운 히피들 중의 반쯤은 엎드려 있었고, 반쯤은 하늘을 올려다보고 있었다.

> 우리가 하늘을 볼 수 있게 되려면
> 우리는 얼마나 더 올려다보고 있어야 하는 것일까
>
> 우리가 사람들의 울부짖음을 모두 다 들으려면
> 우리는 얼마나 더 많은 귀를 가지고 있어야 하는 것일까
>
> 포성이 영원히 멎게 되려면
> 얼마나 더 많은 포탄이 날아야 하는 것일까
>
> 너무나 많은 사람들이 죽었다는 걸 깨닫게 되려면
> 아직도 얼마나 더 많은 죽음이 있어야 하는 것일까
> ―밥 딜런, 〈Blowing in the Wind〉 중에서

미나와 나는 손을 맞잡고 쏘다니면서 아이스크림을 사 먹었고, 해변가의 작은 극장에서 코미디 영화를 구경했으며, 식

탁이 딱 여섯 개밖에 없는 작은 식당에서 따뜻한 조개 스프에 마늘빵을 찍어 먹었다. 나는 미나에게 라구나비치 방문 기념으로 13달러짜리 청바지 하나를 사주었는데, 그때는 벌써 분홍색 노을이 수평선을 물들이기 시작한 즈음이었다. 나는 다시 사막 가운데로 뚫린 프리웨이를 타고 부지런히 샌프란시스코로 돌아가야 할 시간이었다. 라구나비치에서 샌프란시스코까지는 꼬박 열 시간을 달려가야 할 거리였다. 3. 28. 日

187

기사

내가 쓴 이금옥 여인 관련 기사의 반응을 본다.

우선 문 변호사는 이 여인이 당한 교통사고에 대한 피해보상 청구는 물론, 미국 입국비자를 받지 못해 홍콩에 남았다는 장남의 도미 수속을 도와주겠다고 했다. 또 한의사 김씨는 유리친 씨의 기관지암을 완치시킬 수 있는 한방요법을 알고 있다고 주장하며 치료를 전담하겠다고 나섰다. 이 여인이 다니던 공장의 한인 직원들은 신문을 보고 즉석에서 133달러를 모금해 이 여인에게 전달했다. 산호세의 한 한인교회에서는 지난 주일에 걷힌 헌금 450달러를 모두 이 여인에게 성금했다. 식품점을 경영하는 한씨는 이 여인네 집에 쌀 한 가마를 실어다 주었다. 어떤 부부는 불고깃감을 양념해서 이 여인네 집을 찾아갔다가, 그 집에 취사도구조차 제대로 없는 것을 알고는 불고기용 전기곤로까지 사다 주고 돌아갔다.

이 여인은 내게 전화해서, 고맙다고 고맙다고 그런다.

천만에요, 온정은 짧고 불행은 길 것을……. 3. 30. 火

188
자유인

케네디 대통령이 소련을 방문했을 때, 흐루시초프는 이 아들 또래의 젊은 대통령에게 다음과 같은 러시아의 우화 한 토막을 들려주었다.

"오늘은 밭의 감자를 거두어놓아라."

해가 뜨자 주인이 노예에게 말했다.

해가 지자 밭에서 돌아온 노예가 주인에게 아뢰었다.

"감자를 모두 캐놓았습니다."

다음날 아침에도 주인이 노예에게 명령했다.

"어제 캐낸 감자더미의 양편에 큰 구덩이 두 개를 파놓아라."

해가 지자 어김없이 돌아온 노예가 주인에게 보고했다.

"구덩이를 다 파놓았습니다."

그 다음날 아침에는 주인이 이렇게 노예에게 지시했다.

"오늘은 감자를 분류하는 일이다. 큰 감자는 왼쪽 구덩이에, 작은 감자는 오른쪽 구덩이에 던져놓아라."

그런데 이상한 일이었다. 해가 지고 한참이 지났는데도 노예가 돌아오지 않았다. 화가 치민 주인은 채찍을 찾아 들고 밭으로 나가보았다. 감자는 두 구덩이 사이에 그대로 쌓여 있었다.

그리고 노예는, 그 불쌍한 노예는 마굿간의 구석진 곳에 웅크리고 앉아 소리 죽여 울고 있었다.

"이 게으른 노예야, 너는 어찌하여 주인인 내가 시키는 일을 하지 않고 여기에 숨어 있느냐."

주인은 채찍으로 노예를 내리치며 나무랐다.

아직까지 한 번도 주인의 지시를 거역해 본 적이 없는 충성스러운 노예가 슬픈 눈빛을 하고 울부짖었다.

"저는 주인님의 충실한 노예입니다. 감자를 캐라시면 감자를 캐고 땅을 파라시면 열심히 땅을 파겠습니다. 그러나 주인님, 감자를 하나씩 집어들 때마다 매번 그놈의 감자가 큰 것에 속하는지 작은 것에 속하는지를 결정하고 또 결정해야 하는 일을 노예인 제가 어떻게 감당해 낼 수 있겠습니까."

때로는 사소한 어떤 결정이 한 사람의 일생을 돌이킬 수 없이 뒤바꿔놓기도 한다는 사실을 우리는 알고 있다. 마치 저

록키 산맥의 정상에서 두 개의 눈덩이를 서로 반대편으로 던지면 그 하나는 태평양으로 녹아 흘러가고 다른 하나는 대서양으로 가는 것처럼.

사실 어떤 결정을 내린다는 것은 항상 어느 만큼 두려운 일이다. 스스로 결정하고 선택하며 기꺼이 그 책임을 받아들이는 자만이 자유인이라지만, 그 숱한 우연과 상황이 뒤엉킨 혼돈 속에서 우리의 알량한 윤리와 가치관만으로 정답을 찾으려는 짓은 분명 난감한 노릇이다.

그러기에 나는 예수를 부러워한다. 어느 땐 일흔 번씩 일곱 번이라도 용서하라고 했다가 어느 땐 성전 앞 장사치들의 좌판을 뒤엎으며 채찍을 휘둘러댈 수 있었던 예수를 부러워한다. 자신 있게 결정하고 망설임 없이 행동할 수 있는 그 자유를 부러워한다.

그러나 우리는, 갈등 없이는 요만한 것조차 결정하기가 힘겨운 우리는, 벌써 몇 번이나 차라리 자유인으로 살기를 포기해 버리려 했던가.

그래서 에리히 프롬은, 결정을 미루거나 회피하면서 세상의 흐름에 따라 모나지 않게 안전하게 살아가려는 현대인의 심리를 '자유로부터의 도피'라는 말로 표현하였다.

나는 지금, 자신의 자유로부터 결코 도피하지 않았던 어느 신부를 생각하고 있다. 학생들을 숨겨주었다는 죄로 쇠고랑을 찬 그 신부 역시 한순간쯤은 자신이 처한 입장에서 도피하고 싶었을까.

붙잡혀 간 신부를 생각하며, 요한복음 8장의 성경구절을 이렇게 고쳐 써본다.

'사람들이 간음 중에 잡힌 여인을 끌고 와서 예수께 말하되, 선생이여 이 여자가 간음하다가 현장에서 잡혔나이다. 모세는 이러한 여자를 돌로 치라 명하였거니와 선생은 어떻게 말하겠나이까. 저희가 이렇게 말함은 예수를 흠잡아 탓하려 함이러라. 예수께서 몸을 굽히사 손가락으로 땅에 쓰시니 저희가 묻기를 마지 아니하는지라, 이에 일어나 가라사대 너희 중에 죄 있는 자가 있다면 이 여인을 돌로 치라 하시고 다시 몸을 굽히사 손가락으로 땅에 쓰시니 저희가 어른으로 시작하여 젊은이까지 돌을 들어 여인을 치고 가니 후에는 예수와 돌에 맞아 죽은 여인만이 남았더라. 예수께서 일어나사 여인의 주검을 쓸쓸하게 내려다보며 이르시되, 여인이여 나는 너를 정죄치 않았노라. 그러니 다시는 죄를 범하지 말라 하시니라.' 4. 1. 木

189
통일교

"여간해서 만나뵙기가 힘든 분인데 이번에는 특별히 미주 한국일보사의 단독 인터뷰에 응해 주시겠다는군요. 물론 제가 잘 말씀드리기도 했지만요."

며칠 전, 통일교 샌프란시스코 교회의 책임자가 하던 말이다. 그는 내게 박보희 씨와의 인터뷰 장소와 시간을 알려주면서 박 씨의 권위와 자신의 역량을 동시에 과시하려 들었다.

박보희 씨는 오늘 저녁에 교포들을 상대로 열리는 '한국의 밤—승공강연회'의 연사로 샌프란시스코에 온 것이다. '한국의 밤'에서는 통일교 교리 해설의 일인자로 알려진 곽정환 씨의 강연과 리틀엔젤스의 무용 공연도 곁들여진다고 했다. 스카티시 오디토리움이라는, 천여 석 규모의 극장에서 있을 이 행사의 입장객 전원에게는 저녁식사까지 무료로 제공된다고 했다.

몇 달 전부터인가 통일교에서는 소위 국제승공연합회라는 단체를 앞세워 미주 교포들을 상대로 승공 세미나라는 걸 개최해 왔다. 참가자들을 경치 좋은 관광지의 일류 호텔에 묵게 하고 주말 동안 통일교의 교리를 주입시키는 것이 이 세미나의 내용이었다. 교통비와 숙식비 일체를 주최 측에서 부담했음은 물론이다.

통일교가 올해 들어 갑자기 미주 교포들을 상대로 본격적인 포교 활동을 시작한 점, 교주 문선명 씨가 탈세 혐의로 기소돼 현재 미 법정에서 재판이 진행중이라는 점, 이런 일들이 내가 박보희 씨와의 인터뷰를 마음먹게 만들었다.

인터뷰 약속 시간이 촉박해서야 박보희 씨가 묵고 있다는 집을 찾아냈다. 그곳은 버클리 시의 고급 주택가로, 집이 아니라 저택들이 들어선 곳이었기 때문에 한 집 건너의 번지수를 확인하려면 한참을 걸어야 했다. 그 저택은 통일교 서부 지역 총책임자의 것이라던가.

하여간 그 저택의 육중한 대문 앞에 서기는 했지만 나는 그 안으로 들어서는 방법을 알 길이 없었다. 초인종은 보이지 않았고, 그렇다고 소리를 질러보았자 집 안의 사람들에게는 들리지 않을 거리였다.

마침 차를 타고 그 저택으로 들어서려던 김 목사가 나를 알아보고 차에 태워주었는데, 그러자 대문이 저절로 활짝 열렸다. 알고 보니, 일반통행로와 저택 대문 사이에 난 샛길의 중간쯤에 특수 전선이 깔려 있다는 것이고, 차가 그 전선을 밟고 통과하면 대문에 장치된 카메라가 자동적으로 작동한다는 거였다. 그러면 집 안에서 그 방문객을 알아보고 대문을 열어준다는 것이다. 그런데 나는 차를 큰길가에 세워놓고 샛길을 걸어왔기 때문에 전선을 밟지 않았고, 그래서 대문의 카메라가 작동하지 않았을 거라는 설명이다.

차에서 내려 실내로 들어서기 위해서는 또 두 군데의 문을 통과해야 했다. 그 문마다에, 사관생도처럼 뒷머리를 바싹 올려 깎은 백인 청년들이 서 있다가 문을 열어주면서 '어서 오십시오' 하고 한국말로 인사했다. 청년들은 한결같이 착하게 생졌고, 넥타이를 단정하게 매고 있었다.

거실에 들어서자 백인 하녀가 내 코트를 받아 옷걸이에 걸어주었다. 미인이었는데, 아마도 통일교 신자들 중에서 뽑혀 왔을 것이다. 거실의 바다로 면한 벽면은 대형 유리로 처리돼 있었고, 그 너머로는 하늘과 태평양과 샌프란시스코가 시원하게 펼쳐져 있었다.

잠시 후에 박보희 씨가 서넛의 아랫사람들을 거느리고 거실에 나타났다. 그는 혈색이 좋았으며 훤칠한 키에 좋은 양복을 입고 있었다. 그는 엷은 미소를 짓고 있었지만 번쩍거리는 안경 속의 눈매가 매섭게 번득였다. 그는 군인 출신이라고 했는데, 그가 통솔했던 부대는 군기가 몹시 엄했을 것 같았다.

나는 그곳에서 약 세 시간 동안 박씨와 이야기를 나눴다. 나는 먼저 문선명 씨의 재판에 관해 물었다.

"이번 재판은 종교에 대한 정치적 인종적 탄압이다. 지난 73년부터 미주 포교를 시작한 통일교회는 그동안 약 1억 2천만 달러의 돈을 미국에 뿌렸다. 그런 우리가 불과 4만 달러쯤의 탈세를 의도했다는 기소 내용은 터무니없는 것이다."

"그 1억 2천만 달러는 어디서 나온 것인가?"

"해외의 신자들로부터 합법적으로 헌금받은 것이다."

"미국인들이 통일교회를 정치적 인종적으로 탄압해야 할 이유가 있는가. 레이건 행정부와는 비교적 원만한 관계인 것으로 알고 있는데……"

"카터 대통령과 프레이저 하원의원으로 이어지는 일부 진보주의 세력에 의해 이미 5년 전부터 수사가 진행돼 왔다. 거기에 황색인들에 의해 주도된 통일교가 급속히 팽창하자 이를 기성 질서의 위협으로 간주한 자들이 가세한 것이다. 저들은 4만 달러의 탈세의도 혐의를 조사하는 데 이미 2백만 달러 이상을 소비했다."

"재판에서 이길 것을 확신하는가?"

"핍박을 통해 보다 강해지는 것이 종교의 특성이다. 결과적으로는 역사에 남을 큰 축복으로 본다."

"통일교에 대한 여러 형태의 비난에 대해서는 어떻게 생각하는가?"

"행차시에는 으레 개가 짖기 마련이라고 문 선생님께서 말씀하셨다. 우리는 우리의 갈 길을 갈 뿐이다."

"그런데 대체 통일교의 교리란 어떤 것인가?"

"통일교에서의 통일이란 결국 하나님과 인간의 통일을 의미한다. 인내천의 사상과도 일맥상통하며, 따라서 우리가 추구하는 것은 단순히 죽어서 천당에 가는 것이 아니라, 지상에 천국을 실현하는 일이다."

"항간에서는 통일교를 실질적으로 이끌어가는 사람은 박보희 씨라고들 하던데……."

"그런 말을 듣게 되는 것이 나의 가장 심각한 고민이다. 하지만 나는 그분의 신끈을 매기에도 합당치 못한 사람이다."

박보희 씨와 나는 대강 이런 식의 문답을 주고받았다.

이야기 도중에 우리는 점심식사를 위해 자리를 식당으로 옮겼는데, 식당에서는 박씨의 부인과 곽정환 씨 부부도 합석했다. 일본식 생선회에다 김치와 된장찌개도 곁들여진 메뉴였다. 앞치마를 두른 백인 하녀들이 부지런히 부엌과 식당 사이를 오가며 우리의 식사를 뒷바라지해 주었다.

박씨가 하녀들을 가리키며 내게 말했다.

"이것 보세요. 이 집에 있는 각국의 젊은이들이 기자 양반을 깍듯이 모시는 것은 당신이 바로 문 선생님과 같은 나라 사람이라는 한 가지 이유 때문입니다. 통일교 운동은 한마디로 태극 운동입니다. 미국사람이나 독일사람이나 모두가 한국사람을 섬기게 만들자는 것입니다. 우리 한국사람들이 세계 어디에 가든지 대접받으며 살게 하자는 애국운동이라는 말입니다. 그런데 왜들……."

왜들 칭찬하고 응원해 주지 않느냐는 말씀이셨다. 4. 3. 土

190
춘자 스완슨

'남자를 구합니다.

춘자 스완슨. 여. 스톡턴 거주.

실제 나이는 39세이지만 대개는 30세 안팎으로 볼 만큼 젊습니다.

미스터 스완슨과 4년 전에 이혼, 현재는 열여섯 살 난 아들과 둘이서 살고 있습니다. 마땅한 남자만 있으면 샌프란시스코로 이사갈 수도 있습니다.

열심히 일해 왔으며 또 앞으로도 열심히 일할 것이므로 경제적으로 심한 어려움을 겪지는 않을 것입니다.

영주권이 없는 남자라도 좋습니다. 결혼을 하면 영주권을 따줄 수가 있으니까 오히려 환영합니다.'

이상이 춘자 스완슨 여인이 내게 처음으로 전화했을 때 들려준 이야기의 대강이다. 그녀는 '무섭고 외롭고 서러워서' 함께 살 남편이 필요하다고 했다. '외로운 것'까지는 참을 만한데 '무섭고 서러운 것'은 더 이상 참을 수가 없다고 그랬다.

마땅한 남자가 있으면 연락하겠다고, 나는 그녀에게 약속했다. 그리고 사실 몇 군데에 수소문해 보기도 했지만 선뜻 마땅한 남자가 출현해 주지를 않았다.

춘자 스완슨 여인의 두 번째 전화를 받은 것은 그 며칠 후였다. 그녀는 그제서야 내 이름을 물었다.

"김한길입니다."

"어머 사실은 저도 김씬데 잘됐네요. 어디 김씨세요?"

"김해 김씁니다."

"어머 잘됐네요. 사실은 저도 김해 김씨거든요."

다음날, 나는 춘자 스완슨 여인의 세 번째 전화를 받았다. 그녀는 나를 아저씨라고 불렀다.

"아저씨하고 나하고 친척이라고 그러면 안 되나요? 같은 김해 김씬데······."

그녀는 주위 사람들에게, 신문사에서 기자로 일하는 친척이 있다고 말했다는 거였다. 그래놓으면 사람들이 자신을 업신여기거나 깔보지 못하리라는 것이 그녀의 생각이었다.

그런데 문제는 사람들이 그녀의 말을 믿으려 들지 않더라는 것이다. 그래서 내 이름과 전화번호를 알려주고 확인해 보라고 큰소리쳐 놓았다는 것이다.

춘자 스완슨 여인은 말하는 중간 중간에, 우리가 다 같이 김해 김씨라는 점을 자꾸만 강조했다. 그래서 나는, 확인 전화가 걸려 오면 우리가 친척이라는 것을 부인하지 않겠다고 거듭거듭 약속해야 했다.

춘자 스완슨 여인. 그 이름에서조차 어쩐지 웃음과 눈물을 함께 자아내게 하는 그녀가 다시 기운을 차리고 살 수 있다면, 이만한 거짓말쯤이야 하나님도 눈감아주시리라.

그녀의 고독과 허기를 감싸줄 그 '남자'가 나타날 때까지만이라도. 4. 8. 木

191

고양이

 술집 입구에서 사람들과 헤어진 후, 휘청거리며 주차장을 향해 걸으면서, 모든 술집이 새벽 2시에는 문을 닫아야 한다는 법을 만든 자식들을 욕하다가, 주차장의 외등 아래에 잠깐 기대고 섰을 때였다.

 그러니까 틀림없이 새벽 2시 10분께였을 것이다. 요즈음에는 늘 그랬다. 맨정신으로는 썰렁한 구석방에 들어가 처박힐 수가 없었다. 마시다 보면 늘 새벽 2시에 술집에서 밀려나고는 했다.

 하여간 주차장의 뿌연 외등 아래에 홀로 섰을 때였다. 고양이 울음소리가 들렸다.

 그 소리는 짝을 찾는 울음처럼 윤기가 배인 것이 아니었다. 그 소리는 적을 향한 울음처럼 독기가 서린 것도 아니었다. 그 울음소리는 새벽이 추워서 혹은 새벽이 무서워서 토해놓는 신음소리 같은 거였다.

 나는 고양이의 울음소리를 따라갔다. 고양이는 한 자동차의 밑바닥에 숨어서 서럽게 간절하게 울고 있었다.

 나는 고양이가 나를 볼 수 있도록 쭈그리고 앉아서 고양이를 불렀다.

 "이리 나와. 쥬쥬야 이리 온."

참으로 신기한 일이었다. 고양이가 내게로 와서 안겼던 것이다. 내가 품에 안고 쓰다듬어주자 그놈은 울기를 멈추고 골골골 소리를 냈던 것이다.

고양이를 꼬옥 껴안고 운전석에 앉았는데 어쩐 일인지 까닭도 없이 왈칵왈칵 슬퍼지는 것이어서 나는 휴지를 꺼내 코를 팽 풀어버렸다.

돌아와서는, 애니네 냉장고에서 우유를 실례해서 고양이에게 먹인 다음에, 나는 그놈—그년인지도 모르지만—과 함께 침대에 파고들었다.

"쥬쥬야, 우리도 그만 자자꾸나. 세상에 잠처럼 고마운 게 또 어디 있겠니."

고양이 울음소리에 선잠을 깼다.

그놈은 내 좁은 방 안을 이리저리 맴돌면서 아까와 같은 울음소리를 토해내고 있었다.

창문을 조금 열어주었더니 고양이는 재빨리 밖으로 뛰쳐나가버리고 말았다. 나는 창문을 닫을까 하다가 그대로 두었다. 그런데 아침에 눈을 떴을 때에도 고양이는 돌아와 있지 않았다.

"어젯밤에 혹시 고양이를 집에 데리고 들어온 거 아니에요? 고양이 소리가 나던데……"

출근하려는 나에게 애니 엄마가 물었다.

나는 오리발을 내밀었다.

"고양이라니요?" 4. 16. 숲

참으로 신기한 일이었다. 고양이가 내게로 와서 안겼던 것이다. 내가 품에 안고 쓰다듬어주자 그놈은 울기를 멈추고 골골골 소리를 냈던 것이다.

192
관점

일반화된 이야기들 속에서도 나는 종종 수수께끼를 만난다.

아담과 이브가 에덴 동산에서 쫓겨난 이후, 그들의 아들 카인의 이마 위에 하나님은 낯선 사람들이 그를 해치지 못하도록 표징을 그려주신다.

그런데 그 낯선 사람들은 누구인가. 카인은 인류 최초의 부부가 낳은 첫아들인데 대체 그 낯선 사람들이란 누구를 일컫는 말일까. 최초의 인간 이전에도 이미 낯선 사람들이 살고 있었다는 말일까.

콜럼버스가 신대륙을 발견했다는 이야기만 해도 그렇다. 콜럼버스 일행이 신대륙에서 만난 원주민들은 무언가. 그들은 짐승인가. 그들도 사람이라면, 신대륙을 발견한 것은 마땅히 그들 원주민이어야 하지 않을까.

그러기에 콜럼버스 자신은 그때 신대륙을 발견했다고 생각하지 않았다. 콜럼버스는 인도에 닿은 거라고 생각했다. 그래서 남아메리카 일단은 아직도 서인도라고 불린다. 그래서 인도 사람과 아무 상관도 없는 아메리카 원주민들이 인디언으로 불리게 된 거라지 않은가.

결국 콜럼버스는 이미 다른 사람들이 살고 있었던 '구대륙'을 발견한 것이거나, 아니면 신대륙을 '재발견'한 것에 지나지 않는 게 아닐까.

미국인들이 내세우기 좋아하는 개척 정신이라는 것도 그렇다.

그들은 온갖 고난과 역경을 넘고 새로운 땅을 개척했다고 말한다. 그런데 그 새로운 땅에는 이미 오래전부터 인디언들이 살고 있었다. 인디언의 땅에 침범해서 거기에 말뚝을 박아가는 행위가 미국인들에게는 '개척'이었던 셈이다.

해답은 각자의 입장에 있다.

유태인들의 입장에서 보면 아담과 이브가 최초의 인간이었을는지 모른다. 우리가 단군을 최초의 인간으로 알듯이.

유럽 백색인종의 입장에서 본다면 콜럼버스가 발견한 아메리카 대륙이 분명히 신대륙이었을 것이며, 서부 개척시대를 살던 초기 이민자들의 입장에서는 인디언들을 소탕하고 땅을 빼앗는 행위가 바로 개척이었던 것이다.

그러나 인디언들의 입장에서 본다면, 백인들은 개척자가 아니라 침략자요, 여전히 불법체류자일 거라는 말씀이다.

요즈음, 이민국의 특별단속으로 적지않은 수의 교포들이 곤경에 빠져 있다고 한다.

불법체류자들을 색출 엄단하겠다는 '합법적인 불법체류자'들의 표정은 자못 엄숙하기만 하다.   4. 20. 火

193
아이들

기사 관계로 손에 잡힌 사진 한 장을 한참 들여다보았다.

사진 속의 아이들은 깨물고 싶도록 천진스러워 보였지만, 그런데도 어쩐지 내 마음을 밝게 해주지는 않았다. 나는 웃으면서 상을 찡그리면서 자꾸만 그 사진을 들여다보았다. 가정이 어려운 취학 전 아동을 위한 무료 탁아소, 서울 '무악 어린이의 집'에 모인 백여 명의 꼬마들 사진이었다.

이 사진은 국제라이온스클럽 임원들이 '무악 어린이의 집'을 방문했을 때 찍은 것이라고 했다. 아이들은 모두 새로 빨아 입힌 듯한 깨끗한 유니폼을 입고 있었다. 뺨들이 빨간 것이 막 세수를 하고 난 아이들 같다. 머리에도 물을 칠해서 단정하게 빗질한 것 같다. 몇 아이는 사진을 찍기 전에 보모에게 꾸중을 듣기라도 했는지 입술을 뾰쪽 내밀고 있다. 낯선 어른들이 몰려와서 노는 걸 방해했기 때문인지도 모른다. 그런데도 예쁘고 귀엽다. 나는 웃으면서 한숨을 쉰다.

존 파울즈의 소설 『콜렉터』에 나오는 사진 이야기가 생각난다. 원폭투하로 모든 것이 허물어진 히로시마의 폐허 한가운데에 한 꼬마 계집아이가 인형을 안고 동그마니 쪼그려 앉아 있는 사진 이야기. 그 꼬마 아이를 둘러싸고 있었을 적막⋯⋯.

Life라는 단어의 가운데 두 글자가 if인 것은 인생의 무한한 가능성을 의미한다는 주장이 옳다면, 아이들의 삶이야말로 가장 life다운 life일 것이다. 거기에 어른들이 부여해 놓은 환경이라는 울타리.

'살해당한 어린 모차르트'라는 생텍쥐페리의 말은, 어린이들의 무한한 가능성이 타살당하는 현장에서의 탄식이었다. 훌륭한 정원사의 손길은 어떤 장미나무에서나 훌륭한 장미꽃을 피워내듯이, 우리의 모든 아이들 저마다에서 모차르트만큼의 재능을 찾아낼 수 있다는 것이다. 그 모차르트, 아이들마다에 잠재된 그 재능이 어른들의 무관심에 의해 살해당하고 있다는 이야기다.

생텍쥐페리는 가난한 탄광촌의 더러운 아이들을 바라보면서 그 아이들의 뻔한 장래를 안타까워했던 것이다.

서울 '무악 어린이의 집'의 아이들을 위해서 나는 기껏 일 단짜리 기사를 쓸 수 있을 뿐이다. 교포들의 성금을 몇 푼쯤 모아주는 것으로는 그런 아이들의 장래가 크게 변경되지 못할 것이다.

사진 한 장을 앞에 놓고 내뱉는 나의 대책 없는 한숨…….

세상에는 참으로 많은 문제들이, 어느 것 하나 덜 시급하다고 자신 있게 말하기 어려운 숱한 불행들이 차례를 기다리며 부풀고 있다.　4. 27. 火

194
엿보기

미나가 묵고 있는 LA의 큰이모댁에 도착한 것이 아침 7시였고, 나는 그때부터 곧바로 침대에 쓰러져 잠이 들었다.

내가 눈을 떴을 때에는 미나가 내 곁에서 잠들어 있었고, 책상 위에는 미나의 빨간 노트가 놓여 있었다. 미나의 일기장을 살짝 들춰보았더니, 미나 역시 내가 잠든 사이에 내 가방 속의 노트를 훔쳐본 모양이다.

'밤새워 운전을 해서 달려온 그 사람은 지금 코를 막 골면서 자고 있다. 술에 취해서 도둑고양이를 안고 하숙집에 갔다는 그 사람의 일기를 보고는 너무나 가슴이 아파서 훌쩍거리고 말았다. 그런데도 그 사람은 코를 골면서 자고 있다. 내가 뺨에 뽀뽀를 했더니 귀찮다는 듯이 돌아눕는다. 겉으로는 강한 척하면서 속으로는 더없이 약한 사람······.'

나는 얼른 미나의 노트를 덮고 다시 침대에 누웠다.

5. 1. 土

195
유감

어머니날을 앞두고, '샌프란시스코 한미 여성회'에서도 '장한 어머니'를 선발했다.

일제하에서 독립투쟁에 몸 바친 남편을 도우면서 여섯 남매를 훌륭히 키워내신 분이 수상자로 결정되었다고 한다. 그분의 노고에 머리를 숙인다.

고리키 역시 위대한 자식들을 둔 어머니들에게 이렇게 찬사를 보냈다.

'삼가 어머니 옆에 머리를 숙이라. 어머니는 모세와 마호메트를 낳았으며 예수를 낳았다. 위대한 자식들은 모두가 어머니의 자식이며 그 젖에 의해 자라났다. 세계가 자랑거리로 삼는 것, 그것을 낳은 분은 모두가 어머니인 것이다.'

그런데 모든 어머니가 반드시 위대한 자식을 낳는 것은 아니다. 내 어머니만 하더라도 나처럼 전혀 위대하지도 않고 보잘것없는 아들을 낳고야 마셨던 것이다.

나는 '보통 어머니'에 대하여 말하고 싶다. 도대체가 '장한 어머니 선발대회' 같은 장소에는 감히 얼굴을 내밀 자격조차 없다고 생각하고 계실 우리의 평범한 어머니들에 대하여 이야기하고 싶다.

어머니들이 자식들에게 쏟는 애정이나 자기희생을 새삼스

럽게 말하는 것은 어리석은 짓이리라.

'하나님도 한꺼번에 모든 곳에 계시지는 못하기 때문에 인간에게 어머니를 주신 것'이라는 유대 속담이나, '어머니란 모든 자식에게 있어서 신의 이름'이라고 토로한 사카레이의 말을 떠올려보는 편이 좋겠다.

그렇다. 그것은 이미 신의 이름이다. 장한 신이나 위대한 신이 어디에 따로 있단 말인가. 신이란 그 자체로서 충분히 장하고 위대하기 때문에 신인 것이다. 우리의 모든 어머니가 그렇듯이.

'비록 내 어머니가 문둥이일지라도 클레오파트라와 바꾸지 않겠다'는 것은 바로 우리 모든 자식들의 심정이 아닐까.

우량아 선발대회나 미인대회처럼, 고깃덩어리의 품질이나 꼴을 겨루는 짓마저 유쾌하지가 않다. 하물며 우리 어머니들의 우열을 저울질하려 드는 일은 모든 어머니와 모든 자식들에 대한 지나친 실례가 아닐까.

물론 특별히 훌륭한 분들의 어머니가 그들에게 베푼 정성 역시 값진 것이다. 그러나 우리처럼 내세울 것 없는 자식들을 위해서까지 기꺼이 당신의 일생을 바쳐주신 보통 어머니들에게야말로 우리는 더욱 뜨거운 박수와 감사를 드려야 하리라.

—모든 어머니들은 이미 더할 수 없이 장하십니다.

5. 3. 月

196
행복권

어느 영화의 마지막 장면이다.

레지스탕스 운동에 가담했던 프랑스 대학생이 나치스에 의해 형장으로 끌려가고 있다. 함께 형장으로 끌려가던 한 프랑스인이 억울하다는 듯이 투덜거렸다.

"사실 난 아무것도 하지 않았는데……."

대학생이 그를 돌아보며 말했다.

"바로 당신들이 아무 일도 하지 않았기 때문에 우리가 처형당해야만 하는 거요."

흔히들 '죄를 저지른다'라고 말한다. 그런데 때와 환경에 따라서는 '아무것도 저지르지 않았다'는 것이 죄가 되기도 하는가 보다. 편안하게 누워 있는 행위 자체가 절대로 죄일 수는 없지만, 피를 쏟으며 죽어가는 사람들 한가운데에서 저 혼자 편안히 누워 있는 것은 죄가 되기도 하는 모양이다.

나치스하의 프랑스나 일제하의 내 나라가 그랬다. 저 혼자서만 행복하다는 사실 자체가 일종의 부도덕으로 동족들의 지탄을 받던 시기였다. 직접 항거하지 못한 지식인들은 고민이라도 했을 것이고, 아니라면 이불 속에서나마 부끄러워했으리라.

미국에서 가장 부러운 것은 누구나 떳떳하게 자기 행복을 추구할 수 있다는 점이다. 개인의 행복을 추구하면서도 이웃들에게 부끄러워하지 않아도 된다는 점이다. 우리의 비극은 여전히 개인의 행복이 때로는 부끄러움이 되는 데 있는지도 모르겠다.

서울의 후배에게 이제 운동은 그만하고 공부나 열심히 하라고 충고했더니, 녀석은 이렇게 항변해 왔다.

'동물과 인간의 다른 점이라면, 인간은 간혹 스스로 불행 쪽을 선택할 수도 있다는 거 아니겠습니까.' 5. 11. 火

따뜻한 비

우리는 말이 제대로 통하지 않아서 진땀을 흘렸고, 그즈음에 만난 사람들이 우리를 당황시켰기 때문에 식은땀을 흘렸다. 운동회를 갖기에나 안성맞춤일 쨍쨍한 날씨가 매일매일 이어지던 그곳에서, 우리는 그저 소나기나 한바탕 쏟아졌으면 좋겠다고 입버릇처럼 중얼거렸다.

197
미나

요란하게 방문을 두드리는 소리에 우선 침대에서 상체를 일으켜세웠다. 창밖은 아직 어두웠고 시계는 겨우 4시 20분이었다.

"아 뭐해요, 아기엄마 전환데……."

방문 밖의 목소리는 애니 엄마의 것이다. 아기엄마라니, 그렇다면 벌써 미나가 아기를 낳았다는 말인가. 잠옷 바람으로 나섰더니 애니 엄마 역시 잠옷 바람이다. 내가 잠시 망설였더니 꾸물대지 말고 빨리 전화를 받아보라고 재촉이다. 그것이 그녀의 교양이었다. 그래서 나는 애니 엄마를 좋아했다.

"나야, 괜찮아?"

"미안해 여보야, 자다가 깼지?"

미나는 참 지지리도 예의 바른 나의 아내였다.

"그런데 나 곧 아기를 낳게 될 것 같아요."

"많이 아파?"

나는 참 지지리도 무식한 질문을 했던 것 같다.

"그냥 그래요. 자기 올 수 있어?"

"무슨 소리야, 나 지금 곧바로 출발할게. 영천이가 같이 있지?"

"응, 영천이는 내 옆에 있어. 그렇지만 자기 빨리 와야 돼요."

영천이는 아내의 사촌동생이다. 미나가 진통을 시작하면 어느 때고 영천이가 병원에 실어다주기로 약속이 돼 있었다. 이미 한 달 전에, 영천이는 미나와 함께 병원에 가는 예행연습을 해두었다고 했다. 혹시가 차가 밀리는 출퇴근시간에 진통이 오는 것을 대비해서 병원에 가는 샛길까지 연구해 두었다고 했을 정도니까 일단은 마음이 놓였다.

전화를 끊고 애니 엄마의 침실을 나서는 나를 애니 엄마가 따라 나서며 참견했다.

"빠알리 가봐요, 미스터 김. 여자 혼자 애 낳게 하는 게 얼마나 잔인한 일인 줄 알아요."

그런 말은 정말 쓸데없는 참견이었다. 그러나 혼혈아인 애니와 둘이 살고 있는 애니 엄마의 말이라 그런대로 의미 깊은 말인지도 모를 일이었다.

옷을 갈아입으면서, 나는 비행기로 갈 것인가, 자동차로 갈 것인가를 결정해야 했다. LA로 가는 첫 비행기는 7시쯤에나 있을 거였다. 그걸 타면 9시쯤에 미나 곁에 설 수 있을 거였다. 그런데 차로 가면 오후에나 LA에 닿을 거였다. 그 대신 여차하면 미나와 우리의 아기를 싣고 돌아올 수 있을 거였다. 그래 자동차로 떠나자. 무엇보다도, 7시까지 비행기시간을 기다리며 가만히 앉아 있기에는 내 성미가 맞지 않았다.

차에 시동을 걸고 나서야 혹시나 잊은 것이 없나 하고 따져 보았다. 이럴 때일수록 차분해야 한다고 자신을 타이르면서 찬찬히 궁리해 보았지만 나는 역시 아무것도 잊은 것이 없었다. 나는 그저 미나의 손을 잡아주려고 달려가는 것뿐이니까.

LA로 가는 프리웨이에 들어서고 나니 운전에는 신경을 쓸 일이 없었다. 길은 외줄기, 사막을 가로지르는 지루하고 황량한 아스팔트, 길에는 신호등도 건널목도 없고 길가에는 꽃도 나무도 없어서 거기를 달리는 차 속의 사람들 모두가 외로워 보인다는 곳, 제한속도를 어기고 마구 달리는 사람이나 그를 잡아서 딱지를 떼는 순경이나 모두가 외로워 보인다는 곳, 나는 싱거운 길을 오만 가지 잡념으로 조바심 내며 쌩쌩 달렸다.

미나는 '산타마르타 병원'의 산부인과에 예약을 해두었다고 말했었다. 미나가 그 병원을 선택한 이유는 딱 한 가지로, 미나가 알아본 병원 가운데에서 가장 싸다는 때문이었다. 싸기는 해도 천주교회에서 운영하는 병원이니까 사람을 함부로 다루지는 않을 거라던 미나의 말이 생각나서 나를 더욱 울적하게 만들었다. 먹는 거라면 라면도 좋고 신는 거라면 짚신도 좋겠지만 이건 그게 아니었다. 미나가 우리의 아기를 낳는 거였다.

하기야 미나는 자기대로 용기를 내서 산타마르타 병원을 택했을 것이다. 나는 그때 미나를 말리지 못했을 뿐만 아니라 오히려 미나의 선택을 감시해야 했다. 그 점이 나를 더욱 속상하게 만들었다. 미나는 지금쯤 산타마르타 병원에 누워 진통을 겪고 있을 것이다. 그 침대의 시트가 깨끗할까. 나는 속상했다.

아니 어쩌면 벌써 우리의 아기가 태어났을지도 모를 일이었다. 그 유명한 겁쟁이 미나가 저 혼자서 울부짖다가 아기를 낳았을지도 모를 일이었다. 나는 비행기를 탔어야 했다고 후회했다. 샌프란시스코에서 LA까지는 너무나 먼 길이었다. 아무리 밟고 달려도 늘 제자리에 멈추어 있는 것만 같았다. 차창 밖의 풍경이 변하지를 않았다.

하필이면 미나네 집은 평창동이었고 우리 집은 흑석동이었다. 미나네 집은 135번 버스 종점에서 십오 분을 걸어야 했고, 우리 집은 84번 버스 종점에서 이십 분을 걸어야 했다. 84번과 135번 버스가 만나는 서울역에서 재수가 좋아 쉽게 버스를 갈아탄다고 해도, 우리 집에서 미나네 집에 가려면 족히 한 시간 삼십 분이 걸렸다. 비가 오기 시작하면 우리는 서둘러 서로를 찾고는 했지만, 전화를 끊고 재빨리 달려간다고 해도, 비행기가 서울에서 도쿄까지 날아가는 시간만큼이나 지나서야 나는 미나를 만날 수가 있었다. 때로는 내가 미나에게 달려가는 사이에 비가 그쳐버리기도 했다. 우리는 늘 그 점이 불만이었다. 우리가 너무나 멀리 떨어져 살고 있다는 사실이 늘 안타까웠다.

결혼을 하면 우리가 한집에 붙어살게 되리라는 점이 큰 매력이었다. 보고 싶을 때 고개만 돌리면 미나가 있을 거였다. 혹은 내가 부엌까지 몇 발자국을 걸어가거나, 혹은 여보야 하고 부르면 금방 미나가 나타날 것이었다.

그런데 그게 아니었다. 우리가 결혼하자마자 미국에 왔기 때문만은 아닐 거였다. 각자가 일터에 가야 했고 학교에 가야 했고 또 따로 잠을 자야 했다. 내가 밤일을 한 탓에 미나는 대개 혼자서 잠들어야 했다. 연애하던 시절의 반의 반만큼도 함께 이야기할 시간이 없었고 뽀뽀할 틈이 없었다.

그뿐이 아니었다. 나는 일자리를 따라 샌프란시스코로 와야 했고, 미나는 LA에서 학교를 마쳐야 했다. 흑석동에서 평창동까지의 거리는 문제가 아니었다. 몇 시간을 쉬지 않고 쌩쌩 달려도 LA는 아직 여전히 멀기만 하였다.

나는 LA에서 보낸 우리의 일 년을 기억했다. 그때 거기는 너무나 뜨겁고 건조했었다. LA에는 비가 오지 않았다. 우리는 그 숨막히게 메말라터진 도시에서 갈 곳을 몰라 이리저리 헤매고 다녔다. 헤매고 다니면서 질질 땀을 흘렸다.

우리는 말이 제대로 통하지 않아서 진땀을 흘렸고, 그즈음에 만난 사람들이 우리를 당황시켰기 때문에 식은땀을 흘렸다. 운동회를 갖기에나 안성맞춤일 쨍쨍한 날씨가 매일매일 이어지던 그곳에서, 우리는 그저 소나기나 한바탕 쏟아졌으면 좋겠다고 입버릇처럼 중얼거렸다.

햄버거 집 쿡헬퍼로 일하면서, 달아오른 철판에 눌어붙은 찌꺼기를 긁어내면서, 감자를 튀겨내면서, 나는 LA의 땡볕만큼이나 뜨거운 기름에 손을 데면서 땀을 흘렸다. 햄버거 집의 좁은 주방에 들어찬 열기 속에서, 씨팔 비나 왔음 좋겠다고 나는 연방 툴툴거렸다.

플로렌스 네거리의 주유소, 나는 거기 방탄유리로 막힌 수금창구에 앉아 밤을 새우면서도 행여나 혹시나 밤하늘을 올려다보고는 했었다. 어느 새벽녘, 빗방울이 하나 둘 방탄유리에 부딪기 시작했을 때, 나는 밖으로 뛰쳐나가 까닭도 없이 훌쩍거렸다. 비에 젖은 몸을 떨면서 아침 퇴근 시간을 기다려야 했지만, 그래도 나는 차가운 비나마 내려준 하늘이 그저 고맙고 고마울 뿐이었다.

하마터면 주유소를 그냥 지나칠 뻔했다. 차에 기름을 채우고 나서 공중전화 부스로 뛰어갔다. 신문사에 결근을 알려주어야 할 것이었다. 이틀쯤의 결근이라면 쉽게 허락해 줄 것 같았다. 왜냐하면 지사장이 기자였을 때, 그리고 분만실에 있는 부인에게로 급히 뛰어가 봐야 했을 때, 그때의 상사가 '애는 부인이 낳는 거지 당신은 취재를 나가야 하잖아'라고 차갑게 말했던 것을 도저히 잊을 수 없다고, 지사장은 몇 번이나 내게 말했었기 때문이다.

과연 지사장은 오히려 주말까지의 휴가를 허락해 주었다.

다시 프리웨이에 들어서고 나서야 나는 그때까지도 우리 아기의 이름을 지어놓지 못했다는 사실을 깨달았다. 딸일 경우에는 미나가 이름을 지어놓았다고 했지만 아들이면 내가 이름을 지어야 할 터였다.

훈우, 따뜻한 비—이것이 LA에 들어설 때까지 내내 연구해서 지어낸 내 아들의 이름이다. 그래, 김훈우…….

LA에 도착한 것은 오후 2시께였다. 우선 큰이모댁에 들렀다.

"아이고 김 서방이 이제 왔구만. 미나는 제니네 집에 있어요."

"아기는요?"

"아이고 염려 마오. 아직 안 나왔어."

큰이모님이 후후 웃으셨다. 미나는 엊저녁 늦게 진통이 시작돼서 영천이가 신속하게 병원으로 싣고 갔었지만 곧 진통이 멎어서 되돌아왔다는 거였다. 큰이모는 직장을 쉬기로 했다고 하셨다. 그러니 염려 말라고 하셨다.

미나는 제니와 린하고 어울려 앉아서 깔깔대고 있었다. 그 처녀들은 미나의 사촌이었고, 언제고 끼리끼리 모이면 웃음소리가 끊이지 않는 사이였다. 나는 그 아이들이 고마웠다.

미나가 출산을 앞두고 겁내고 있을까 봐 나는 나대로 걱정이었던 것이다. 내 표정을 보더니, 도리어 미나가 나를 달래주었다.

"걱정마 여보야. 인제 아빠가 왔으니까 요녀석이 말썽 안 부리고 금방 나와서 아빠한테 인사할 거라구요."

미나와 나는 오늘 밤, 산타마르타 병원과 가장 가까운 곳에 사는 태호네 집에서 쉬기로 했다. 제니네 집을 나서는데 미나가 가방 하나를 내게 건네주었다.

"우리 아기 옷들이랑 병원에서 필요한 물건들이니까 잊어버리면 큰일나요."

그러면서 미나는 장독 같은 배를 내밀고 뒤뚱거리며 씩씩하게 명랑하게 걸었다. 갑자기 핑 하고 눈물이 돌았다. 외로운 졸병처럼, 미나는 출산의 진통과 싸우러 출전하는 데 필요한 장비들을 저 혼자 챙겨야 했을 것이다. 늘 무언가 빠뜨리기 잘하는 미나는 아마 벌써 몇 번씩이나 가방 속의 내용물들을 다시 점검하고 재점검했을 것이다. 그리고 언제고 진통이 엄습해 와도 그 가방을 잊지 않기 위해서, 미나는 요즈음 늘 그 가방을 들고 다녔을 것이다.

태호네 아파트에서는, 혜선이가 정성껏 차려준 저녁을 배부르게 먹었다.

"든든하게 먹어둬야 기운을 쓰겠더라구."

몇 달 전에 출산을 한 혜선이가 말했기 때문에, 미나도 의

무처럼 열심히 먹어댔다. 그런 면에서 미나는 정말이지 착한 여자였다. 미나는 선생님들의 말씀을 곧이곧대로 믿고 그대로 실천하는 어리석음 때문에 공부를 잘하는 것이리라. 나는 선생님들의 말씀을 늘 삐딱하게만 받아들이고 잘난 척했기 때문에 공부를 못하는 것이리라. 우리의 아기는 적당히 그 중간쯤으로 살아주었으면 좋겠다 싶었다.

저녁상을 물리고 앉아서는 태호네 부부의 강의를 들었다. 태호는 의사로서, 혜선이는 출산 경험자로서 여러 가지 이야기를 들려주었다. 해산 때가 가까워지면 우선 이십 분 간격으로 진통이 온다고 했다. 진통의 간격이 십 분으로 줄고, 오 분으로 줄고, 그러다가 삼 분쯤 간격을 두고 진통이 오면 서둘러 병원에 가야 한다고 했다.

그런데 태호는 주책없이 엉뚱한 소리를 했다. 아기를 낳기 위해 병원 분만실에서 신음하는 여자들 중의 상당수가 실제로 남편을 욕한다는 거였다. 너 때문에 내가 이런 고통을 당한다는 듯이 마구 상소리로 악을 쓴다는 것이다.

미나와 단둘이 누웠을 때 내가 물었다.

"너도 어젯밤 진통이 왔을 때 내가 밉던?"

"자기가 옆에 없어서 조금 미웠지 뭐."

나는 미나를 품고 등을 토닥여주었다.

"빨리 푹 자둬. 그래야 기운을 쓸 수가 있다잖아."

"분만실에서 꼭 내 옆에 있어야 돼. 알았지?"

미나는 내게 다짐을 받고 나서 금세 소록소록 잠이 들었다.

내가 지은 우리 아들의 이름이 미나도 마음에 든단다. 미나는 그 이름을 이해할 수 있단다.   7. 28. 水

198
훈우

미나에게 다시 진통이 찾아온 것은 새벽 2시께였다. 미나는 오 분쯤 괜찮다가 일 분쯤 괴로워하기를 아침이 올 때까지 계속했다. 참으로 어쩔 수 없는 일이었다. 괴로워하는 사람 곁에서 혼자 괴롭지 않고 있는 것도 일종의 괴로움이었다.

하여간 진통이 한 번 지나가면 오 분쯤은 또 아무렇지도 않다고 했다. 덕분에 우리는 밤새우며 많은 이야기를 나눴다.

"이래가지고야 어떻게 아기를 열 명씩이나 낳겠니."

진통이 가신 동안에 내가 미나를 놀려주었다. 미나는 평소에 아기를 열 명쯤 낳고 싶다고, 최소한 일곱은 낳겠다고 말해왔으니까.

"글쎄, 그건 아무래도 다시 생각해 봐야겠어요."

미나도 장난스럽게 대꾸했다.

우리는 정오쯤 병원으로 갔다. 미나가 챙겨놓은 짐 가방을 내가 잊지 않았음은 물론이다. 입원 수속을 마친 후 미나는

의사는 나의 아들을 간호원에게 넘겨주었고, 간호원은 다시 나의 아들을 내 품에 안겨주었다. 남들은 나중에 내 말을 듣고 웃었지만, 정말이지 녀석은 나를 닮아서 미남이었다.

산부인과 병실에 누웠고, 나는 우리 아기의 아버지 자격으로 곁에 있는 것이 허락되었다. 간호원이 들어와서, 아기가 태어나면 모유를 먹이겠냐고 물었는데, 미나는 그러겠다고 대답했다.

미나의 신음소리가 점점 거칠어지면서 나는 은근히 미나가 내게 욕을 하지나 않을까 하고 걱정했지만 미나는 그러지 않았다. 미나는 내가 생각했던 것보다 훨씬 강한 여자였다.

"정말 자기는 딸이면 더 좋겠어?"

잠깐 진통이 가셨을 때 미나가 내게 물었다.

"그게 무슨 상관이겠니. 우리의 아기면 됐지 무얼 더 바라겠어."

내가 딸을 원한다고 했던 건 반쯤은 연막전술이었다. 나는 나 같은 아들보다야 딸이 낫겠다고 말했지만, 사실 나 정도의 아들이라면 최상급에 속할 터였다. 나는 내 아버지와 어머니를 사랑하고 있으니까.

의사가 들어와서 보더니 곧 분만실로 옮겨야겠다고 그런다. 그리고 의사는 내게 병원 규칙상 밖에서 기다려야 한다고 말했다. 간호원들이 미나가 누운 간이침대를 밀고 분만실로 들어갔고, 나는 문밖에서 서성이며 연신 담배를 죽였다. 오줌이 마려웠지만, 나는 변소에도 못 가고 복도에서 서성거렸다.

미스터 핸킬 킴, 분만실로 급히 오세요. 미스터 핸킬 킴······.

복도에 걸린 확성기에서 나를 찾는 어나운스먼트가 들렸

고, 나는 곧장 분만실로 뛰어들었다. 미나가 나를 찾고 있으며, 미나의 간청에 따라 의사가 특별히 나를 불러주도록 허락했다고 간호원이 설명해 주었다. 나는 간호원이 내주는 가운을 재빨리 입고 나서 미나가 내미는 손을 마주 잡았다. 미나와 내가 그렇게까지 힘차게 서로의 손을 움켜쥔 것은 물론 처음이었다. 또 그렇게까지 서로가 서로에게 깊이 의지했던 순간도 처음이었다.

의사가 아들이라고 소리쳤다.

의사는 나의 아들을 간호원에게 넘겨주었고, 간호원은 다시 나의 아들을 내 품에 안겨주었다. 남들은 나중에 내 말을 듣고 웃었지만, 정말이지 녀석은 나를 닮아서 미남이었다. 미나가 우리 부자를 올려다보며 소리없이 웃고 있었다. 나는 우리의 아들을 엄마 품에 넘겨주었다. 미나는 아기를 두 손으로 감싸안고 조용히 두 눈을 감았다.

나는 그때 미나가 지었던 표정보다 더 행복한 표정을 어디에서도 두 번 다시 볼 수 없을 것이다.

미나가 두 눈을 감은 채로 조그맣게 속삭였다.

"훈우야, 울지 마."

내 마음속의 LA가 촉촉히 비에 젖고 있었다.　7. 29. 木

※ 일러두기
이 글은 작가가 잡지사의 청탁을 받고 1992년에 쓴 수필로, 이 책의 집필취지를 대표하는 내용이라 판단되어 여기에 다시 싣습니다.

| 작가 후기 |

눈뜨면 없어라

그때가 벌써 언제였을까.

15년 전……. 그녀와 내가 처음으로 얼굴을 마주했을 때, 그녀는 고교 3학년생이었고, 나는 막 군복무를 마치고 복학한 엉터리 대학생이었다.

내가 대학 신문에 쓴 「병정일기」라는 짧은 글을 그녀가 우연히 보고 호감을 가진 것이 발단이었다. 외동딸의 성화에 못 이긴 그녀의 부모가 나를 찾아서 그녀에게 소개해 주었다.

그녀가 교복을 벗고 바야흐로 대학생이 된 봄날, 신촌 근처의 찻집이었을 것이다. 그녀는 영미 계통의 시를 열심히 공부해서 실력 있는 대학교수가 되고 싶다고 했었다. 그리곤 내게 무엇이 되고 싶냐고 물었다. 그 시절의 나는 정말이지 대답할 거리를 가지고 있지 못했다. 하고 싶은 일이 하나도 없단 말이에요? 하고 그녀가 재차 물었다.

"내 소원은 그냥 놀고 먹는 거야. 막 어질러놓고 아무렇게나 사는 거야."

나는 매우 정직하게 말했다. 그녀는 그때 쿡쿡 웃었는데, 몇 년이 지난 어느 날엔가 그 일을 떠올리면서 내게 말했다.

"사실은 그때 너무 놀랐어요. 세상에 놀고 먹는 게 소원인 사람이 있다니……."

「병정일기」는 내게 꽃다운 그녀를 만나게 해주기도 했지만, 《문학사상》에 다시 실리면서 한편으로는 무서운 사람들과도 만나야 하게 만들었다. 군의 기밀을 누설하고 국군의 사기를 저하시켰다는 혐의로, 나는 모 기관에 끌려가서 심하게 야단을 맞았고, 그 일은 내가 그녀와 함께 해외로 나가도록 만든 중요한 동기가 되었다.

그녀와 나는 부부가 되어서 미국으로 날아갔다. 젖과 꿀이 흐르는 땅을 찾아 떠난 것이 아니라, 유황의 불길을 겁내며 달아난 셈이기도 했다.

미국에서의 첫해, 나는 보통 하루에 열여섯 시간씩 막일을 하면서 학교를 기웃거리기도 했고, 그녀도 옷가게 등에서 일하면서 울며불면서 이를 악다물고 학교에 다녔다.

미주 《한국일보》 기자로 일하면서부터, 나는 내 속에 잠재돼 있던 어떤 속된 야망을 만나고는 놀라지 않을 수 없었다.

나는 놀고 먹는 게 꿈이었는데, 나는 시뻘겋게 충혈된 눈을 하고 사는 삶들을 비웃고 싶었는데, 절대로 그게 아니었다. 나는 그야말로 억척으로 일했다. 남에게 지고는 잠을 잘 수가 없었다. 충성스럽게 일하고 뛰며, 기사며 칼럼을 써재꼈다. 칭송을 구하기 위해 물불을 가리지 않는 유치한 허영이 그즈음의 나를 온통 지배했는지도 모른다. 그건 어쩌면 그녀에게 져서는 안 된다는 조바심이었는지도 모르겠다.

그녀가 미국에서의 첫 두 해 동안에 이룬 일은, 우리의 아들을 낳은 일과 영문학 석사를 딴 일이었다. 이어 법과 대학원에서 박사를 마치면서 변호사 자격시험을 통과하고 변호사가 되었다.

미국에 온 지 다섯 해 만이었다.

나는 그때 《중앙일보》의 샌프란시스코 지사장이 돼 있었다. 옆자리의 동료들이 눈치를 주는 것 따위는 아랑곳없이, 아주 게걸스럽게 일한 결과였다.

결혼 생활 5년 동안, 우리가 함께 지낸 시간은 그 절반쯤이었을 것이다. 그 절반의 절반 이상의 밤을, 나나 그녀 가운데 하나 혹은 둘 다 밤을 새워 일하거나 공부해야 했다. 우리는 성공을 위해서 참으로 열심히 살았다. 모든 기쁨과 쾌락을 일단 유보해 두고, 그것들은 나중에 더 크게 왕창 한꺼번에 누리기로 하고, 우리는 주말여행이나 영화구경이나 댄스파티나 쇼핑이나 피크닉을 극도로 절제했다. 그즈음의 그녀가 간혹 내게 말했었다.

"당신은 마치 행복해질까 봐 겁내는 사람 같아요."

그녀는 또 이렇게 말하기도 했다.

"다섯 살 때였나 봐요. 어느 날 동네에서 놀고 있는데 피아노를 실은 트럭이 와서 우리 집 앞에 서는 거예요. 난 지금도 그때의 흥분을 잊을 수가 없어요. 우리 아빠가 바로 그 시절을 놓치고 몇 년 뒤에 피아노 백 대를 사줬다고 해도 나한테 그런 감격을 느끼게 만들지는 못했을 거예요."

서울의 어머니는 어머니대로 내게 이런 편지를 보내시곤 했다.

"한길아, 어떤 때의 시련은 큰 그릇을 만들어내기도 하지만, 대개의 경우 시련이란 보통의 그릇을 찌그러뜨려놓기가 일쑤란다."

애니웨이, 미국 생활 5년 만에 그녀는 변호사가 되었고 나는 신문사의 지사장이 되었다. 현지의 교포사회에서는 젊은 부부의 성공사례로 일컬어지기도 했다. 방 하나짜리 셋집에서 벗어나, 바다가 내려다보이는 언덕 위에 삼 층짜리 새 집을 지어 이사한 한 달 뒤에, 그녀와 나는 결혼생활의 실패를 공식적으로 인정해야만 했다. 바꾸어 말하자면, 이혼에 성공했다.

그때그때의 작은 기쁨과 값싼 행복을 무시해 버린 대가로.

| 부록 |

병정일기
대학일기

※ 일러두기

작가가 군에 입대하고 나서 처음 넉 달 동안의 일기로, 《문학사상》에 실려 많은 화제를 낳았습니다. 당시 소설가 한수산은 "우리는 6·25 이후 수십 년간 이만한 병영문학을 갖지 못했다"고 썼지만, 중앙정보부와 보안사는 「병정일기」가 완간되는 것을 허락하지 않았습니다.

병정일기

1

훈련소에서의 첫날.

짧은 머리에 바람이 불면 뒷머리가 시리다. 좁은 가슴에 계급장이라야 이제 겨우 훈련병, 더 낮을 수가 없는 계급. 강등에 떨지 않아도 좋으니 좋다.

점심 식사 후의 휴식 시간. 지나가는 상병님께 여쭈어보았다.

"저, 여기 화장실이 어딥니까?"

그 상병은 조아리고 있는 나를 돌아보고는 낄낄대며 웃었다.

"이리 가까이 와, 가르쳐줄 테니……."

그러더니 내 머리를 쥐어박는다.

"임마, 화장실이 뭐야. 변소라고 해, 변소라고……."

그 상병은 나쁜 사람이 아닐 게다. 그 사람은 화장실이라는 낱말을 완전히 이해하고 있는 것 같아서 부러웠다. 헤어진 것이 어제인데 그리웁기가 벌써 오늘이다—변소를 화장실이라고 부르는 사람들이.

2

 식당에 들어서니까 우리 소대 친구 둘이서 식기를 든 채 벌을 서고 있었고, 그 앞에서는 취사반장인 듯한 하사가 훈시를 하고 있었다.
 밥이 많이 담겨져 있는 것처럼 뵈는 식기와 적어 뵈는 자기의 식기를 바꿔치기 하다가 둘이서 다툰 모양이었다. 그 하사는 들으라는 듯이 크게 떠벌렸다.
 "이 녀석들아…… 그게 전우앤가……? 둘 다 따라서 복창해. 내가 왜 이럴까."
 "내가 왜 이럴까."
 "사회에서는 안 그랬는데……."
 "사회에서는 안 그랬는데……."
 하사는 씩 웃었다.
 "좋아, 이걸 둘이서 백 번 복창하는 거야, 알겠나?"
 "내가 왜……."
 "더 크게."
 내가 식사를 마칠 때까지도 그놈들은 그 짓을 계속하고 있었다. 나는 다 그만두고 만화책을 보고 싶었다.

3

갑자기 변해버린 환경에 휘말리면서 나는 많은 것에 대하여 돌이켜보게 된다. 나가 그렇게도 비웃어대기 좋아하던 속물 근성에 나 자신 얼마나 물들어버린 걸까, 그리고 고고하게 산다는 건 무엇일까 하고.

4

어머니의 편지를 받았다. 어머니는 일본 속담이라면서 '겨울이 오면 봄도 멀지 않으리'를 적어주셨다. 그건 일본 속담이 아니고 셸리의 것이다. 어머니는 일본에서 교육받은 탓인지 무엇이나 곧잘 일본 속담이라고 하신다. 나는 어머니께 이렇게 답장을 쓸 참이다.

'제겐 지금 봄을 기다릴 이유가 없습니다.'

5

선이에게.

너는 무기력한 자신을 느낀다고 했지. 그러나 아직 체념을 배우기엔 너무 이르다. 너무 싱싱하고 너무 아름답고, 너는 아직 너무나 총명하다.

6

"동이 트는 새벽 꿈에 고향을 본 후……."

우의를 쓰고 군가를 부르며 행군하는 중에 저만큼 앙상한 나뭇가지 사이, 안녕한 까치집이 그렇게 평화스럽다. 흙과 바람과 하늘의 색이 참으로 차분하다. 나직이 깔린 안개 사이로 내가 걷는다. 아름다워지고 싶어하는 나를 만난다. 나는 아마도 향수를 느낀다.

7

어린아이의 웃는 눈을 보아도 같이 따라 웃지 못하고, 사랑하는 이의 끝을 보아도 울지 못하는, 그런 우리의 숱한 또래들은 도대체가 어떻게 몇 살까지 살아야 하는 것이냐.

누구도 우리가 어떤 색의 하늘을 좋아하는지 묻지 않는다. 아무도 우리의 꿈에 대하여, 시에 대하여 알고자 하지 않는다. 우리는 대답하지 않아도 되고 설명하지 않아도 된다. 우리는 참 행복하다. 씨팔.

8

친구에게.

부대 안에 말이다, 어울리지도 않게 귀여운 강아지가 한 마리 있다. 한데 그놈, 오늘 집을 옮겨주었더니 하루 종일 울어대는데 신경질이 나더라. 글쎄 잠시도 쉬지 않고 하루 종일 말이다.

지금은 지쳤는지 잠들었나 본데 내일은 또 모르지. 내일도 계속 그렇게 울어댄다면 정말 큰일이다. 하지만 한 가지는 분명해. 그 강아지도 한 3년 뒤에는 조용해질 거라는 것. 체념을 가진 처세술은 가끔 놀랄 만한 용기를 준다. 퍼뜩 「스갱 씨 댁의 염소」던가, 도데의 단편이 생각나는구나.

9

어떤 때의 편지는 이름을 생각하며 쓰지만—대부분의 편지가 그럴 것이다—어떤 때의 편지는 다 쓰고 나서 이름을 생각하게 되지. 그럴 때 자신의 테두리 같은 걸 생각해 보게 된다. 깜짝 놀라고는 한다.

10

점심 식사 후의 휴식 시간. 따사한 햇볕이 기어드는 양지벽에 기대앉아 편지 읽고 있는 군인들의 모습이 오랜만에 나를 살맛나게 해주었다. 오늘에야, 가지고 들어온 조이스의 『젊은 예술가의 초상』을 들처볼 수 있었는데, 거기에 있던 이런 짧은 편지가 나를 뭉클하게 했다.

어머니께.
나 지금 아픕니다. 집에 가고 싶습니다. 와서 데려가 주세요. 위생실에 있습니다.

11

 돈을 조금이라도 남겨가지고 훈련소에 들어오길 잘했다. 한데, 중식이는 한푼도 없었다. 병신 새끼, 훈련소 문 앞에서 헤어지면서 계집에게 전부 털어주었다고 했다. 그래서 나는 사실 그놈이 어느만큼 귀찮기도 했다. 무엇보다도 PX에서 내가 빵을 던져줄 때마다 녀석의 눈빛이 처량해 보여서 나는 그게 싫었다.

 그런데 바로 조금 전의 야간 각개전투 시간에 녀석이 나를 쿡 찌르더니 빵을 반으로 쪼개어 그중 하나를 내 손에 쥐어주었다.

"너 이거 어디서 났어?"
"샀지, 샀어. 우리 집 전화 번호를 아르켜주고 돈을 좀 꿨거든."
"아니 뭣하러 그런 짓을 했니?"
"나도 오늘은 돈 내고 빵을 사먹고 싶더라……. 그리구 너한테도 줘보고 싶더라."

어깨를 움츠리며 히히 하고 중식이가 웃었다. 모포 속에 누워 생각이 날 듯도 했다. 수첩을 꺼내보니 역시 맞았다. 중식이는 자기의 생일 잔치에 나를 초대했던 거다.

12

6주 간의 훈련병 생활이 끝났다.

오전에는 수료식에서 번쩍거리는 이등병 계급장을 받았다. 이제야 진짜 군인이 된 것이다. 험상궂은 표정과 욕설과 발길질 속에, 혹은 점잖은 공갈 속에, 우리는 차츰 옷을 벗어가며 군대를 배웠다. 줄지어 걷는 것을 배웠고, 틀려도 다 똑같이 틀리기만 하면 괜찮은 군가를 배웠다. 총 쏘는 것을 배우고 수십 가지 기합의 체위를 배웠다. 남보다 편할 수 있는 요령을, 괜한 상소리를 배웠다. 얄팍한 거짓 웃음과 애교를 배웠다. 그리고 분노를 배웠다. 그것을 삭이는 인내를 배웠다. 지쳐 쓰러진 친구가 뺨맞는 것을 차려 자세로 지켜보면서, 영하 18도의 새벽 2시에 팬티 바람으로 기어 언 땅을 녹이면서 우리는 증오와 굴종을 배웠다.

그래서 우리는 겨우 이등병이 된 것이다. 장군이 되려면 무엇을 얼마나 더 배워야 하는가.

13

내일이면 각자가 배치받는 부대로 팔려나간다. 저녁 식사 후에 소대원들끼리 간단한 송별회를 가졌다.

"여러분, 그동안 수고 많았습니다."

평생 남에게 존대말이라고는 할 줄 모를 것 같던 내무반장이 그랬다.

규칙상 금지된 일이었지만 술이 한잔씩 돌아갔고, 사회 노래를 불렀고, 사회 이야기들을 했고, 그러다 하나 둘 잠이 들었다.

14

나와 중식이는 ××보충대(전방 근무)로 전속 명령을 받았다. 나도 별로 내키지는 않았지만, 중식이는 어지간히 기가 죽어 있었다.

"기운 좋고 쌈 잘하는 놈들이나 보내지, 나 같은 화류계 약골을 전방에 보내서 어쩌겠다는 거야. 한길아, 너 지게꾼치고 덩치 좋은 놈 봤어? 못 봤지, 왜 그런 줄 알아?"

나는 왜 그런 줄 몰랐으므로 대답하지 않았다.

새벽이었는데도 용산역엔 어머니와 형, 도종이와 선이가 나와 있었다. 헌병이 선심을 써주어 잠깐의 면회가 허락되었다. 선이는 파마를 해서 그런지 갑자기 나이 들어 보였다.

"무슨 일이 있었길래 그다지도 나를 애먹였어?"

"제발 나 같은 건 걱정하지 마."

그애는 웃으면서 잡고 있던 내 손을 힘주어 쥐었다. 그러더니 그 애는 울었다. 한편에서는 목청껏 군가들을 질러대고 있었다.

"부모 형제 나를 믿고 단잠을 이룬다."

어머니가 얼마간의 돈을 넣어주셨다.

15

××보충대.

다시 팔려가기만을 기다리는 이곳 생활은 참으로 한가롭다. 식사시간과 취침 시간을 제외하고는 종일토록 자유 시간이다.

연병장 이 구석 저 구석을 어슬렁거리며 무엇들을 생각하고 있는지 모르겠다.

— 그래, 명동으로 들어가는 길목은 셋이지. 미도파 앞의 지하도, 결혼회관 옆의 육교, 그리고 성당 앞 고갯길, 길은 길에 연하여 잘도 엉키어 있고, 그 엉킨 틈틈이에 군것질 장수와 반액으로 반스타킹 파는 가게가 있어. 구두 가게와 술집과, 3층에도 양장점이 여럿 있는 곳이 명동이야.

소식 없던 친구들을 몇 년 만에 만나고도 쉽게 안녕 해야 하는 곳이 그곳이고, 그러고도 어색하지 않은 곳이 명동이야. 거기엔 사람들이 많이 모이지만 사실은 모두들 혼자서 살고 싶어하는 사람들이야.

16

볕이 나지 않아서인지 모두들 내무반에 쪼그리고 앉아 있다. 비 오기 전에 이는 한차례의 음산한 돌바람이 텅 빈 연병장을 맴돌고 있다.

파마한 선이의 머리, "제발 나 같은 건 걱정하지 마"라고 하던 그 애. 나는 그렇지 않은데 그애는 그저 평범함 속에 파묻히기를 좋아한다.

"사랑할 때 여자의 마음이란 다 똑같은 행동으로 나타나는 거야."

나는 전에 그애가 이렇게 말했던 것을 기억한다. 선이는 그림을 그리는데, 글쎄 평범한 그림은 그려 무엇하겠단 말인가. 나는 그애가 "나는 걱정하지 마"라고 말해 주기를 원했는데, 그애는 "나 같은 건 걱정하지 마"라고 했던 것이다.

나는 언제나 그애를 집 앞에까지 바래다 주고는 했었다. 너는 곧잘 골목 어귀에서 입맞춤을 주고는 했었다.

"내 방에 불켜지는 것 보고 가야 해."

그 거리, 수은등 옆의 정류장, 길 건너의 창에서 네가 손

흔들어 주면 나는 그것으로 만사가 좋았지. 그러나 이제 나는 너를 바래다 줄 수가 없다. 네 방에 불켜지는 것을 볼 수가 없다.

너는 얼마 동안 텅 빈 정류장을 내다보며 나를 찾아보려 할지도 모른다. 그러나 깊은 산골 어느 골짜기에 처박혀 3년 썩을 남자를, 그것도 기실 아무 내세울 것 없는 흔해빠진 스물 두 살짜리 사내를 기다리지 못하는 것이야말로 평범한 여자의 약속일 게다.

용산역에서 만난 그애는 왜 울음을 터뜨렸을까. 울지 마, 울지 마. 아무리 되뇌어보지만 누가 누구에게 위로의 말을 건넨다?

17

나와 중식이는 다시 지옥 사단이라는 별명이 붙은 ×사단으로 배속되었다. 우리의 이름이 불려지자 중식이가 다가와서 속삭였다.

"덩치 좋은 놈들은 지게벌이보다 나은 벌이를 찾아간 거야."

C시의 한 호수 도선장에서 배를 타고 두 시간 반 가량을 왔다. 그 호수를 떠나면서 성냥갑 모양을 한 철선의 문이 무겁게 닫히자 선실 안은 갑자기 숙연해졌다. 우리는 그 부대가 어디에 있는지 어떤 임무를 수행하는 곳인지 몰랐을 뿐 아니

라, 배를 타고 가야 한다는 전방은 아직 얘기조차 들어보지 못했기 때문에 불안했다.

가려진 창의 틈새로 보이는 것이라곤 잿빛 하늘과 거품을 문 물뿐, 번쩍거리는 요대에 권총을 찬 헌병 두 명이 선실 한가운데 버티고 서 있었다.

건너편, 선실 벽에 머리를 기대고 모자로 얼굴을 가린 한 친구의 늘어뜨린 하얀 손가락 끝이 선실 바닥에다 무엇인가 버릇처럼 긁적거리고 있었다. 나는 그 친구가 울고 있는 것이라고 생각했다.

  호수는 하늘만 치어다보고 하늘은 호수만 내려다보는, 어디에든 길은 없고 길이 모두 막혀버리고, 물어볼 만한 사람도 없고 아는 사람도 없는, 그래서 아무도 접근할 수 없는, 단지 비 오는 날 한낮에 소방울의 무딘 소리를 따라, 소 가는 길을 따라, 소 가는 길을 밟아 호수까지 가는 방법밖에 없는 외로운 호수, 정든 호수, 나의 고향 같은 것.

—솔제니친, 『섹덴 호수』에서

18

'산악 훈련 부대—우리는 잘 걷고 잘 쏘며 어떠한 고난도 이겨낸다.'

이것이 내가 3년 동안 근무할 부대의 정문에 씌어져 있는 표어다.

W백을 들쳐메고 보충대를 나서는데 중식이가 서운해했다.

"결국 마지막에 가서야 갈라지는구나."

"그래, 어디에 가 있든지 화류계의 긍지를 잃지 마라."

내가 어깨를 툭 치자 그제야 미덥잖은 웃음이나마 보여주었다.

중식이는 말하자면 전직 통기타 살롱 가수였다. 그리고 그놈은 자신을 화류계라고 불러주기를 원했다.

보충대 정문을 나서면서 다시 한 번 뒤돌아보았을 때, 중식이는 그때까지도 창가에 서서 나를 보고 있었다. 나는 중식이가 나보다 먼저 팔려갔었으면 좋았다는 생각을 했다. 가는 사람의 뒷모습을 보고 있는 짓은 처량하다. 떠나는 사람보다 남는 사람이 몇 배 더 외로워지는 법이라던가. 그러나 나는 중식이와 헤어져 팔려온 나를 오히려 다행으로 여긴다. 차라리 혼자서 견뎌보고 싶다. 여기엔 아직 전깃불이 들어오지 않는 모양이다. 흐릿한 호롱불 아래 거친 피부를 한 낯선 얼굴들이 그로테스크하다.

19

병정들은 나를 반겨주었다—고 할 수밖에 없다. 행정반에서 간단한 전입 수속과 교육을 받고 나오자 그들이 나를 에워

쌌다. 한꺼번에 그렇게 많은 질문을 받아보기는 처음이었다.

"집이 어디야?" "서울입니다." "서울이 전부 니 집이냐?" "아닙니다. 동작구 흑석동 60의 38홉니다." "사회에선 무얼 했나?" "학교 다니다 왔습니다." "어느 학교야, 임마." "누나 있나?" "애인 있어?" "아버지 직업이 뭐야?" "새끼 꼴 줄 아나?" "술 잘 마셔?" "축구 잘해?" "계집은 몇 개나 따먹고 왔어?" "처녀도 있더냐?"

그중 가장 고참인 듯한 병장 하나가 모두를 조용히 시키고 나를 자기 앞에 불러세우더니 "어디 이놈 얼마나 똑똑한가 보자"라고 했다.

"새장 안에 뭐가 있지?"

"……."

"임마, 새장 속에 뭐가 있겠느냐 말이다."

"새가 있습니다."

"그래, 맞았어. 역시 대학 다니다 온 놈이라 다르구나. 똑똑한데……. 그럼 닭장 안에는 뭐가 있지?"

"닭이 있습니다."

"잘 맞히는데……. 좋아, 모기장 속에는 뭐가 있지?"

"모기가 있습니다."

"뭐야, 이놈아? 이거 똑똑한 줄 알았더니 순 바보네."

모두가 낄낄거리며 웃었다.

자기들의 기대를 어그러뜨리지 않은 내가 고마워선지 어떤 놈은 내 머리를 쓰다듬기도 하고 어떤 놈은 내 옆구리를 찔러대며 웃었다. 나는 그들을 모두 용서하기로 한다. 언제 무엇으로 또 그들이 그렇게 웃어댈 수 있겠는가.

20

나는 야전포반의 포수 보직을 받았다.

저녁 식사 후에 우리 포반의 나보다 석 달 고참인 정 일병이 나를 포 벙커로 데리고 가더니 대포를 구경시켜 주었다. 간단한 구조와 조작법을 설명 들었다. 총을 처음으로 대했을 적에도 그랬지만 역시 대포도 보기가 좋았다. 그것은 정밀하고도 규칙적으로 조립되어 있었고, 포신의 잘 닦여진 쇳빛이 보기 좋았다. 힘이 있는 건 아름답다.

21

'하늘이 5백 평.'

사방이 산으로 막힌 이곳에서 보이는 하늘이 딱 그만큼밖에 안 된다고 해서 이곳 병정들은 자신의 답답함을 나타내는 데 이런 표현을 쓴다.

나는 그들을 이해할 수 있다. 그리고 나도 곧 그들이 될 것이다.

22

하늘은 늘 나를 내려다보는데, 나는 한 번도 하늘을 내려다볼 수가 없으니 맘에 안 든다. 하늘은 꼭 올려다보아야만 하니 쉽게 친할 수가 없다.

인사계님이 출근하면서, 부탁했던 모자를 사다 주었다. 나는 엊저녁 가장 크고 챙이 넓은 모자를 사다 주십사고 부탁했었다.

인사계님이 사온 모자는 어찌나 큰지 푹 눌러쓰면 귀까지 덮일 지경이었지만 나는 그것이 마음에 들었다. 나는 그 모자를 눌러쓰고 가능한 만큼 누구하고도 눈이 마주치는 것을 피하고, 무슨 소리건 될 수 있는 대로 듣지 않으려 한다.

요즈음의 나는, 명령이 아니라면 며칠씩 세수조차 하지 않지만 이등병이 다시 어린아이가 되는 데에는 그만한 이유가 있다. 오줌 누고 자지 볼 시간이 없다는 쫄병 생활이여!

23

부대의 돌담을 높이는 작업이 한창이었다. 내게는 그러지 않아도 높아만 보이는 담이었지만 우리는 가로 30센티, 세로 30센티 이상의 돌을 날라와야 했다. 오전 중에 스무 개 이상의 돌을 가져다 놓은 사람만이 중식(점심 식사)을 먹을 수 있다고 했다.

우리는 줄지어 산으로 올라갔다. 족히 1킬로미터는 올라왔을 텐데도 쓸 만한 돌은 드물었다.

"우리는 고참들보다 더 큰 돌을 가져가야 해."

정 이병이 돌 하나를 어깨에 얹어주면서 속삭였다. 그것은 생각보다 무척이나 무거웠고 담 곁까지 갔을 때에는 어깨가 갈라지는 것 같았다. 작업감독이라는 하사가 돌담 위에 걸터앉아서 콧노래를 부르고 있었다. 돌을 내려놓고 돌아서 오는데 그 하사가 날 부르더니 종이 조각을 하나 건네주었다.

"임마, 이걸 스무 장 가지고 가야 밥을 준단 말이야."

시험지를 잘라서 만든 종이 쪽지엔 작은 도장이 하나 찍혀 있었다. 나는 그것을 스무 장 모을 자신이 없었기 때문에 누구보다도 높이 산을 올라갔다. 밥 한끼 생략하는 편이 훨씬 나을 것 같았다. 쪽지를 찢어버리고 드러누워 잠을 잤다.

정 이병이 나를 흔들어 깨웠다. 정 이병의 얼굴이 상기되어 있었다.

"빨리 식당으로 가서 식사해. 모두들 너를 찾고 있어."

미리 무슨 이야기들이 오갔는지 식당에서는 아무 소리 없이 밥을 내주었다. 저녁에는 매를 맞았다.

24

생일날.

 어떤 사람의 나이—그것은 그렇게도 많은 욕망과 희망과 비탄과 망각과 사랑을 거쳐서 이루어진 것이다.

—생텍쥐페리

 몇 살부터 어른이라고 하는지 나는 모른다. 오늘로 내 나이 스물하고 둘, 녹슨 스물둘. 까닭 모를 아픔들이 나를 희롱하고 있다.

 이 나이가, 지금의 내 처지가, 거울 속의 몰골이, 내 목소리가, 행동이, 말이, 글이, 그 의미들이 모두 어찌나 싫고 싫은지 머리카락 하나하나가 퍼뜩 곤두서는 발작을 하루에도 몇 번씩이나 치러내야 하는…… 한길아, 누구도 너를 찾지 않을 뿐 아니라 아무도 너에게 말을 걸지 않는다. 너는 그저 가끔 혼자서 섬뜩한 웃음을 웃는다.

 담배를 물고 불을 찾는다.

25

선이가 카드를 보내왔다.
벽이 있고 나서야 벽 무너지는 소리도 들을 수 있는 법이라고 그애는 적었는데, 그애는 순서를 말하는 것일까.

나는 이렇게 쓰련다.

'벽이란 두 장소가 이웃할 때에만 비로소 필요한 게 아니겠니. 남자란 참으로 착해서 자기에게 조금치의 기회도 주지 않는 여자에게는 아예 얼굴을 돌리지 않는 법이야.'

26

무엇인가 도둑질을 당했을 적에는 그런 기회를 만들어준 당사자와 훔친 자 서로에게 반만큼씩 잘못이 있다는 말이 옳다면, 지난밤 내 지갑 속의 돈을 딱 절반만 훔쳐간 친구는 아무 죄도 없는 놈이다.

자기 죄만큼의 돈인 절반은 훔쳐가지 않았고, 내 잘못만큼의 절반만 가져가 버렸으니…….

돈의 반을 잃고 죄의 전부를 범한 나는—어찌할까.

아침 6시부터 저녁 10시까지 쉴 사이 없이 떠벌리는 조롱과 비웃음과 농담들 모두가 갑자기 막 허무해져 버렸다.

우리는 사람을 아쉬워하지만 사람을 안타까워하지는 않는다. 남모를 사소한 일로 혼자 웃고 울 줄 알지만 우리는 열광할 줄을 모른다. 통곡할 줄을 모른다. 살아 있으면서 무감각한 것처럼 가여운 것이 또 있을까.

27

 군인이 되고 난 후, 처음으로 위문 편지라는 걸 받아보았다. 초등학교 5학년생인 조미성이라는 꼬마 아가씨에게서 온 것이다.

 고등학생이나 중학생 것은 상급 부대에서 뽑아 가지기 때문에 최말단 부대인 우리 부대에서는 기껏해야 초등학생의 것밖에는 받아보지 못한다고들 불평해댔다.

 나는 정성껏 답장을 썼다.

 '너는 가을을 좋아한다고 했지. 가을 중에서도 미성이가 가장 좋아하는 달은 10월이겠지. 나도 학교 다닐 땐 10월을 제일 좋아했어. 10월엔 공휴일이 많잖아. 그러니 학교 가지 않는 날이 많단 말이야. 그렇다고 내가 학교를 지옥처럼 여기고 있었던 것은 아니야. 그야 너도 마찬가지일 테지. 다만 학교 가는 날은 잦고 쉬는 날은 잦지 않으니 우리는 잦지 않은 쪽을 좋아했던 거야. 우리는 다만 매일매일이 똑같은 생활에서 조금 벗어나고 싶었던 게지.'

28

 새벽 보초를 서면서.

 밤사이 내렸다 간 비에 개인 아침이 싱그럽다. 흙을 떠나 헤매던 먼지들, 다들 흙으로 돌아와선가, 고요 속에 그 흙빛까지가 곱다.

먼 산이 아직도 저기에 있고, 산등성이 외딴 초가집, 굴뚝에서 피어오르는 연기를 보고 있으면 밤새의 어떤 진한 기도보다도 몇 배나 마음이 평화로워지는지 모른다.

29

어째서 군인이 기르는 개의 이름은 한결같이 '해피'이고, 고양이의 이름은 어미도 그 새끼도 무조건 '나비'인지 모르겠다.

저녁 식사 후에 정 이병과 함께 총을 닦고 있는데 옆에서 잡지를 보던 황 병장이 물었다.

"야, 누드가 뭐꼬?"

읽고 있던 글 속에 누드란 단어가 나온 모양이었다.

"그거 여자가 옷 벗고 있는 거잖아요."

정 이병이 대답하자 황 병장이 키득거렸다.

"다 내놓고 말이가? 한길아, 맞나?"

나는 맞다고 대답했다.

그러나, 누드란 옷 벗은 꼴의 사람을 말하는 것이 아니라 옷 입지 않은 꼴의 사람을 말하는 거다. 사람은 본시에 옷을 쥐고 나오지는 않으니까.

사람들은 '사람' 하면 벌써 옷 입고 있는 꼴의 사람을 연상해 낸다. 있는 그대로의 사람 자체는 벌거숭이인 것을 모르나 보다. 옷 벗은 사람이라고 해야 비로소 사람들은 진짜 사람만을 떠올린다. 묘하다.

30

오후 4시 30분. 엊저녁부터 몸이 안 좋아 하루 종일 누워 있다가 이제야 일어나 자리에 앉았다. 가만히 누워 듣고 있자니 바람 소리가 대단했다. 조용함 속의 작은 소리에서, 사상이 아닌 사사로운 잡념에서 나는 가끔 두려움을 실감한다.

종종 군의관의 어머니스러운 충고를 듣지만 담배는 끊지 못하기로 작정하였다.

31

부대가 모두 훈련 나갔기 때문에 혼자서 난롯가에 앉아 있다. 혼자 있으니 그럴 수 없이 좋다. 병도 가끔은 좋은 것이다.

너는 혼자 있는 것이 싫으냐, 나는 혼자나 둘이 있는 게 좋다. 남자나 여자나 둘 이상은 싫다.

그래서 나는 축제를 좋아하지 않는다. 들뜬 분위기를 좋아하지 않는다. 나는 엽차 속 가라앉은 구운 보릿가루 보는 게 좋고, 어항 속의 조용한 금붕어 보는 것이 좋다.

32

오랜만에 교회에 갔다. 빨래 거리가 쌓여 있었지만 사람 수를 채우자니 쫄병인 내가 안 갈 수 없었다.

목사는 노아의 방주 이야기를 해주었다. 노하신 하나님이 비를 내려 악한 주민과 모든 생물이 홍수 속에 사라졌다고 했다. 홍수. 모든 것이 다 떠내려가고 축복받은 자만이 남는다. 그건 참 신나는 일이었다.

서울의 수도를 전부 하루만 미친 척하고 틀어놓는다면 우리는 홍수를 만들 수가 있다.

이미 만들어놓은 홍수도 많다.

눈물의 홍수, 가난의 홍수, 연애의, 배반의, 실연의, 고독의, 우울의 홍수, 거짓 웃음의, 간단한 약속의, 이별의 홍수, 피임과 거부와 아이스크림의 홍수, 홍수들. 여기저기 아무렇게나 팽개쳐진 남자들, 여자들, 사람의 홍수.

맨 처음의 홍수는 죄의 대가를 치르게 하려고 노하신 신이 내렸던 형벌이었음을 우리는 기억해 둘 필요가 있다.

(1978. 1《문학사상》)

※ 일러두기

대학 졸업을 앞둔 작가가 《문학사상》의 청탁으로 대학 시절을 돌아보며 쓴 글입니다.

대학일기

 세월을 뒤돌아보는 짓처럼 사치스런 노릇이 또 있을까. 그것이 한 시절의 끝에서 막 벗어나는 순간일 때에는 더욱 그렇다. 마지막이란 언제나 조금은 허전하고 슬픈 법이니까. 그리고 조금은 건방지게 되니까.

 그때가 벌써 언제였을까……. 올해 27 대 1의 입시 경쟁률을 보인 우리 학과에 스물한 명이 응시한 시절이 있었다. 학과 정원은 스무 명이었다.

 나는 시험날 역시 지각을 했던 것 같다. 국어 시험이었고, 〈국민교육헌장〉의 괄호 넣기 문제였다. 나는 '약진'이라는 답이 끝내 생각나지 않아서 '돌진'이라고 쓰고 국문과에 합격하였다. 나는 당당하게 한 명을 물리쳤고 엄마는 열심히 달러빚을 얻어서 나는 바야흐로 대학생이 된 것이다. 이제는 "우리 학교에는 멋진 호수가 있어"라고 말할 수도 있었다.

대학생―그러나 나는 처음부터 아무런 기대도 환상도 갖지 않았다. 그러니 대학 역시 나를 실망시킬 게 아무것도 없었다. 진공 상태 같은 정경이었다. 깊은 바다의 바닥이 그럴까. 모든 것이 정지된 듯한 고요와 나긋함, 그 무력감. 교정은 늘 붐볐지만 교정은 늘 텅 비어 있었다.

그때가 벌써 언제였을까……. 아무도 없는 강당의 맨 뒷자리에 앉아 빈 담뱃갑을 구겨 던지던 오후의 기억이 아프게 되살아날 뿐. 맞아, 우리 과(科)엔 맹씨 성을 가진 여자아이가 하나 있었지. 데모를 할 때 그 아이의 성을 알았다. 우리는 용감한 맹씨를 앞세우고 열 지어 교문을 벗어났고 괜스레 들떠서 소리들을 질러댔다. 잠깐 동안이었지만, 우리는 무기력하지 않은 대학생인 것 같았다.

열 가운데로 떨어지는 최루탄들이 우리를 각자이게 했다. 그 연기 속 아스팔트 위에 버려졌던 노트며 손수건들, 내용물을 반쯤 토해놓은 핸드백……. 그 소란 통에 구두 뒷굽을 잃어버린 내 친구는 다음날 새 운동화로 무장을 하고 등교했다. "그렇게도 재미있니?" 하고 내가 물었다. 그 친구는 다음부터 내게 말을 걸지 않았다.

축제 시즌에는 데모를 하지 않는다. 우리의 꽃다운 젊음에 스스로 축배를 들기만으로 충분히 바쁜 까닭에. 축제를 앞두고는 미팅이 성행하지. 우린 공돌이 공순이가 아니니까, 대학생에겐 낭만이 있어야 하니까라면서, 제비뽑기에서 걸린 파트너 앞에 앉아 발정기의 동물들처럼 수작을 벌였다. 진실한 사랑이고 개뿔이고 간에 우리는 좀더 아슬아슬한 연애를 찾아 이리저리 헤매고 다녔다.

개강이며 종강 파티, 야유회, 봄·가을엔 야구장엘 몰려갔고, 경기가 없을 때면 우리끼리 체육 대회를 가졌지만 교수들은 용케도 그 틈틈이에 시간을 잡아 끈기 있게 강의를 진행하였다. 빈틈없이 평가를 해서 귀신처럼 학점을 매겨주었다. 뿐만 아니라 야망을 가지고 인생을 설계하라고 가르쳐주셨다.

나는 다 싱거워져서 학교에 나가지 않았다. 그 대신 구두닦이가 되었다. 구두닦이란 비록 남의 구두에게일망정 침을 뱉어가며 돈을 버는 유일한 직업이었다. 길 건너 이발소의 주인은 나를 부를 때 '딱쎄야' 하고 소리쳤다. 나는 하루 종일 침을 뱉는 것이 재미있었다. 밤이면 본토박이 구두닦이들과 싸움판이 벌어졌다. 그놈들에겐 생존의 문제였고 우리에겐 생활의 문제였다. 그런데도 우리는 이겼다. 그만큼, 나와 내 친구들은 지겨워서 견딜 수가 없었다.

대학생이라는 직업이 얼마나 편안한 것인지를 깨달았을 때 나는 대학으로 돌아왔지만, 3년째 여전히 프레시맨이었다. 과를 정외과로 옮겼다.

나는 '우선징집원'을 제출하였다. 내 또래의 많은 친구들이 그랬듯이 나 또한 군대를 하나의 피난처로 삼을 수 있다고 믿었다. 어디 갈 데까지 가보자고 생각했다. 살고 있음을 실감해 보고 싶었다. 죽도록 맞고 기다 보면 살고 싶어질지도 몰랐다.

그러나, 전쟁하지 않는 군대란 그렇게 막다른 장소가 아니었다. 오히려 지나치게 평화로웠다. 겨울 사과처럼, 총과 대포는 닦을수록 이쁘게 반짝거렸다. 종이 세 번 울리면 식기를 들고 줄을 서서 밥을 타먹는 것으로 그뿐이었다. 바쁘게 뛰어봤자 매일의 일정한 시간에 맞추어 뛰는 뜀은 뜀이라도 권태로웠다.

군복을 벗자 달리 갈 곳이 없었다. 하고 싶은 일이 없는 것까지야 그렇다고 치더라도 해야 할 일조차 없는 것은 큰 불행이었다. 그런 불행을 안고 나는 다시 대학으로 돌아왔다.

그사이에 겪은 숱한 역겨움과 망설임, 몇 번인가의 공허한 연애, 묻혀진 하소연들……. 나는 절반쯤 어른이 되어 있었고, 차츰 대학생 티가 나기도 했을 것이다.

그러나 우리는 버스 차장에게만 떳떳한 대학생이었다. 대학 못 간 친구들 앞에서 커리큘럼을 떠벌릴 때에만 알량한 대학생이었다. 어떤 권위나 결정해야 할 문제 앞에 서면 우리는 이렇게 투덜거렸다. 이제 겨우 대학생인걸요, 힘없고 흔해빠진 대학생 말입니다.

초라한 공범 의식으로 이어진 학교의 친구들끼리는 그저 낄낄거리기만 하였다. 가려지지도 않는 서로의 치부에서 시선을 비킨 채 마냥 낄낄거리기만 하였다. 그럴 때 우리는 무척이나 허전하였다.

나는 청소부 아줌마들을 생각하면 더욱 허전하였다.

술에 취해 교정의 벤치에서 잠들어버린 이른 가을이었다. 갈증이 나를 깨웠으리라. 이슬이 찬 때문이었는지도 모르겠다. 우윳빛 뽀얀 새벽이었고 교정엔 아무도 없었다. 다만 허리를 구부정하게 한 청소부 아줌마들만이 교정을 쓸고 있었다.

새벽 여명 속으로 엿본 이 광경을 나는 어떻게 설명해야 할까. 우리가 쓸데없이 몰려다니던 발자국들을, 아무렇게나 토해놓은 오물들을 그녀들은 말없이 지워주고 있었다. 마치 우리에게 부끄러운 아침을 주어서는 안 되겠다는 듯이.

나는 그녀들을 붙잡고 소리치고 싶었다. 변명하고 싶었다. 우린 정말 어쩔 수가 없었다구요. 야망을 품을 수도 없었다구요.

내 친구 봉근이는 2학년 때 편입 온 동급생이다. 그놈은 모든 게 컸다. 몸집도 목소리도 제스처도 컸지만 한눈에 외로워 보이는 그런 친구였다. 아마 꿈도 굉장히 컸을 것이다. 그래서 항상 바쁘게 뛰어다녔으리라. 난 사실 봉근이와 많은 이야길 해보지 못했다.

"김형, 바쁘지 않으면 내 하숙방으로 갑시다."

봉근이가 그런 적이 딱 한 번 있을 뿐이다. 나는 그날 봉근이가 얼마나 그림을 그리고 싶어하는지 알았다. 한 그릇의 하숙밥을 갈라 먹으면서 봉근이가 얼마나 쓸쓸한지를 들었다. 봉근이가 좋았지만 그놈은 두 달 후에 죽었다.

한쪽 다리를 저는 영남이는 노래를 참 잘한다. 대학가요제에서 상을 받은 적도 있다. 그러나 영남이가 받은 상은 다음 날 회수되었다. '날고 싶다'는 가사가 수상쩍다는 거였다. 나는 화가 나서 뛰어가 싸웠다. 그리고 빼앗겼던 상을 주인에게 찾아다 주었다. 그때 영남이가 고개를 저으며 내게 하던 말.

"전 받고 싶지 않아요. 그런 데에 휘말리고 싶지 않아요. 전 그저 노래나 부르며 살 뿐이죠."

나는 슬퍼서 울었다.

내 친구 정기는 부자인 아버지를 가졌다. 정기에게는 친구가 많지 않았다. 아이들이 정기를 따돌린 것이 아니다. 정기는 자기 차를 돌로 찍어놓는 아이들이 무섭다고 작은 목소리로 내게 말했다.

철학과의 내 친구 영석이는 지금 지리산의 오두막에 가 있다. 영석이는 도서관에 틀어박혀 취직 공부에 열올리는 아이들 틈에 끼지 못했고, 그렇다고 잔디밭에서 포커판을 벌이는 아이들과도 어울릴 수 없었다. 눈 속의 토끼 발자국을 쫓아다니며 보내는 세월이 그렇게 재미있다고 했다. "정말 그렇게 재미있니?" 하고 내가 물으면, 영석이는 그 조금은 바보 같은 웃음을 수줍게 보여줄 게다.

청소부 아줌마, 부끄러워하는 사람만이 부끄럽지 않은 시절도 있지 않을까요.

(1980. 2《문학사상》)

눈뜨면 없어라

제1판 1쇄 1993년 1월 30일
제1판 21쇄 1998년 11월 12일
제2판 1쇄 2006년 10월 30일
제2판 5쇄 2011년 5월 25일
제3판 1쇄 2011년 10월 10일
제3판 5쇄 2023년 12월 20일

지은이 | 김한길
펴낸이 | 송영석

펴낸곳 | (株)해냄출판사
등록번호 | 제10-229호
등록일자 | 1988년 5월 11일(설립일자 | 1983년 6월 24일)

04042 서울시 마포구 잔다리로 30 해냄빌딩 5·6층
대표전화 | 326-1600 **팩스** | 326-1624
홈페이지 | www.hainaim.com

ISBN 978-89-6574-323-1

파본은 본사나 구입하신 서점에서 교환하여 드립니다.